Die Geschichte der Liebe

István Ráth-Végh

Die Geschichte der Liebe

Parkland Verlag
Stuttgart

Originaltitel: A szerelem regényes életrajza, Cserépfalvi, Budapest 1941

Aus dem Ungarischen übertragen von
GYULA HÁY

Illustrationen von
LÍVIUSZ GYULAI
Einband und Schutzumschlag von Zsuzsa László

ISBN 3-88059-264-0
Vertrieb in der BRD, in der Schweiz und in Österreich
Gemeinschaftsausgabe des Parkland Verlages, Stuttgart, des Kiepenheuer Verlages,
Leipzig und Weimar und des Corvina Kiadó, Budapest

Was Liebe ist

Ein Film rollt vor unseren Augen ab, ein Film ohne Anfang und Ende. Ständig das gleiche und doch immer etwas anderes; unendlich viele Variationen desselben Themas: unerschöpfliche Verwicklungen in einer ewigwährenden Fabel. Die Geschichte der Liebe.

Sie wurde untersucht, sie wurde erforscht, von den großen Philosophen aller Zeiten analysiert. Bücher entstanden in endlosem Nacheinander, Theorien kamen zu Theorien. Was der eine aufgebaut hatte, zerstörte der andere. Und der wissensdurstige Leser kommt schließlich zu der Einsicht, daß es bis heute keinen Menschen gibt, der weiß, was Liebe ist.

Es gibt viele Arten der Liebe: die Liebe zu den Eltern, zum Kind, zu den Geschwistern, die Liebe zu einem Freund, zum Vaterland. All dies interessiert uns nicht. Uns geht es um die Liebe zwischen Mann und Frau.

Selbst in diesem sehr eingeengten Sinn hat das Wort Liebe noch immer unendlich viele Bedeutungen. Will man sich mit der Liebe beschäftigen, dann muß man sich vor allem über die Epoche der Menschheitsgeschichte klar werden, in der sich diese Liebe abspielt. Denn im Verlauf der Jahrhunderte änderte sich die Liebe, sie bekam immer neuen Gehalt.

Die antike Welt vertraute die Liebe der Obhut zweier Göttinnen an; *Aphrodite Urania* beschützte die erhabene Liebe, die Liebe im Heim, am häuslichen Herd. Verlangte dem Ehemann aber nach dem lodernden Feuer der Hetärenliebe, so wandte er sich an die *Aphrodite Pandemos*. So die Griechen. Die Römer fanden diesen Pendelverkehr zwischen den beiden Aphrodite-Altären so angenehm, daß sie die Konzeption übernahmen und auch ihrer Venus zwei Gestalten gaben; *Venus Urania* herrschte daheim und *Venus Vulgivaga* außer Haus. Ohne Zweifel diente diese mythologische Spitzfindigkeit der Bequemlichkeit der Männer, denn es gibt in der ganzen antiken Literatur keine einzige Liebestragödie mit einem männlichen leidenden Helden. Dafür ertönen überall die endlosen Klagen der unglücklichen und verlassenen Frauen. Denken wir nur an das Wehgeschrei der Ariadne, der Medea, der Dido; an den Freitod der Sappho, der Artemis auf den Leukadischen Felsen.

Eine neue Szenerie im Theater der Menschheitsgeschichte: Dekoration aus dem Mittelalter, geharnischte Ritter sprengen mit gefällten Lanzen aufeinander zu, der Preis des Siegers ist ein Band oder ein Schleier aus zarter Frauenhand. Es ist die Zeit der ins Extreme gesteigerten, geradezu unmännlichen Anbetung der Frau. Und wieder ein neues Bild: der Mensch der Renaissance genießt die Liebe mit offener, strahlender Lebensfreude. Dann Galanterie, raffinierte Sinnlichkeit im Rokoko, ehe die Liebe im Tränenstrom Werthers ertrinkt.

Die Schwingungen in der Geschichte der Liebe können also nur für jede Epoche gesondert betrachtet werden; es gibt keine allgemeine Antwort auf alle Fragen.

Wollen wir uns aber, anstatt in längstvergessene Zeiten zurückzukehren, in unserer eigenen Zeit umschauen, dann finden wir erst recht ein heilloses Durcheinander.

Die Liebe im Süden hat eine andere Temperatur als die der Nordländer. Auf dem Dorf liebt man schlicht und einfach, kompliziert ist die Liebe in der Großstadt. Kann man die charakteristischen Eigenschaften der Liebe von Nord und Süd, von Stadt und Land vermischen, einen Durchschnittsmenschen konstruieren, ihn im Zustand der Verliebtheit studieren? Und so eine Art Durchschnittsliebe erhalten? Kaum! Denn selbst die ganz durchschnittlichen Menschen sind verschieden, haben unterschiedliche persönliche Grundeigenschaften. Nicht umsonst unterscheiden unsere Vorfahren vier verschiedene Temperamente, das sanguinische, das melancholische, das cholerische und das phlegmatische. Auch heute muß man verschiedene Arten der Menschen auseinanderhalten, die vollblütigen, leicht erregbaren, veränderlichen; die träumerischen, langsamen, aber standhaften; die gallig empfindlichen, griesgrämigen und die schwerfälligen, gegen Leiden unempfindlichen. Müssen sie nicht alle auch in der Liebe anders sein?

Das Blickfeld muß aber noch weiter eingeengt werden. Nehmen wir einen einzigen Menschen, der im Laufe seines Lebens mehrere Male geliebt hat und dessen Lebenslauf uns vom Anfang bis zum Ende bekannt ist. Wir kennen ein Beispiel von äußerster Anschaulichkeit: Das Liebesleben Goethes wurde von kühnen Forschern auf das ausführlichste untersucht, von den zusammengetragenen Fakten

könnte man geradezu ein Kursbuch der Liebe zusammenstellen. Die ersten Stationen: Anna Katharina, das anmutige Kind eines Gastwirts, und die Pastorentochter Friederike, Frühlingsrausch eines jungen Studenten. Es folgt ein tieferes Gefühl: Lotte, die Braut eines anderen. Die Aussichtslosigkeit lehrt Goethe leiden. Dann die Hoffnung auf ein glückliches und ruhiges Leben: Lili, die reizende Bankierstochter will er heiraten. Aber auch hier rast die Postkutsche vorbei. Der einstige Student ist siebenundzwanzig Jahre alt, der Lorbeer des Dichters schmückt ihm die Stirn, als er sich in Frau von Stein verliebt. Die berühmte Liebe dauert viele Jahre; die Biographen des Dichters wollen wissen, daß sie platonisch war. Unvorstellbar ist es nicht, Frau von Stein war volle sieben Jahre älter als er, und sieben Kinder wimmelten um sie herum. Weiter geht der Weg, der Dichter, der am Tische Platons nicht satt wurde, wechselt über zur Küche der rundlichen Christiane Vulpius. Fünf Kinder; die Geliebte wird zur Frau von Goethe. Vierundsiebzig Jahre lasten schon auf den Schultern des Dichters, als das Feuer der Liebe sein Leben noch einmal aufstrahlen läßt. Ulrike ist neunzehn Jahre, so alt wie damals im Frühling Anna Katharina.

Und es gab noch viele kleine unbedeutende Stationen, die unerwähnt bleiben sollen. Wäre es sinnvoll, diese mannigfaltigen Liebesbeziehungen Goethes auf einen »gemeinsamen Nenner« bringen zu wollen?

Es ist nicht nur das verschiedene Alter des Mannes, das Farbe und Intensität der Liebe bestimmt. Die Liebe kann bunter werden oder grauer, sie kann aufblühen oder verwelken, ganz wie es die Ausstrahlung, die Anziehungskraft des anderen will.

Ja, des anderen! Denn da ist noch das große Rätsel, die geheimnisvolle Sphinx, die Frau. Die Liebe ist kein Privileg des Mannes, die Frau hat das gleiche Recht auf Liebe wie er. Und oft kehrt sich die Geschichte der Sphinx um. Nicht sie stürzt sich in den Abgrund, weil er ihr Rätsel gelöst hat, sondern er verzweifelt am Unlösbaren, und die Unterwelt verschlingt ihn.

Ohne Zweifel; *sie* liebt anders als *er*. Man belausche nur das Geflüster eines Liebespaares:

»Ich bin dein«, flüstert das Mädchen.

»Du bist mein«, stammelt der Jüngling.

Ungeheuer viel wurde schon über das Rätsel des Frauenherzens geschrieben, hier und da gelang es, den Schleier des Geheimnisses zu lüften, aber noch immer blieb unendlich viel unerforscht. Das ist selbstverständlich, prallen doch im Kampf der Geschlechter erbitterte Gegner aufeinander. Warum sollte da der eine den anderen in seine Karten sehen lassen? Die Wahrheit kennen höchstens die Fabelwesen, von denen Plinius erzählt: »In jenem Landstrich hausten die Androgynen, das Volk der Doppelgeschlechtigen, die die Liebe abwechselnd als Mann oder als Weib erleben. Aristoteles schreibt, daß ihre rechte Brusthälfte wie die eines Mannes, die linke aber wie die eines Weibes beschaffen ist.«

Weitere Daten über dieses hochinteressante Volk besitzen wir leider nicht. Dafür kennen wir die abenteuerliche Geschichte des Tiresias. Nach den zuverlässigen Angaben der griechischen und römischen Mythologie wurde ihm das folgende wunderbare Erlebnis zuteil: Als er eines Tages auf dem Berge Cyllenium lustwandelte, sah er vor seinen Füßen zwei sich paarende Schlangen. Der keusche Jüngling schlug mit seinem Stock zu und tötete das Weibchen. Die Gesetze der Mythologie sind unergründlich; Tiresias wurde zur Strafe für diese seine Tat in eine Frau verwandelt. Jahre vergingen, bis Tiresias von ungefähr an dieselbe Stelle kam und wieder einem Schlangenpaar begegnete. Diesmal schlug er das Männchen tot, worauf er sich wieder in einen Mann verwandelte.

Nun geschah es eines Tages, daß sich Jupiter und Juno entzweiten. Diesmal war es nicht die übliche Eifersuchtsszene. Es ging um eine theoretische Frage: Wer hat den größeren Anteil an den Genüssen der Liebe, der Mann oder die Frau? Sie wandten sich an den berufensten Sachverständigen, an Tiresias. Dieser ging mit beispielhafter Gewissenhaftigkeit vor. Er teilte den Liebesgenuß in einzelne Phasen ein und beurteilte jedes Symptom separat. Nach der Methode unseres modernen Punktsystems gab es *neun* Punkte für die Frau und nur *einen* einzigen für den Mann.

Dem sonderbaren Schiedsspruch folgte eine noch sonderbarere Vergeltung. Juno geriet — sie wußte sicher, warum — in Wut und schlug dem armen Experten so heftig ins Gesicht, daß er das Augenlicht verlor. Zwar bemühte sich Jupiter, dieses unweibliche Attentat wiedergutzumachen, indem er dem Blinden die Sehergabe schenkte — aber das gehört nicht mehr hierher.

Pierre Bayle äußerte sich auch zu diesem Problem. Mit französischer Galanterie bemerkte er, daß die neun Punkte dem weiblichen Geschlecht durchaus zustehen, schon als Gleichgewicht für die Schmerzen der Mutterschaft, mit denen es die Freuden des Punktgewinnens teuer genug bezahlt. Aber auch das gehört nicht hierher.

Übrigens kann man den Vergleich mit der Sphinx doch nicht ohne weiteres akzeptieren. Skeptiker behaupten, daß es in der weiblichen Seele überhaupt keine Geheimnisse gibt, außer denen vor dem verliebten Mann, die sich aber ganz natürlich aus ihrer Verteidigungsposition ergeben. Ein Dritter, der nichts mit der Affäre zu tun hat, findet nichts Geheimnisvolles an ihr. Und verbirgt eine Frau dennoch Rätsel in ihrer Seele, dann gehen sie die gleichgültigen Bekannten, Verwandten und Vorgesetzten nichts an. (Die Freundinnen schon, aber die lösen sie auch.)

Wieviel Arten der Liebe es gibt

Rémy de Gourmont erklärt rundheraus: »Es gibt nur eine Art Liebe, die physische. Der Mensch ist ein Tier und denselben Grundinstinkten unterworfen, die die ganze Tierwelt beherrschen. Alle Verzierungen, alle Blumen, die man über die Liebe zu streuen gewohnt ist, sollen sie nur verbergen, wie man eine Wolfsgrube verbirgt.«

Dagegen schreibt der ungarische Dichter *Sándor Kisfaludy* im Vorwort zu seinem berühmten Gedichtzyklus »Himfys Liebe«:

»Mit einem Menschen, der nie die reine, wahre Liebe im Busen empfand, möchte ich kein einziges Wort sprechen.«

Nach *Stendhals* Erfahrungen gibt es vier Hauptarten der Liebe: die leidenschaftliche Liebe, die Neigung, die physische Liebe und die Eitelkeitsliebe. Aber bei jeder dieser Arten lassen sich noch je acht bis zehn Unterarten unterscheiden.

Ich glaube übrigens, daß jeder Versuch einer Gruppeneinteilung eine sinnlose Spielerei ist. Man kann ja nicht wissen, welche Schattierung den Namen Liebe verdient.

Das Thermometer der Liebe kann beliebig eingeteilt werden, wie immer aber die Skala dieses Thermometers auch beschaffen ist, man muß vor allem wissen, in welchem Augenblick die Temperatur des Patienten gemessen werden soll. Etwa in dem Augenblick, in dem das Wort »ich liebe dich« fällt? Wenn wir diese Erklärung ihrer reizenden, in allen Farben des Regenbogens schimmernden Verhüllung berauben, dann bleibt nichts übrig als die nackte Begierde. Der als »Liebe« bezeichnete Zustand dauert nur eine gewisse Zeit, bleibt das Begehren unbefriedigt, dann rettet es sich oft in eine andere Form, in die Form des »ich hasse dich!«

Welche Phase des Begehrens darf nun mit der Bezeichnung »Liebe« versehen werden? Die Phase der Begegnung mit dem Begehren des anderen? Oder die Phase der Erfüllung, wenn der Kampf der Geschlechter ausgefochten ist, jeder Gegensatz aus dem Spiel bleibt und das Stadium der vollkommenen Vereinigung eintritt? Ich las pessimistische Aphorismen, die behaupten, das Begehren sei es, das die Liebe am Leben erhält. Ist es erfüllt, stirbt die Liebe. Andere sagen wieder, bei der Frau beginne die Liebe erst im Augenblick der Erfüllung...

Nach allen diesen Feststellungen ergeht es uns wie dem Touristen, dem erst nach dem mühseligen Erklimmen eines Gipfels bewußt wird, wie viele andere er noch ersteigen muß, wenn er die gewünschte Aussicht erblicken will.

Der Philosoph und die Liebe

Wer hilft uns weiter auf unserer mühseligen Entdeckungsreise? Der Dichter? Da kommen wir nicht weit. *Petrarca,* der lieblichste und zarteste Sänger der Liebe, hat nur dichterische Vergleiche für uns übrig: »Die Liebe ist ein süßes Gift, eine erfreuliche Krankheit, eine angenehme Folterkammer, ein begehrenswerter Wahn, honigsüße Bitternis, eine leichte Last und weise Torheit.«

Auch die anderen Dichter veranstalten süße Glockenspiele der Worte und Reime für ihre glückliche Liebe und läuten Sturm, wenn sie sich unglücklich fühlen. Was kümmert sie die Theorie?

Es bleibt nichts anderes übrig, wir müssen uns an die Philosophen halten. Und *Timaios*, der Grieche, sagt: »Es gibt kein vollkommeneres Geschenk der Götter an die Sterblichen als die Philosophie.«

Es ist zunächst nicht leicht, den Philosophen in seinem Reich zu besuchen. Wenn auch ich mich eines Vergleiches bedienen darf, so möchte ich von einem Urwald sprechen, in dem den Verirrten entsetzliche Schlangen und Nattern bedrohen. Diese Schlangen beginnen in der ersten Zeile der Seite, und wir können von Glück sagen, wenn sie schon am Ende aufhören und sich nicht auf die nächste Seite hinüberziehen. Manche schwellen nach der Mitte zu an wie die Boa, die ihr Opfer erst zur Hälfte verdaut hat, denn sie sind sicherlich aufgebläht durch allerlei Nebensätze und Beifügungen.

Das macht aber alles nichts! Es lohnt sich, mit diesen Schlangen um das Geschenk der Götter zu kämpfen. Auch im dichtesten Urwald findet sich eine lichte Stelle, die es uns möglich macht, die Weltanschauung des Philosophen zu erkennen. Diese Weltanschauung ist meistens eine Anschauung, in die er die Welt hineinzupferchen trachtet. Ab und zu findet sich in ihr sogar ein Plätzchen für die Liebe. *Hegel* z. B. bezeichnet sie als die Unterscheidung von zwei Individuen, die eigentlich miteinander identisch sind. Das Bewußtsein und das Gefühl dieser Identität ist die Liebe; ein Außersichsein, bei dem sich das Bewußtsein des Liebenden nicht in ihm selbst, sondern in dem anderen, dem Geliebten, befindet. Aber auch das Bewußtsein dieses anderen, der ebenfalls außer sich ist, ist bei seinem Partner, und das Gefühl dieses Außersichseins und dieser Identität und das Wissen um diesen Zustand ist — die Liebe...

Es ist anzunehmen, daß sich der große Denker nicht viel aus der Schönheit seiner Sätze gemacht und sich nur um die gedankliche Klarheit gekümmert hat. Das ist auch durchaus genug für jemanden, der für Ordnung und Klarheit ist und sich aus dem Wirrwarr der Liebe in das »Geschenk der Götter« retten will.

Wer sich an einer künstlerischen Gestaltung erfreuen will, muß sich schon an Schopenhauer wenden (»Metaphysik der Geschlechtsliebe«). Eine kurze Übersicht über seine blendende Dialektik soll genügen:

Die Liebe ist nach *Schopenhauer* eine List der Natur, um Mann und Weib in die Falle zu locken und dadurch das Fortbestehen der Menschheit zu sichern. Sie gaukelt uns das Trugbild des persönlichen Glückes vor, denkt aber nicht daran, sich weiter darum zu bemühen — ihr einziges Ziel ist die Zusammensetzung der nächsten Generation. Nur so ist das große Getue zu verstehen, das Leben und Literatur um die Frage machen, ob sich Hans und Grete finden oder nicht. Es ist lebensnotwendig, daß sie sich finden, denn ihre Liebe ist der Beweis dafür, daß der zu gebärende Dritte gerade sie sich als Eltern erkoren hat. Der Verliebte ist für sein Glück zu jedem Opfer bereit, sogar zur Ehe, in der die Partner auf die Hälfte ihrer persönlichen Rechte verzichten, wogegen sich ihre Pflichten verdoppeln. Wenn sie nach unzähligen Opfern und langem Verzicht das Glück endlich erreicht zu haben glauben, merken sie nicht, daß sie betrogen sind, und die Natur reibt sich zufrieden die Hände, denn es ist ihr gelungen, die Geburt der entsprechenden Nachkommenschaft zu sichern. Merken die Liebenden später, daß sie sich ineinander getäuscht haben, rührt das die Natur nicht im mindesten; ihre Aufgabe ist mit der Geburt der Kinder erfüllt.

Im übrigen liebt Schopenhauer die Frauen, weil ihre Liebe — wie das die ihnen zugeteilte Rolle mit sich bringt — beständigen Charakters ist und nach der Erfüllung nicht nachläßt, sondern sich steigert. Dem Mann bleibt zwar der Vorwurf, daß seine Liebe nach der Erfüllung abzuebben pflegt, nicht erspart. Aber er darf mit Genugtuung vermerken, daß die Theorie des weisen Frankfurters auch ein Freibrief für Polygamie ist. Denn der Mann kann sich um die neue Generation viel mehr verdient machen als die Frau, da er doch im Jahr »bequem« hundert Nachfahren in die Welt setzen kann, gesetzt den Fall, daß er so viel Frauen erobert.

(Hier kann ich es mir nicht verkneifen, den Ausspruch eines wegen seiner Stilblüten berühmten irischen Parlamentsmitglieds anzuführen, das einmal ausrief: »Man redet immer nur von denen, die nach uns kommen! Warum sollen wir für die kommende Generation Opfer bringen? Hat diese kommende Generation jemals für uns Opfer gebracht?«)

Schopenhauers geistsprühende Argumente blenden den Leser und lassen ihn erst bei den letzten Sätzen zu sich kommen, bei denen der pessimistische Pferdefuß herausguckt. Der Philosoph fordert nämlich seine Leser auf, Umschau zu halten im Trubel der Welt. Dann werden sie sehen, wie sich die Menschen abplagen, um mit einer unendlichen Zahl der verschiedensten Leiden fertigzuwerden, ohne etwas Höheres hoffen zu dürfen als die Aufrechterhaltung ihres elenden Daseins für eine lächerlich kurze Zeit. In diesem großen Durcheinander fällt uns ein verliebtes Paar auf. Ihre Blicke suchen sich sehnsuchtsvoll. Aber heimlich, verstohlen und bange, denn diese Verliebten sind *Verräter;* sie wollen das Elend, den mühseligen Kampf beständig machen, der ohne sie bald zu Ende wäre.

Besonders dieser letzte Ausbruch gibt Veranlassung, Schopenhauers vieldiskutierte Theorie immer wieder auf die Tagesordnung zu setzen.

Ist es denn wirklich ein Verrat?

Nein, es ist eine Revolution!

So meinen die modernen Franzosen. (Die erste Geige spielt hier *Etienne Rey*.) Es stimmt nicht, sagen sie, daß die Liebe für die künftige Generation notwendig ist. Gesunde Nachkommen können auch ohne Liebe zur Welt gebracht werden. Um die Aufrechterhaltung der Gattung Mensch zu sichern, gab die Natur dem Menschen nicht die Liebe, sondern den Trieb mit. Der Mensch aber empörte sich gegen den tierischen Trieb und erfand die Liebe. Die Liebe sucht das individuelle Glück. Da sie sich aber doch nicht vom Joch des Triebes befreien kann, entstand die Synthese in der Liebe: Gehorsam und Aufruhr unter einem Dach. Diese Zwiespältigkeit erklärt alle Komplikationen und Widersprüche, die es in der Liebe gibt.

Was ist nun also die Wahrheit in bezug auf die Liebe? *Ortega y Gasset* wirft in seinem Buch von der Liebe eine interessante Frage auf, zieht sich dann aber schnell aus der Affäre: »Wir wollen nicht versuchen, eine Antwort auf diese heikle Frage zu geben. Wir begnügen uns damit, auf die Tatsache als solche hinzuweisen.«

Die Fachleute der Liebe

Mit der Theorie kommen wir also auch nicht weit. Wir müssen uns die Fachleute der Liebe anhören. Solche gibt es nämlich auch. Besonders drei sind hervorzuheben: Im Altertum *Ovid,* aus der neuesten Zeit *Stendhal*. Und zwischen beiden schimmern aus dem

Zwielicht des Mittelalters die undeutlichen Konturen einer sonderbaren Gestalt, des Andreas Capellanus.

Die unsterbliche »Ars amatoria« Ovids ist nichts anderes als ein versifizierter Lehrgang der Verführung. Darum wollen wir erst später darauf zurückkommen, nämlich bei der Behandlung der Hochstapler in der Liebe.

Die Gedanken Stendhals von der Liebe sind überall bakannt. Der glänzende Einfall von der *Kristallisation* eröffnete die Perspektive für neue Erkenntnisse. Vor allem die Literatur der Jahrhundertwende nahm das Ganze widerspruchslos als die Inkarnation der Wahrheit an. Aber vor nicht allzu langer Zeit ließ sich eine weithin hörbare Frage vernehmen: Wenn nun Stendhals Wahrheit doch keine wäre?

Was sagt er zum Beispiel über die Entstehung der Liebe?

»Was geht in unserer Seele vor?

1. Die Bewunderung.

2. Wir sagen uns: Welche Wonne müßte es sein, sie zu küssen und von ihr geküßt zu werden!

3. Die Hoffnung.

4. Die Liebe wird geboren. Lieben heißt, unsere höchste Lust daran zu finden, das allerliebste und auch uns liebende Wesen zu sehen, zu berühren, mit allen Sinnen seine nächste Nähe zu genießen.

5. Die Kristallisation beginnt.

Werfen wir einen dürren, entblätterten Ast in eine der verlassenen Minen der Salzburger Salinen, und holen wir ihn nach zwei bis drei Monaten wieder heraus. Dann ist er von einer Unzahl glänzender Kristalle überzogen, selbst das winzigste Zweiglein, dünn wie ein Spatzenbein, ist voll von glitzernden Diamanten; seine ursprüngliche Gestalt ist nicht mehr zu erkennen.

Was ich Kristallisation nenne, ist die Betätigung unseres Geistes, an dem geliebten Wesen immer neue Vollkommenheiten zu entdekken.«

Wie schon erwähnt, geht Ortega y Gasset dem Problem der Liebe aus dem Weg. Aber der Kristallisationstheorie sieht er kühn in die Augen und zerpflückt sie nach allen Regeln der Kunst.

Der Gedankengang Stendhals — meint er — übertrifft selbst das Sprichwort unserer Vorfahren: »Liebe ist blind.« Bei Stendhal halluziniert die Liebe sogar. Es genügt nicht, daß sie die Wirklichkeit nicht sieht, sie verfälscht sie geradezu. Die Kristallisierung ist nichts als Selbstbetrug, nach dieser Theorie verliebten wir uns auf der Grundlage eines Scheines, den unsere Phantasie schafft, indem sie den Partner mit Eigenschaften ausstattet, die er nicht besitzt.

Der Mensch kann nur lieben, wenn das Objekt seiner Liebe liebenswert ist. Findet er aber keinen liebenswerten Gegenstand, dann fälscht er sich eine Person des anderen Geschlechts zurecht, und die von ihm selbst erfundenen Eigenschaften erwecken dann seine Liebe.

Solch ein Gefühl kann man nur als eine Pseudoliebe bezeichnen, etwas Echtes ist es nicht. Eines Tages vergeht der Spuk, und die Liebe stirbt. Kann die Liebe aber aufhören zu bestehen, wenn ihr Objekt unverändert bleibt? Sie muß sterben, weil schon ihre Geburt ein Irrtum war. Sie wurde nicht von ihrem Gegenstand ins Leben gerufen, die Vorstellung des Liebenden täuschte ihm das Objekt seiner Liebe nur vor.

Die Kristallisationstheorie ist demnach nur dazu da, um die spätere Enttäuschung zu motivieren; nicht die Geburt, sondern das Sterben der Liebe.

Die wahre Liebe, die von der wirklichen und nicht von der vorgetäuschten Persönlichkeit des Partners ins Leben gerufen wird, stirbt nie. Sie kann vielleicht durch eine lange Trennung oder wegen unüberwindlicher Hindernisse hinsiechen, aber selbst dann lebt das Gefühl in irgendeinem geheimen Winkel der Seele weiter.

Was mich anbelangt, so versuche ich nicht einmal, diese komplizierten Fragen zu beantworten, ich begnüge mich mit dem Hinweis auf die verschiedenen Meinungen.

Nun will ich den dritten Sachverständigen zu Worte kommen lassen: *Andreas Capellanus*. Dieser geheimnisvolle Mann hat auch die Urteile der Liebestribunale und die Gesetzbücher der Liebe für uns aufbewahrt, auf die wir später noch ausführlich zurückkommen wollen. Zunächst will ich einige seiner persönlichen Auffassungen anführen. Es ist überraschend, wie modern uns der Kaplan Andreas anmutet, wenn er die Liebe analysiert. Dabei lebte er vor vielen hundert Jahren, als der Sonnenaufgang nach der Finsternis des Mittelalters gerade erst begann. Sein Gedankengang beginnt folgendermaßen:

»Zuerst müssen wir das Wesen der Liebe ergründen. Dann untersuchen wir ihre Auswirkungen, wie sich zwei Menschen lieben, wie man Liebe erwecken kann, auf welche Weise die Liebe zunimmt und wie sie schwindet. Schließlich muß noch untersucht werden, was bei einer Untreue des Geliebten zu tun ist.«

Die umfangreichen Antworten auf alle diese Fragen kann ich nicht ausführlich darlegen, ich will nur einige charakteristische Gedanken hervorheben.

»Die Liebe ist eine uns angeborene Leidenschaft. Sie entfaltet sich, wenn wir ein Wesen des anderen Geschlechtes ständig vor uns sehen und unentwegt an dieses Wesen denken. Im Mann erwacht dadurch die Sehnsucht, die Frau zu besitzen, in der Frau die Sehnsucht, vom Mann umarmt zu werden und in beiden die sehnliche Erwartung, durch gegenseitige Hingabe alles zu erreichen, was die Liebe bieten kann.

Die Liebe erwächst nicht aus dem Verstand und dem folgerichtigen Denken, sondern aus dem Herzen und den Augen. Wenn der freie Mann eine für die Liebe reife Frau erblickt, kann er sie in der Tiefe seines Herzens begehren. Je öfter er an sie denkt, um so heftiger lodert die Flamme der Liebe in ihm auf. Er denkt unentwegt darüber nach, was der Gegenstand seiner Liebe gerade tut. In seiner Phantasie werden ihr ganzes Leben, ihr Körper mit allen seinen Geheimnissen lebendig. Er hat keine andere Sehnsucht, als sie zu besitzen. Er sucht ständig nach einer Gelegenheit, mit ihr zusammen zu sein; jede kurze Stunde ihrer Abwesenheit erscheint ihm länger als ein Jahr.

Für den Verliebten ist der Besitz des geliebten Wesens der höchste Wert; kein Schatz der Welt ist so kostbar, daß er ihn nicht opferte, keine Gefahr ist so groß, daß er sie nicht für seine Liebe bestünde.

Unter der Wirkung der Liebe läutert sich die Seele des Liebenden, bei gemeinen Menschen treten Anzeichen von edlen Eigenschaften hervor. Vor allen Dingen aber schenkt die Liebe dem Verliebten Sittenreinheit. Er denkt nur noch an *eine* Frau, alle anderen sind ihm gleichgültig. Ein übermäßig sinnlicher Mann kann überhaupt nicht lieben; er will immer andere Frauen haben, er begehrt alle, die ihm über den Weg laufen; er gleicht einem Hund oder Esel, es ist ihm nicht im geringsten anzusehen, daß er sich von den Tieren unterscheidet.«

Die Formulierungen des Meisters Andreas gehören zu den besten Definitionen der Liebe. Und doch spricht auch er nur von den Symptomen. Die grundlegende Frage glaubt er aus der Welt geschafft zu haben, wenn er Liebe zu einer uns »angeborenen Leidenschaft« erklärt.

Auch er bastelt nur an dem Schloß zu dem großen Geheimnis herum, den Schlüssel dazu findet er genausowenig wie die anderen.

Die erste Pforte der Liebe

Nach *Havelock Ellis* hat die Liebe vier Pforten. Die Schönheit des geliebten Wesens wird von den Augen aufgenommen, ihre Stimme klingt in unseren Ohren, wir atmen ihren Duft, wir berühren ihren Körper. Durch vier Pforten dringt die Liebe in unsere Seele ein, um sie zu unterjochen.

Natürlich benutzt der hervorragende Gelehrte keine so literarisch verwässerte, einfältige Ausdrucksweise. Seine Theorie ist arm an Worten, aber kompakt:

»Die Reize, welche die Tumeszenz hervorrufen und dadurch die sexuelle Auswahl lenken, entstammen dem Bereich der folgenden vier Sinne: Sehen, Gehör, Geruch und Tastsinn.«

Tumeszenz! Wenn der Gelehrte von der Liebe sprechen will, muß er sie umschreiben; für ihn gibt es eine romantische Neigung oder eine sentimentale Affinität usw. Im übrigen ist die Liebe nichts als Tumeszenz, Libido oder einfach ein chemischer Prozeß, hervorgerufen von den im menschlichen Körper vorhandenen Stoffen namens Andrin und Gynozin. Und so weiter, und so fort...

Leider muß ich in diesem Zusammenhang immer an die beiden alten Herren aus dem Alten Testament denken, die nur noch eine Möglichkeit hatten, sich an blühenden Frauenkörpern zu erfreuen. Sie mußten den Frauen beim Baden auflauern und sie beobachten. Es scheint, als wolle die Mehrzahl unserer wackeren Liebesgelehrten — Ehre den Ausnahmen! — dem großen Geheimnis der Liebe vom Schreibtisch her, hinter aufgehäuften Buchpyramiden, aus den Winkeln chemischer Laboratorien, mitten aus statistischen Zahlenkolonnen und klinischen Daten auf die Spur kommen. Sie haben keine Zeit dazu, die vier Pforten selbst und immer wieder aufzutun.

Übrigens ist Havelock Ellis' Theorie nicht einmal originell. Schon im 17. Jahrhundert bezeichnete der französische Arzt Jacques Ferrand die vier Sinne als die Angriffswege der Liebe.

Und der Grieche *Achilles Tatios* schrieb: »Die Schönheit schlägt tiefere Wunden als der Pfeil. Sie dringt durch die Augen in die Seele, da sie die Wege sind, durch welche das Herz für die Liebe verwundbar ist.«

Über die magnetische Kraft der männlichen Schönheit besitzen wir eigentlich wenig Angaben, da seit dem Bestehen der Welt Frauen sich nur selten der Feder bemächtigten. Und auch dann pflegten sie nicht die Schönheit der Männer zu besingen. Die Hymnen auf die Schönheit wurden alle für die Frau geschrieben. Außerdem können alle Frauen, deren Vernunft ihre Sinne kontrolliert, bezeugen, daß der Weg zu ihren Herzen nicht gerade durch diese Pforte führt.

Widerspricht dem aber nicht die zügellose Anbetung, die die Frauen so manchem modernen Antonius des Films zollen? Übrigens: Antonius! Sein Standbild steht im Museum des Kapitols. Des Kapitols, das wegen seiner Gänse berühmt wurde...

Dabei ist Antonius sowieso nicht das richtige Beispiel, denn er war der Favorit des Kaisers Hadrian. Als er — man weiß nicht, auf welche Weise — im Nil ertrunken war, beweinte ihn der Kaiser bitterlich, ernannte ihn zum Gott und ließ ihm zu Ehren Tempel und Altäre bauen. So ließen es sich viele, die um die kaiserliche Gunst buhlten, nicht nehmen, auf Schritt und Tritt Statuen des Antonius zu errichten. Diesem Umstand ist es zu verdanken, daß einige seiner Porträts erhalten geblieben sind. Er scheint in der Tat ein hübscher Bursche gewesen zu sein, keine regelmäßige, kalte Schönheit. Sein Gesicht hatte einen persönlichen Ausdruck, über den die Kunsthistoriker viele hervorragende Traktate geschrieben haben. Die wichtigsten Teile des Antonius-Kopfes sind wellige Haare, die in die Stirn fallen, dichte Augenbrauen, ziemlich volle Lippen, melancholischer Blick. Der verträumte, traurige Gesichtsausdruck scheint so manches zu verraten. Die kaiserliche Gunst galt dem schönen Jüngling... Doch der flüchtete sich aus seinen Seelenkämpfen in das kühle Wellengrab des Nils.

Im alten Rom gab es noch eine andere, weit und breit bekannte Männerschönheit. Spurinna hieß der Jüngling, dem die Anbetung der Frauen wirklich zuteil wurde. Sie verliebten sich alle in ihn, sie liefen ihm nach bei seinen Spaziergängen, auf den öffentlichen Plätzen, sie drängten sich an ihn heran, machten ihm im Gehen und Stehen Liebeserklärungen. Bis sich der verfolgte Jüngling, überwältigt von der Flut der Liebesangebote, zu einer radikalen Operation entschloß: er zerschnitt sich mit einem Messer das Gesicht, damit die besessenen Weiber vor seinen Wunden und Narben zurückschrecken sollten. Montaigne, der den Fall beschreibt, verurteilt diese Art umgekehrter Kosmetik aufs äußerste. In der Tat: Lebte Spurinna zu unserer Zeit, wohnte er in einer der großen Filmmetropolen, hätte er ein dickes Bankkonto, und die zuständige Abteilung des Studios müßte das Material der wöchentlich einlaufenden Liebesbriefe statistisch bearbeiten.

Eine weitergehende Beuerteilung der männlichen Schönheit gehört zum Aufgabenkreis der Ästhetik und der Kunsthistorik.

Schönheitsrezepte

Auf die Frage, ob es eine vollkommene weibliche Schönheit gibt, antworten die Ästhetiker mit nein. Sie berufen sich auf den Fall des Malers Zeuxis, der von den Bürgern der Stadt Kroton beauftragt wurde, für den Tempel der Hera das Bild der schönen Helena zu malen. In Anbetracht seines hohen Zweckes mußte das Bild eine vollkommene Schönheit darstellen. Auf Verlangen des gewissenhaften Meisters ließ man alle schönen Jungfrauen der Stadt aufmarschieren, von denen er die fünf schönsten aussuchte, die ihm Modell standen. Zeuxis entnahm der Schönheit jedes der Mädchen eine Einzelheit und stellte aus diesen Zügen dann die unübertreffliche Schönheit der Helena zusammen.

(Damit ich es nicht vergesse: die Schönen durften an diesem Aufmarsch nur teilnehmen, wenn sie sich noch im Zustand der vollkommenen Unschuld befanden.)

Die Dichter früherer Zeiten behaupten steif und fest, daß man eine vollkommene Frauenschönheit nur aus den Körperteilen mehrerer Schönen, die dazu noch aus verschiedenen Ländern stammen müssen, zusammenstellen kann. Ein Liedchen summiert die Ansprüche folgendermaßen:

»Ain haubt von Behmerland,
Zway weisse ärmlein von Prafand,
Ain brust von Swaben her,
Von Kernten zway tüttlein ragend als ain sper,
Ain pauch von Oesterreich,
Der wär schlecht und glaich,
Und ein a... von Pollandt.
Und zway füsslen von dem Rein:
Das möcht ain schöne fraw gesein.«

Übrigens stammt das in die altdeutsche Versform der Priamel hineingepreßte Schönheitsrezept von einer Frau, von *Klara Hätzlerin,* der Verfasserin des Augsburger Liederbuches aus dem Jahre 1471.

Eine andere unschuldige literarische Spielerei bestand darin, die Bestandteile der weiblichen Schönheit zu zählen und nach Gruppen zu sortieren. Die Zahl der zur Anmut notwendigen Elemente wurde meistens auf dreißig geschätzt. Einen solchen Katalog der Schönheit veröffentlichte zum ersten Male *J. Nevizano* in seinem berüchtigten Buch zum Ärger der Frauen.*

Das sonderbare Inventarverzeichnis war in lateinischen Versen ausgedrückt und wurde später in viele andere Sprachen übertragen, wobei die Übersetzer je nach Geschmack oder Ungeschmack den Text hier und da veränderten. Auch wenn wir die Zeilen, die den Druck durchaus nicht vertragen, weglassen oder abändern, können wir uns einen Begriff von der albernen Spielerei machen:

»Drei Dinge müssen weiß sein: Haut, Hände, Zähne.
Drei müssen schwarz sein: Augen, Brauen, Wimpern.
Drei müssen rot sein: Lippen, Backen, Fingernägel.
Drei müssen lang sein: Gestalt, Haare, Hände.
Drei müssen kurz sein: Zähne, Ohren, Füße.
Drei müssen breit sein: Brust, Stirn und der Abstand zwischen den Brauen.
Drei müssen rund sein: Busen, Hals, Kinn.
Drei müssen voll sein: Arme, Hüften, Waden.
Drei müssen fein sein: Lippen, Haare, Finger.
Drei müssen klein sein: Busen, Kopf, Nase...«

Und dieses einfältige Geduldspiel galt damals als geistreich.

Über die Vergänglichkeit der Ideale

Alle diese Schönheitsrezepte haben einen Grundfehler: sie gelten nicht für alle Nationen. Die Franzosen können sich wohl kaum damit einverstanden erklären, daß ihren Frauen die Köpfe aus Böhmen geliefert werden sollen und die Arme aus Brabant usw. (Um den auf

* »Sylvae Nuptialis libri sex etc.« (Paris, 1521.)

Polen hinzielenden Hintergedanken gar nicht erst in den Vordergrund zu stellen.)

Der Geschmack der verschiedenen Nationen ist verschieden und ändert sich im Laufe der Geschichte.

Ich fühle mich nicht befugt, die Varianten zu systematisieren; das ist die Aufgabe der Ästhetiker und Kunsthistoriker.

Manchmal aber sind es nicht die Gelehrten, die die Änderungen des Geschmacks vermerken. Als die übertriebene Mode der Schlankheit in Amerika abzuebben begann, war es der Besitzer einer Wäscherei, der die Wendung als erster signalisierte. Dieser Mr. Cooper zählte systematisch die Grapefruit-Flecke auf der ihm anvertrauten Tischwäsche. Im Jahre 1938 verunstalteten noch alles in allem 2 430 000 solcher Flecke die Tischtücher und Servietten; 1939 ging diese gewaltige Zahl auf 1 650 000 zurück. Aus diesem Rückgang schloß Mr. Cooper, daß die Amerikanerinnen angefangen hatten, weniger von dieser Frucht zu essen, die die Abmagerung fördert, daß sich also die Modelinie bald ändern würde. Die Tatsachen lieferten einen eindeutigen Beweis für seine Logik.

Da wir schon von der Mode der Schlankheit reden, wollen wir noch einige Angaben über die geschmackshistorische Entwicklung der mageren und vollen Linien erwähnen.

Es ist durchaus nicht gesagt, daß die Frauen nur wegen der Kleidermode abnehmen wollen. Es gibt unzählige Männer, die nur die mageren Frauen durch die erste Pforte der Liebe — das Auge — passieren lassen, den dicken verweigern sie den Eintritt. Der französische Arzt *L. Robert* schrieb eine Studie über die »Dichter der Mageren«.* Er sammelte eine Menge poetischer Zitate aus den verschiedensten Zeitaltern, aus denen hervorging, daß es jederzeit eine große Anzahl von Anhängern der überschlanken Figur gab, die ihre mageren Ideale besangen. Maynard, Sigogne, Rollinat, Baudelaire sind die hervorragendsten Namen. Besonders lieblich ist dieses Zitat von Bouilhet:

»On est plus près du coeur quand la poitrine est plate.«

(Das Herz ist näher, wenn die Brust flach ist...)

Ein schöner Satz, aber er wäre in manchen Zeiten und manchen Ländern ohne Echo verhallt. Die Gräfin *Klara Károlyi* schrieb um 1745 in Ungarn an ihren jüngeren Bruder:

»Es wäre wohl am besten, wenn auch Ihr Euch zur Ehe entschließen

* »La maigreur en poésie.« Erschienen in der Zeitschrift Le Berry médical, 1936, Nr. 4.

könntet. Ich kenne eine recht fette, vornehme Dame, nicht weit von uns, vielleicht könnte sie dem Herrn Bruder gefallen...«

Man kann den launischen Wechsel des Geschmacks von der Anbetung der mageren, knochigen bis zur Verliebtheit in die überquellenden weiblichen Formen verfolgen. Aber der Beobachter sieht nur die äußeren Erscheinungen, den Schaum auf den Wogen des Meeres, was in der Tiefe vor sich geht, kann er bestenfalls ahnen.

Bei Rubens können wir die rosafarbene Üppigkeit noch begreifen, ist es doch seine Frau, deren wogende Massen seine Bilder ausfüllen. Auch Botticelli ist zu verstehen, wenn er anstatt einer lächelnden, drallen Venus eine matte, fast kränkliche Frauengestalt aus der Muschel steigen läßt. Seine Simonetta starb lungenkrank mit 23 Jahren.

Auch der seelische Vorgang, den Stendhal beschreibt, scheint uns verständlich zu sein. Ein Mann ist verliebt in eine magere, pockennarbige Frau, die stirbt. Der Mann kommt nach einigen Jahren nach Rom, wo ihm das Schicksal zwei Frauen entgegenführt: die eine ist strahlend schön, die andere — mager und pockennarbig. Die Erinnerung an die alte Liebe treibt ihn zu Letzterer: sie erscheint ihm schön, er verliebt sich in sie.

Was wir dabei nicht verstehen, ist der Ausgangspunkt, die Liebe Nr. I. Wie war es möglich, daß gerade die Hagerkeit und die Pockennarben ihn bezauberten?

In der Psychoanalyse kann man vielleicht eine auf die Leisten des

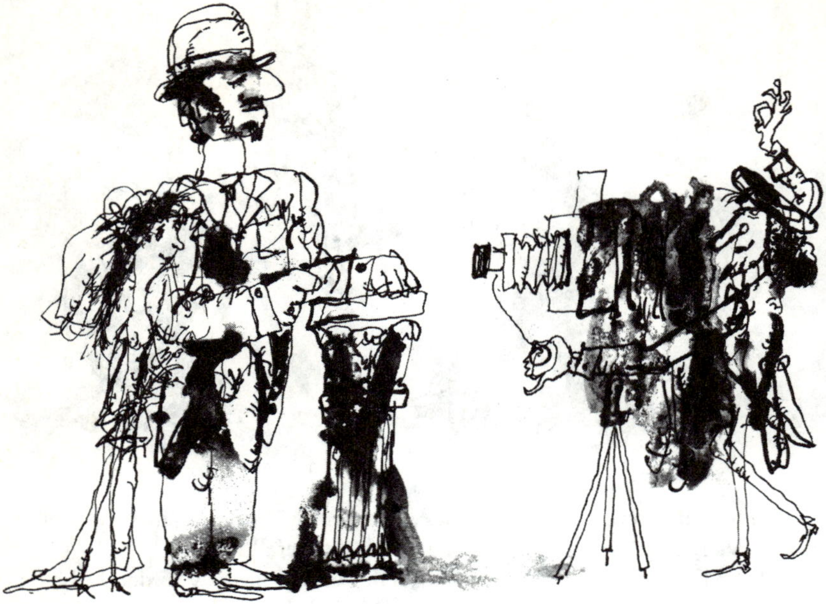

Ödipus-Komplexes gezogene Erklärung aufstöbern: Sicher war die Amme dürr und pockennarbig. Ein mageres Argument, das uns nicht überzeugen kann.

Tiefergehend scheint uns in dieser Beziehung die Motivierung aus der erwähnten Schopenhauerschen Theorie: Nicht der Geschmack der Verliebten entscheidet über Gefallen oder Mißfallen; das zur Welt strebende dritte Wesen befiehlt ihren Augen.

Nach dieser Theorie wurde der menschliche Urtyp durch Tausende von Zufällen und Mißbräuchen verunstaltet. Das dritte Wesen will diesen Urtyp wiederherstellen, lockt also den Blick der zur Liebe gestimmten Männer oder Frauen dorthin, wo sie die zur Korrektion nötigen Elemente finden: Schönheit, Gesundheit usw. Die nötige Vervollkommnung kann aber unter Umständen von der Unvollkommenheit herstammen, von Eigenschaften, die die eigene Unvollkommenheit ausgleichen. So findet ein kleiner Mann oft stattliche, vierschrötige Frauen ideal und umgekehrt; so erklärt sich die Zuneigung mancher Schwarzhaariger zu den Blondinen, der Stupsnasigen zu denen mit dem Geierprofil, der Braunhäutigen zu den Milch-und-Blut-Schönheiten usw., usw.

Demnach folgt der Verliebte nicht dem eigenen Geschmack, sondern dem eines Dritten. Dieses Dritte ist zwar noch nicht existent, es will aber selbst aussuchen, unter wessen Einwirkung es geboren werden wird.

Das hört sich alles sehr schön an, aber die blonden und hünenhaften Nordländer denken nicht daran, mit ihrer Liebe hauptsächlich kleine und schwarze Gestalten aus dem Süden zu verfolgen und umgekehrt. Sie fühlen sich alle ganz wohl unter ihresgleichen. Und dann: wer sich allzusehr nach dem Urtyp sehnt, der kann sich ja an den im Wipfel seines Stammbaumes hockenden Affen ergötzen.

Der Amerikaner *H. T. Finck* arbeitete eine dem Schopenhauerschen Gedankengang ähnliche Theorie aus.* Der Verfasser behauptet, die schönsten Menschentypen seien durch Kreuzung entstanden. Die Neger Afrikas heiraten unter sich, man kann ihnen, nach Meinung des Amerikaners Finck, aus diesem Grund auch keine besondere Schönheit vorwerfen. Dagegen sind die Frauen Nordamerikas schön, weil die Liebe von englischen, irländischen, deutschen, italienischen, französischen usw. Partnern am Zustandekommen der günstigen Kreuzung mitwirkte. Die schönsten Frauen von Südamerika, die die Fremden in Staunen versetzen, sollen in Lima zu finden sein. Das ist kein Wunder, die Peruaner haben dreiundzwanzig verschiedene Ausdrücke, um den Grad der Blutmischung zu bezeichnen.

Die Schönheit der Ungarinnen wird von dem Österreicher *Schweiger-Lerchenfeld* und dem Deutschen *Waitz* wissenschaftlich bewiesen. Die beiden Wissenschaftler behaupten, daß die Ungarn, als sie durch die Wogen der Völkerwanderung aus Asien nach Europa gespült wurden, häßlicher gewesen seien als alle ihre Nachbarn. Aber die fortgesetzte Vermischung mit indogermanischen Rassen brachte im Verlauf der Jahrhunderte die geistig und körperlich prachtvolle ungarische Rasse zustande. Die ungarischen Mädchen und jungen Frauen sind reizend und körperlich wie seelisch beispielhaft gesund! (Ausrufungszeichen vom österreichischen Verfasser.) Außerdem sollen die Ungarn den Slawen und Österreichern bei der Erzeugung ihres hochwertigen Schönheitstyps beigestanden haben. Diesem Umstand verdanken die Wienerinnen ihre sprichwörtliche Schönheit. Schließlich ist es bekannt, daß in keiner Stadt so viele schöne Frauen zu finden sind wie in Wien.

* »Romantic love and personal beauty.« Deutsch unter dem Titel: Geschlecht und Liebe. (Berlin, o. J. Über Probleme der Kreuzung, S. 104 ff.)

Findet sich einmal ein unternehmungslustiger Gelehrter der Frauenschönheit, der nach Linnés Beispiel eine *Systema pulchritudinis* schafft und die Schönheitsideale sammelt und klassifiziert, dann wird er einen teils leichten, teils sehr schweren Stand haben.

Sicher wird es ihm leicht fallen, alle wilden und zivilisierten Völker der Welt Revue passieren zu lassen; noch weniger schwierig wird es sein, die Zeugnisse aus den vergangenen Jahrhunderten durchzublättern. Er braucht nur eine Anzahl kunsthistorischer Bilderbücher durchzuschmökern, um die Schönheitsideale aller historischen Epochen der Reihe nach darlegen zu können. Zu Beginn kann er sich an den aufquellendem Teig ähnelnden Formen der Venus von Willendorf erfreuen, der die griechische Aphrodite mit ihrem marmornen Lächeln folgt. Später kommt das abgehärmte Frauenzimmer auf dem »Liebeszauber« betitelten Bild eines unbekannten niederländischen Meisters, dann Goyas Maja mit ihrer feurigen Schönheit, die keines »Zaubers« bedarf. — So formieren sich in unendlicher Reihe Magere und Volle, Schlanke und Untersetzte, Hochgewachsene und Zierliche, knospende Mädchen und reife Frauen zu einem blendenden Triumphzug der Schönheit.

Kommen aber nach den Idealbildern der einzelnen Völker und Zeiten die Ideale an die Reihe, die in den Seelen der Verliebten leben, dann zeigt sich bald, daß man es mit keinem wohlgeordneten Herbarium, sondern mit einem weglosen, ungezähmten Urwald zu tun hat. Alle Theorien sind nichts als Krücken, die wohl nützlich sein können auf glatten Wegen, aber hier, inmitten der verzweigten Wirrnisse ungelöster Rätsel, nur ein Hindernis darstellen.

Höchstwahrscheinlich gelang es *Corneille* noch am besten, das geheimnisvolle Etwas zu bestimmen:

Ce je ne sais quoi, qu'on ne peut expliquer.

Jenes gewisse Etwas, das sich nicht erklären läßt.

Die Leugner der Schönheit

Für Verliebte ist der Mond der Hüter ihrer Träumereien; der Hund aber bellt ihn an.

Die Spitze dieses Gleichnisses — um mit Homer zu reden — richtet sich nicht gegen den Hund, sondern gegen die Differenz in den Anschauungen. Das muß ich betonen, um im Angesicht der nun folgenden großen Männer nicht respektlos zu erscheinen.

Einer dieser großen Männer, von dem wir schon sprachen, ist *Schopenhauer*. In seinem griesgrämigen Traktätchen »Über die Weiber« äußert er sich vernichtend über die Frauenschönheit. Diese untersetzten, engschultrigen, breithüftigen Menschen als »das schöne Geschlecht« zu bezeichnen, dazu ist seiner Meinung nach nur das von der Sexualität vernebelte Männergehirn fähig. Mit mehr Recht könnte man sie als den Gegensatz zu diesem ästhetischen Begriff ansehen.

Von einem Philosophen dürfen wir keine Konsequenz erwarten. Einige Seiten vorher sagte er von den jungen Mädchen, daß mit ihnen die Natur ein Spiel treibt, das man auch eine dramatische Pointe nennen kann. Sie sind reichlich mit allen Schönheiten und Reizen ausgestattet, aber nur für die Dauer von einigen Jahren. In dieser Zeit müssen sie sich einen Mann angeln, der sie dann erhalten muß, wenn die Schönheit hin ist.

Ich weiß nicht, ob *H. L. Mencken* aus Baltimore tatsächlich in das gleiche Horn bläst wie der düstere Frankfurter Philosoph, oder ob es sich nur so anhört. Er betitelt sein Buch zwar »In Defence of Women« (Zur Verteidigung der Frauen), aber die Frauen werden wohl nichts Dankenswertes darin finden. Man weiß nie, wann er seine Späße macht und wann er es ernst meint.

Von der Frauenschönheit sagt er, daß sie nur eine Illusion sei.

»Der weibliche Körper, und sei er einer der besten, ist geradezu erbärmlich. Seine Biegungen sind roh, seine Massen plump verteilt. Im Vergleich zu ihm ist ein Milchkrug sinnvoll und gefällig.«

Die Gleichnisse strömen weiter dahin. Der Autor spricht von allerlei Weibern, die sich in eine Uniform stecken. Ihr Körper soll aussehen wie eine von einem Schnellzug überfahrene Hantel. Die vorderen und hinteren Reize halten sich nicht das Gleichgewicht. Im Profil sehen sie aus wie der Buchstabe S, von oben nach unten mit einer geraden Linie durchstrichen, was sie dem Dollarzeichen ähnlich macht.

Eine Frau von einigermaßen leidlicher Schönheit ist eine Rarität. Ist der Körper in Ordnung, so sind die Beine krumm; sind die Beine richtig, stimmt es mit den Zähnen nicht; sind die Zähne schön, dann wird das durch plumpe Hände, zottlige Haare oder ein fliehendes Kinn aufgewogen. Das alles wird mit Hilfe von Kleidern und Schminken selbst vor dem Ehemann so sehr verborgen, daß erst der Leichenbeschauer die Frauen in ihrer wahren Gestalt zu sehen bekommt.

So sieht bei Mencken die Verteidigung der Frauen aus!

Doch haben es die beiden Bilderstürmer hauptsächlich auf den Körper der Frauen abgesehen. Das Gesicht blieb im großen ganzen unangefochten. Wir müssen etwas weiter zurückgehen, in das 17. Jahrhundert, um die Attacke des französischen Schriftsteller *René François* miterleben zu können, die er gegen all das führt, was die voreingenommenen Männeraugen im Gesicht einer Frau schön finden.*

»Was ist das, was so hochtrabend als Schönheit angepriesen wird? Zwei Glasscherben in zwei Löchern, darüber bewegliche, von Haaren umsäumte Hautstücke, denen man den Kosenamen ›Augenlider‹ gibt. Darüber lächerliche Bögen, ebenfalls aus Haaren. Zwischen diesen beiden erstreckt sich der Abortkanal des Gehirns, die Nase. Ein gespaltenes, blutiges Stück Fleisch: das sind die Lippen. Knochenstücke in die Kinnbacken eingebettet, von geronnenem Blut umgeben: die Zähne. Ein flaches, etwas zugespitztes Stück Fleisch, geeignet, allerhand Unsinn zu reden: die Zunge. Über den Backen ein Paar trichterartig ausgehöhlte Ohren, die an die Henkel eines Topfes erinnern. Und das Ganze von einer gewaltigen Mähne überschattet. Lohnt es sich, darum soviel Aufhebens zu machen?«

Der dichterische Wortschatz zur Lobpreisung der Schönheit

Ich will weiteren galligen wissenschaftlichen Ergüssen aus dem Wege gehen und das Lager derjenigen aufsuchen, deren Beruf es ist, viel Aufhebens um die Frauenschönheit zu machen. Der Schmutz, mit dem die Schönheit auf diese schnöde Art beworfen wurde, muß mit den Wassern von Kastaleia abgewaschen werden.

Dichter nähren sich nicht wie die heidnischen Götter von Nektar und Ambrosia, sondern von Gleichnissen und Metaphern. Für sie ist das geliebte Wesen ein Engel oder eine Fee; das Glück ist himmlisch, wolkenlos wie aus dem Paradies. Die Leidenschaft erreicht immer den Siedepunkt. (Glücklicherweise pflegt sie nicht darüber hinauszugehen, sonst müßte sie verdunsten.) Geht der Vorrat an

* »Essay des merveilles de nature.« (Rouen, 1621.)

Attributen aus, dann schreiben die Poeten, ohne mit den Wimpern zu zucken, »unbeschreiblich«!

Oft hat das geliebte Wesen ein Herz aus Stein oder aus Marmor, in welchem Fall der Liebende den Becher der Bitternis bis zur Neige leert und sein Schmerz unerträglich ist. (Was natürlich gelogen ist. An dem, was wir nicht ertragen können, sterben wir, aber der Dichter beweist gerade durch die Tatsache, daß er diese Verse schmiedet, daß er die Leiden seines blutenden und eventuell gar gebrochenen Herzens zunächst überlebt hat.)

Es ist selbstverständlich, daß die Frauenaugen für solche Dichter keine Glasscherben in Löchern sind, sondern Kristalle, Saphire, Veilchen, Vergißmeinnicht, Kornblumen, manchmal sogar Sterne. Diese Augen können weder gucken noch blinzeln und kaum sehen, sie können nur Pfeile schießen, welche dem Herzen tiefe Wunden zufügen.

Das Gesicht besteht aus Rosen und Lilien. Manchmal ist es vom rosigen Schimmer der Keuschheit gefärbt, sonst ist es meistens weiß wie Schnee oder auch wie Milch.

Die Lippen sind Purpur, Erdbeeren, Kirschen, Korallen. Sie triefen von Honig, oft sogar von Rosenhonig. In einer glühend heißen Theaterszene spricht der verliebte Mann zur Geliebten:

»Laß mich wieder deinen lieben Atem trinken, deinen Atem, gegen den mir alle Luft des Himmels leer und unerquicklich war! — Hauche diesem ausgetrockneten, verstürmten, zerstörten Busen wieder neue Liebe, neue Lebenswonne aus der Fülle deines Herzens! (Er hängt an ihrem Munde.)«

Es läßt sich nicht leugnen; diese Zeilen sind von Goethe... Der verführerischen Bequemlichkeit der Gemeinplätze können oft die größten Dichter nicht widerstehen. Der Verfasser der *Stella* kümmerte sich nur um den Klang der Worte und übersah die eigenen Stilblüten. Den Atem kann man nicht trinken, und verbrauchte Luft ist so ungeeignet wie möglich, zerstörte Busen wieder aufzufrischen.

Was die Zähne der Geliebten anbelangt, die sind immer Perlen oder Mandeln. Auf der Alabasterstirn thront Amor. Die Hälse wurden bei den Schwänen ausgeliehen, die Taille bei den Wespen. Die Raben steuerten freundlicherweise die Schwärze der Haare bei. Die Figur ist wie Rohr, wie die eines Rehs, kann aber auch den Zedern und den Palmen nachgeraten sein. Ist sie etwas voller, so ist sie königlich oder dem Meißel eines Phidias würdig.

Im allgemeinen ist die Summe der Reize göttlich, sinnbetäubend oder sie schreit nach Raffaels Pinsel.

Ist jemand auf weitere Metaphern erpicht, kann er sie im Werk des Rostocker Literaturprofessors *Petrus Laurembergius:* »Pasicompse Nova, id est, Accurata et curiosa delineatio Pulchritudinis« (1672) finden. Der Professor fraß sich in seinem Heißhunger nach klassischen Beschreibungen der Schönheit durch sämtliche Werke aller Autoren der griechischen und lateinischen Literatur hindurch, und wenn ihm Gleichnisse, Attribute oder Metaphern unter die Augen kamen, versäumte er nicht, diese zu sammeln, um sie in beispielhafter Ordnung — nach Körperteilen geordnet — dem Leser vorlegen zu können. Über die wiederholt erwähnte Magerkeit urteilten die Dichter der Antike alle gleich: »*Damnatur planus venter.*« Ein flacher Bauch sei verdammt... In bezug auf den Busen wird gesteigerte Nachfrage gemeldet. Dem gelehrten Autor gelang es, folgende Bilder zusammenzutragen: weiße Rosen, Alabaster, Marmor, Schneehaufen, Äpfel.

Der Apfel scheint überhaupt ein beliebtes Vergleichsobjekt in der Traumwelt der alten Dichter gewesen zu sein. Ein gelehrter Fachmann für die griechische Antike stellte als Frucht seiner Untersuchungen in einer Liste sämtliche Dichter zusammen, die den Apfel in einem solchen Fall als Gleichnis benutzten.* Hier müssen wir dem großen ungarischen Dichter aus dem 18. Jh., *Csokonai,* eine Rüge erteilen, denn er scheute sich nicht, in seinem Werk »Die zur Matrone gewordene Doris« Zuckermelonen als Vergleichsobjekte zu wählen!

Der verirrte Geschmack des 17. Jahrhunderts war seltsamerweise imstande, den nicht enden wollenden Schäferroman »Astrée« von *Honoré d'Urfé* zu verdauen. Dichterische Metaphern nach den obenerwähnten Mustern lächeln dem wohlwollenden Leser massenhaft entgegen. Aber der Verfasser hatte einen mißgünstigen Schriftstellerkollegen. *Charles Sorel* schrieb einen stänkernden, höhnischen Gegenroman, in dem er die idyllische Schönheit des Hirtenlebens lose verspottete.**

Der Schäfer sucht den Maler auf und will das Porträt seiner Geliebten bestellen.

* *Hans Licht:* Liebe und Ehe in Griechenland« (Berlin, 1925, S. 11.) — Die Schönheitsansprüche der Troubadours in bezug auf die einzelnen Körperteile wurden von *Alwin Schultz* in seinem sonst grundlegenden und wichtigen Werk »Das höfische Leben zur Zeit der Minnesinger« zusammengestellt. (Leipzig, 1889, S. 211 f.)

** »Le berger extravagant etc.« (Paris, 1628.)

»Wie kann ich sie malen«, fragt der Maler verwundert, »da ich sie mein Lebtag nicht gesehen habe?«

»Das macht doch nichts, ich erzähle dir, wie sie aussieht. Ihr Gesicht ist weiß wie eine Lilie, in deren Mitte Rosen sprießen. Ihre Lippen sind wie Korallen, die Zähne wie Perlen. Ihre Augen sind zwei strahlende Sonnen, die mir Pfeile ins Herz schießen. Ihre Haare sind Netze und Ketten aus eitel Gold, selbst ihre Haarnadeln sind Angeln, an welchen Herzen hängenbleiben. Auf ihrer Stirn thront Amor, ihre Brüste sind zwei himmlische Sphären.«

Der Maler verfertigte auf Grund dieser Auskünfte ein Bild, das der böse Schriftsteller dann in seinem Buch abdruckte.

Dabei ist es durchaus nicht unmöglich, neue Vergleiche zu erfinden. Maupassant schreibt irgendwo, daß man selbst an einem alten Schimmel noch unbeschriebene Eigenschaften findet, wenn man ihn lange genug beobachtet.

Ein chinesisches Lied aus dem 8. Jahrhundert v. u. Z. beschreibt die schöne Kaiserin Tschwang Kiang folgenderweise:

»Ihre Finger wie die eben erst sprießenden Grashalme,
ihre weiße Haut wie geschmolzener Balsam,
die Zähne wie Melonenkerne,
die Stirn breit wie die des Heimchens,
die dünnen Brauen wie die Fühler der Seidenraupe...« etc.

Und doch kommen wir auch mit den schönsten Gleichnissen nicht weit. Wir brauchen ein mit wissenschaftlichem Ernst aufgebautes System, um mit den Ingredienzen der Liebe ins Reine zu kommen.

Ich sage also dem Reich der Reime Lebewohl. Ich verlasse den verliebten Dichter, auf daß er sich mit der Angebeteten, der Himmlischen, der Göttin, ergötze, entfernt von den neidischen Blicken der Welt, unter dem schwarzen Mantel der Buhlerin Nacht, nur von den Blicken des vorwitzigen Mondes begleitet, während die Nachtigall ihr Klagelied singt und die Ruhe der schlafenden Stadt allein durch das Klingeln einer verspäteten Straßenbahn gestört wird. Diese Nacht soll das schönste Erlebnis seines Lebens sein, sie mag seine Muse beflügeln. Und sollte er einmal die Rosenketten Hymens auf sich nehmen, so soll er an dem Unterpfand seiner Liebe helle Freuden erleben, nie soll ihn der Teufel der Eifersucht anfechten, beziehungsweise das grünäugige Ungeheuer die Krallen in sein Herz schlagen.

Auch soll es ihm nie nach der verbotenen Frucht gelüsten, er möge den häuslichen Herd hüten. Ist er aber noch Junggeselle, so wird ihm eine kleine Teeküche genug sein, da mag er Hand in Hand mit dem geliebten Wesen sitzen, die langen Winterabende hindurch, während die Natur ihren Winterschlaf hält.

Der Kanon der Schönheit

Für den Weg durch das unübersehbare Labyrinth der Frauenschönheit gibt uns das Buch von Prof. *C. H. Stratz* den zuverlässigsten Ariadnefaden in die Hand. (Nur gut, daß wir uns nicht von der Metapherkrankheit anstecken ließen!)

Vor mir liegt die *sechsundzwanzigste* Ausgabe dieses Buches.*

Es ist ein Werk von grundlegender Wichtigkeit. Auch die Konversationslexika leben von ihm und zitieren es reichlich. Mir scheinen aber nur wenige seiner Feststellungen geeignet, hier angeführt zu werden, denn der Verfasser begibt sich in die kältesten und trockensten Bereiche der Ästhetik, er wägt die Schönheit der Frauen nicht nur ab, er berechnet sie und mißt sie mit dem Zentimetermaß. Dabei wird es den Verliebten kaum interessieren, wie sein Ideal unter dem Zollstock eines Schönheitskanons aussieht.

Die Gesetze dieses Kanons wurden — nach Stratz — vor ihm schon von achtzig Forschern erforscht. Bei der Beurteilung der Frauenschönheit kann man die Schiedssprüche des individuellen Geschmacks nicht als maßgebend anerkennen. Es gibt eine »absolute« Schönheit. Mit anderen Worten, das »objektive Ideal« entsteht, wenn die Proportionen des Frauenkörpers den Erfordernissen des Stratzschen Kanons entsprechen.

Folgende Einzelheiten dieses Kanons sollen genügen:

Die Körperhöhe entspricht den Anforderungen, wenn sie acht Kopflängen, neun Handlängen und zehn Gesichtslängen ausmacht.

Die Entfernung der Schläfen voneinander muß der Länge des Gesichtes entsprechen.

Die Schulterbreite muß gleich zwei Kopflängen sein.

Auch das Körpergewicht ist nicht gleichgültig. Das vollkommene Körpergewicht läßt sich durch eine arithmetische Operation berech-

* »Die Schönheit des weiblichen Körpers.« (Stuttgart, 1920.)

nen. Die diesbezügliche Formel heißt: $\frac{LB}{240} = K$. Für Liebende, die nicht besonders stark in der Mathematik sind, wollen wir das durch ein Beispiel erläutern. Wenn die Körperlänge des geliebten Wesens *(L)* 168 cm und der Brustumfang *(B)* 88 cm beträgt, dann müssen diese beiden Zahlen multipliziert werden, und das Resultat wird durch 240 geteilt. Diese tückische Operation ergibt das gewünschte Körpergewicht *(K)*. In unserem Fall darf das Ideal also genau 61,06 Kilogramm wiegen, nicht mehr und nicht weniger.

Alle Körperteile müssen eine strenge Prüfung nach Maßen und Proportionen bestehen. Den Leser gehen dieses Rigorosum des Schönheitskanons und die Frage des »objektiven Ideals« weiter nichts an, und unser Forscher interessiert sich nicht für Probleme, die außerhalb der meßbaren Ordnung der Reize liegen.

Manchmal aber tanzt selbst er aus der Reihe. Vom Lächeln schreibt er zum Beispiel, daß es schelmisch, verlegen, schamhaft, herausfordernd, herb, bitter, spöttisch oder verachtend sein kann. Das verlegene Lächeln entsteht, wenn entweder der rechte oder der linke Risorius angespannt wird. Beim herben Lächeln und beim Mißvergnügen überhaupt hebt sich das mittlere Drittel der zusammengepreßten Lippen, und die Falte zwischen Nase und Lippen vertieft sich infolge der Tätigkeit des Strahlenmuskels Nr. 5. Gleichzeitig läßt der Strahlenmuskel Nr. 6 die Mundwinkel absinken, und durch die Betätigung des Rundmuskels Nr. 2 wird die Unterlippe vorgeschoben. Noch mehr kann sich der Gesichtsausdruck verdüstern, wenn sich die Stirn und die Augenbrauen falten (Strahlenmuskeln Nr. 1 und 2). So geschrieben auf Seite 193.

Einfacher sagt es Firenzuola:

»Das Lächeln ist das Aufleuchten der Seele.«

Der Schönheitskodex des Firenzuola

Agnolo Firenzuola schrieb ein Buch über die Bestandteile der weiblichen Schönheit und widmete sein Werk den schönen Frauen von Prato.* Eigentlich besteht dieses Buch aus einer Serie von Vorträgen, die der Autor den Damen von Prato hielt. Dieser Umstand muß

* »Della bellezza delle donne.« (1542.)

besonders betont werden, denn er beweist, daß das Werk nicht auf Grund von dichterischen Phantasmagorien entstand, sondern aus der vollen Wirklichkeit geschöpft wurde. Die Vertreterinnen der Renaissanceschönheit saßen dem Verfasser direkt gegenüber.

Firenzuola tischt die Leckerbissen einzeln auf.

Da wir gerade vom Lächeln sprachen, sei hier seine Plauderei über den Mund angeführt:

»Der Mund ist die Quelle vieler Süßigkeiten der Liebe. Er soll eher klein als groß sein, die Lippen seien nicht zu dünn, aber auch nicht zu voll. An den beiden Seiten sollen sie in stumpfen Winkeln enden. Wenn der Mund geöffnet wird, schwillt die Unterlippe nach der Mitte zu etwas stärker an als die Oberlippe. Diese etwas aufgeworfene Unterlippe gibt dem ganzen Gesicht einen außerordentlich reizenden Ausdruck. Erscheint beim Öffnen des Mundes im linken Mundwinkel auch noch ein heimliches, schalkhaftes Lächeln, und graben sich die Zähne ein wenig in die Unterlippe, dann strahlt uns ein sanftsüßes, sehnsuchtsvolles, gehorsames Lächeln entgegen. Und wenn es noch von einem leichten Blinzeln der Augen begleitet wird, ist es am besten, den eigenen Blick zu Boden zu senken. Wer aber den Blick sehnsuchtsvoll erhebt, dem eröffnet sich das Paradies, und sein Herz füllt sich mit unaussprechlicher Glückseligkeit.«

Die Damen von Prato hatten es wohl nicht nötig, mit den Lippen Schönheitsübungen vor dem Spiegel zu veranstalten. (Ich denke hier nicht an die appetitlichen Operationen der Damen unserer Zeit, die sie in öffentlichen Lokalen während des Essens ausführen, indem sie mit unbefangen-reizvoller Bewegung einen kleinen Stift an die Lippen führen, um die abgenutzte, fettige Paste wieder zu ersetzen.)

Schönheitsübungen für die Lippen bestehen z. B. im häufigen Aussprechen von Worten, wie sie *Dickens* empfiehlt. Amy Dorrit in »Klein Dorrit« bekommt den Rat: will man schön geformte Lippen haben, muß man folgende Worte wiederholen: papa, potatoes, poultry, prunes, prism.

Alle Sprachen der Welt könnten die lippenformenden Worte »nimini-pimini« in ihren Wortschatz aufnehmen. Dieser Vorschlag stammt aus einem Bühnenstück des Dichtergenerals Burgoyne. Die englische Alltagssprache hat ihn tatsächlich aufgenommen, es bedeutet soviel wie sich aufblähen, angeben.

Wenn die Schöne lächelt, leuchten zwischen ihren Lippen die Zähne hervor. Die Zähne — erklärt der Schönheitsforscher von

Prato — sollen klein sein, jedoch nicht allzu winzig, viereckig, gleichmäßig und strahlend weiß. Das Zahnfleisch soll eher rosafarbener Seide ähnlich sein als rotem Samt.

Ich weiß nicht, was die Damen von Prato zu dem Gedanken Schopenhauers gesagt hätten, nach dem ein schönes Gebiß die Männer nur darum anzieht, weil es dem zukünftigen Dritten ein störungsloses und ungehindertes Kauen der Nahrung garantiert.

Wenn eine Frau die Perlenschnur ihrer Zähne aufleuchten läßt, pflegt sie meistens nicht an das abwesende Dritte, sondern an den anwesenden Zweiten zu denken. Der berühmte blinde Saunderson, Professor an der Universität von Cambridge, äußerte sich einmal lobend über die Schönheit der Zähne einer jungen Dame. »Woher wissen Sie, daß sie schöne Zähne hat, da Sie sie doch nicht sehen können?« fragten erstaunt die anderen Professoren. »Als sie mit dem jungen Gentleman sprach«, war die Antwort des blinden Weisen, »lachte sie ständig.«

Firenzuola hatte nichts für kleine Händchen übrig. Die Hand muß groß sein, erklärte er, groß, gut gepolstert und weiß. Der Handteller soll rosafarben und ebenfalls weich sein. Die Finger sind nur vollkommen, wenn sie lang und schlank sind und sich zu den Fingerspitzen hin etwas verjüngen. Zwischen Daumen und Zeigefinger soll die Haut etwas lebhafter rosa und ohne Falten sein. Die Fingernägel sind schön, wenn sie glänzend, rosa, nicht zu lang und nicht eckig, sondern eher etwas abgerundet sind. Der kleine weiße Mond muß klar und deutlich zu erkennen sein. Die Nägel müssen sorgfältig beschnitten werden, damit sich ihr Rand wie der Rücken eines Messers mit schmaler Klinge anfaßt. Ein Trauerrand darf nicht einmal angedeutet sein.

Diese Warnung scheint durchaus nicht überflüssig gewesen zu sein, noch in viel späteren Zeiten hörten wir in öffentlichen Versammlungen den — natürlich im übertragenen Sinn gemeinten, aber doch sehr verräterischen — Ausruf: »Wir lassen uns von unseren Rechten nichts nehmen, nicht soviel wie das Schwarze unter dem Nagel!« Die viel später aufkommende Maniküre beendete dann die Hoftrauer der in rosa und purpurroten Farben glänzenden Fingernägel der besseren Gesellschaft. Vorbei war es auch mit der nervösen Gewohnheit, an den Nägeln zu knabbern. Wir haben zwar keine Daten über Damen, die an den Fingernägeln zu knabbern pflegten, aber wir wissen von einer ganzen Reihe berühmter Männer, die dieser schlechten Angewohnheit, der *Onychophagie,* verfallen waren. Robespierre, Condorcet, Labiche, Rocherfort, Mirabeau gehörten dazu. Und nicht nur in Paris, im Mittelpunkt des verfeinerten Geschmacks, stoßen wir auf diese menschlichen Nagetiere. Auf einer der verlassensten Inseln der Erde, auf St. Helena, lebten zur gleichen Zeit zwei berühmte Nägelknabberer. Napoleon war der eine, obwohl er sich nur in nervösen Augenblicken dazu hinreißen ließ, und sein Gefängniswärter, Hudson Lowe, der Gouverneur der Insel, der andere...

Ungepflegte Fingernägel weisen übrigens nicht immer auf vernachlässigte Körperpflege hin, oft zeugen sie nur von fleißigen, arbeitsamen Frauenhänden. Und viele Männer schätzen sie jedenfalls höher als die in den sogenannten Nägel-Sanatorien gepflegten, blutrot lackierten und dazu mehrere Zentimeter lang gewachsenen monströsen Gebilde. Es braucht nicht erst gesagt zu werden, daß der Ursprung dieser Abscheulichkeit in Hollywood zu finden ist. Einige der dortigen Filmgrößen entblödeten sich nicht, aus Reklamegründen als Jury-Mitglieder an Nagellänge-Wettbewerben teilzunehmen. 1940, als dieser Wahnsinn seinen Kulminationspunkt erreicht hatte, fiel der erste Preis an Fingernägel, die — alle zehn einzeln! — vierzehn Zentimeter lang waren.

Wie kam dieser närrische Modespaß in die Zauberstadt des Films? Vielleicht kam die Anregung aus dem alten China. Einst ließen vornehme Chinesinnen ihre Fingernägel so lang wachsen, daß sie vor den Einwirkungen der Außenwelt geschützt und in kostbare goldene oder silberne Futterale gesteckt werden mußten. Vielleicht hatten die Schöpfer dieser Hollywood-Mode auch von den langen Fingernägeln im 17. Jahrhundert gelesen und das Gelesene mißverstanden. An den damaligen Höfen ließen sich Damen und junge Herren den Nagel des kleinen Fingers lang wachsen. Das hatte aber seinen guten Grund. Die Hofetikette gestatette nämlich nicht, daß bei den Mitgliedern der königlichen Familie und sonstigen allerhöchsten Personen an den Türen geklopft wurde. Diese laute Art, um Einlaß zu bitten, galt als Respektlosigkeit. Man mußte also an der Tür kratzen, nicht so laut wie ein Hund, sondern leiser und feiner. Dazu also der lange Nagel am kleinen Finger.

Eine in den Jahren nach dem ersten Weltkrieg auch in den Zeitungen oft erwähnte Dollarprinzessin dokumentierte ihren erlesenen Geschmack in einer ganz besonderen Behandlung der Fingernägel. Diese Repräsentantin ihrer Zeit war ursprünglich die Frau eines ehe-

maligen kaukasischen Fürsten gewesen. Dann ließ sie sich scheiden und beglückte einen anderen Aristokraten mit ihren Millionen, einem Palazzo in Venedig, ihrem Herzen und ihrer von langen Fingernägeln geschmückten Hand. Vielleicht hatte sie die Farbenpracht der alten venezianischen Meister beeindruckt, jedenfalls entschloß sie sich, die kleinen Parzellen der Fingernägel, auf denen man kaum bunte Gemälde anbringen konnte, wenigstens mehrere Male am Tag — wie die Zeitungen berichteten, sogar stündlich — neu zu lackieren. Ihre Lieblingsfarben waren goldgelb, silber, veilchenblau, grasgrün und mahagoni, wobei diese Farben zur Stimmung und zur Kleidung der Dame passen mußten.

Zur Erholung noch einen letzten Besuch bei *Firenzuola*.

Was sagt der Kunstkritiker der Damen von Prato über die Frauenaugen?

»Die Augen sollen groß sein, aber nicht tiefliegend, nicht hohl. Homer zeichnet Hera mit dem Epitheton »kuhäugig« aus, was besagen soll, daß die Augen der Göttin groß und rund waren. Manche ziehen die länglichen, geschlitzten vor, andere, der bescheidene Verfasser mitgerechnet, die ovalen. Die Schönheit der Augen kann durch weiße, rosageäderte Lider noch erhöht werden. Die Wimpern sollen weder zu dicht noch zu lang sein; was die Farbe anbelangt, so dürfen sie nicht hellblond sein. Mir sind die schwarzen Wimpern am liebsten, nur diese befähigen die Augen zu entzückend milden Blicken.

Der Augenstern muß nicht unbedingt schwarz sein, obwohl die alten griechischen und römischen Dichter die schwarzen Augen priesen. Auch die lustig dreinschauenden braunen Augen sind beliebt, und die hervorragendsten Autoren berichten von der Göttin Aphrodite, daß sich in ihren Augen das Blau des Himmels spiegelte.«

Ercole Strozza, der Hofpoet der Herzöge von Ferrara, schrieb ein Gedicht über einen Blitz aus den Augen der Lucrezia Borgia. Wer in die Sonne schaut, der erblindet — schrieb er —, wen der Blick der Medusa trifft, der erstarrt zu Stein. Lucrezias Augen können beides, sie blenden und lassen erstarren.

Fit primo intuitu caecus et inde lapis.

In einem Saale ihres Palastes stand eine Statue des schlafenden Cupido. Der Hofdichter behauptete, daß sich auch der Gott durch einen Blick der Lucrezia in Marmor verwandelte.

Lumine Borgiados saxificatus Amor.

Diese Verse werden auch von Burckhardt angeführt. Er setzt hinzu, daß man nicht wissen könne, auf welche Cupido-Statue der Dichter angespielt hat, denn in Lucrezias Sammlung befanden sich zwei, eine griechische von Praxiteles und eine zeitgenössische von Michelangelo.

So aufregend dieses kunsthistorische Problem auch sein mag, noch interessanter wäre es, den Zauber jener Lucrezianischen Blicke zu erforschen.

Der Vergleich des Dichters muß von den höfischen Zieraten gesäubert werden. Frauenaugen können kaum blind machen, aber zünden, anfeuern können sie. Zu Stein lassen sie keinen erstarren, aber Kälte ausstrahlen, das können sie wohl.

Allerdings gibt es Männer, die selbst in der Kälte Feuer fangen, und andere wiederum gehen unverletzt durch das Feuer wie der Salamander.

Auch Männeraugen haben ihre Geheimnisse. Alle Schönheitsrezepte, Schönheitskanons, Schönheitskodexe verfehlen ihr Ziel, Männeraugen sehen und urteilen nach ihrer Beschaffenheit. Auch ihr Geheimnis blieb bis heute ungelöst.

Es ist jenes gewisse Etwas, das sich nicht erklären läßt...

Aschenbrödels Schuh

Ein häßliches Wort hat sich in der Fachliteratur über die Liebe eingenistet, es ist das Wort *Fetisch.* Man hat Unglückliche mit entgleistem Liebesleben beobachtet, von denen manche Frauenschuhe sammelten, deren Betrachtung sie in eine Art sexueller Verzückung versetzte. Andere stibitzten Haare und erträumten sich aus den braunen, blonden und schwarzen Strähnen Phantasiebilder ihrer Liebesideale.

Diese bedauernswerten Krüppel des Liebeslebens mußten irgendwie systematisiert werden. So wurde der Begriff »Fetischisten« geschaffen, der später auf Grund des Prinzips *pars pro toto* erweitert wurde. Du träumst von kleinen Füßchen? Fetischist. Du bewahrst eine Locke in deinem Schubkasten auf? Fetischist! Dich ziehen — geometrisch gesprochen — nicht die Flächen und spitzen Winkel an, sondern die kugelartigen Rundungen? Fetischist!

Für die Fußfetischisten fand man sogar einen berühmten Ahnherrn, den Lucius Vitellius, Vater des Kaisers Vitellius. Vitellius der Ältere war verliebt in die Kaiserin Messalina. Einmal erbettelte er sich die besondere Gunst, ihr die Schuhe anziehen zu dürfen. Dabei behielt er den einen Schuh, den er auf dem Herzen trug und mit seinen Küssen überschüttete. Auf diese Weise betete er die schönen Füße der Dame an, die er im Original nicht besitzen konnte.

So berichtet *Brantôme.** Auf Grund von Brantômes Aufzeichnungen berufen sich alle Anhänger der Fetischtheorie auf diesen Fall. Auch der sonst sehr gründliche Eugen Dühren — eigentlich Iwan Bloch — begnügt sich mit dem Brantôme-Zitat.** Es wäre aber viel löblicher gewesen, in den Quellen nachzusehen und im Buche Suetonius' von den zwölf Kaisern das Kapitel über Vitellius aufzuschlagen. Dort steht kein Wort von Liebe. Der Historiker erzählt die Begebenheit, um die Servilität des Höflings Vitellius zu illustrieren.

Mit dem gleichen Recht könnte man die großen Märchenerzähler des Fetischismus beschuldigen, denn sie schmuggeln den Schuhfetisch sogar in unschuldige Kinderseelen ein. Bei Aschenbrödel ist doch das *pars pro toto* klar zu erkennen.

Wollten wir die Spuren des Schuhmotivs weiter verfolgen, kämen wir bald ins 6. Jahrhundert vor unserer Zeitrechnung. Nach Strabo soll damals in der Naucratis eine wunderschöne Hetäre namens Rhodope gelebt haben. Diese badete einmal im Freien, als ein Adler auf ihre Kleider herabstieß und eine ihrer Sandalen mit sich in die Höhe riß. Der Vogel scheint aber eine andere Beute erwartet zu haben, er ließ den Schuh nach einiger Zeit wieder fallen, als er gerade über Memphis flog, wo der Pharao Gerichtstag hielt. Die Sandale fiel dem Herrscher direkt in den Schoß. Ihre Zierlichkeit entzückte ihn so, daß er die dazugehörige Frau suchen ließ. Und als seine Leute Rhodope aufgestöbert hatten, ließ er sie nach Memphis kommen und heiratete sie.

Da wir nun einmal im Altertum herumirren, können wir auch Holofernes, den berühmten Heerführer der biblischen Zeiten, aufsuchen. Die Fetischtheoretiker übersahen ihn leichtsinnigerweise. Als nämlich Judith entsprechend aufgeputzt vor ihm erschien, weidete er seine Augen an allen sich bietenden Reizen, aber erst von ihren

* »Vies des dames galantes.« Discours troisième.

** Rétif de la Bretonne. Der Mensch, der Schriftsteller, der Reformator.« (Berlin, 1906, S. 372.)

Füßen wurde sein Blick festgehalten. »Sandalia rapuerunt cor eius.« Die Schuhe betörten sein Herz.

Aus der jüngeren Zeit wird am häufigsten *Rétif de la Bretonne* zitiert. Dieser Schürzenjäger beichtet in seiner schonungslosen Selbstentlarvung, daß sein Herz immer dann heftiger geschlagen habe, wenn er ein Paar kleine Füßchen und nette Schuhchen sah. Das sei ihm zugestanden, schließlich verunstalteten und verdeckten Reifröcke und Mieder die Figuren der Damen aus dem 18. Jahrhundert, es ist also nur verständlich, daß ein plötzlich in Erscheinung tretendes schöngeformtes Füßchen Gedanken über die Vollkommenheiten der Fortsetzung erweckte.

Schöne Füße sind die Voraussetzung für einen zierlichen, schwebenden Gang. Es ist also durchaus kein Fetischismus, wenn Männeraugen ehrenwerte, jedoch plumpe Füße und Knöchel nicht mit Genuß betrachten und sich lieber an wohlgeformten, kleinen Füßchen ergötzen. Brantôme schrieb: »Schöne Bauten ruhen auf schönen Säulen.«

Die Fachliteratur beeilte sich, Rétif de la Bretonne für ihr Ziel, das Herumwühlen in der menschlichen Seele, auszunützen; sie gab der Anbetung der Füße den Namen Rétifismus. Dagegen hütete sie sich, einen anderen Schwärmer zu behelligen; Puschkins Namen in die Fetischtheorie einzubeziehen, wäre vielleicht doch zu gewagt gewesen.

Dabei bekennt sich der Dichter des Eugen Onegin ganz offen zu den kleinen Füßen:

»Und ihr Füßchen erst!... Allein
in Rußlands grenzenloser Weite
Gibt's hübscher Füße kaum drei Paar.
Ach, unvergeßlich immerdar
Bleibt eines mir! Noch heute, heute,
So ernst ich bin, verfolgt es mich,
Und selbst im Traume zittre ich.

Dianens Busen, Floras Wangen,
O Freunde, reizen meinen Sinn!
Und dennoch zieht mich mehr Verlangen
Zum Füßchen Terpsichores hin.
Denn, wie es Augen selig blendet
Und Gunst verheißend Wonne spendet,
Entfesselt es in Lust und Qual

Der Wünsche ungemeß' ne Zahl.
Das Füßchen lieb ich, o Elvine,
Am Tische, von Damast verhüllt,
Auf Wiesen, die der Lenz erfüllt,
Am Winterabend vorm Kamine,
Im glatten Ballsaal, hoch am Strand,
Auf schroffgranitner Klippenwand.«

(Übersetzt von *Theodor Commichau*)

Auch ein Prosazitat soll hier angeführt werden, ein Bruchstück aus einem Brief, in dem man die Dame bittet, die neuen Ballschuhe, in denen sie die letzte Nacht durchtanzte, dem Herrn baldmöglichst zuzuschicken, damit er wieder einmal etwas von ihr ans Herz drücken kann... Zeilen aus einem Privatbrief, denen die Person des Schreibers allgemeines Interesse verleiht.

Der Brief ist von Goethe, adressiert an seine Gattin...

Von der Schusterwerkstatt bis zur goldenen Lilie

Über die magnetische Wirkung der kleinen Füße auf Männeraugen sind sich alle Frauen im klaren. Frauen, die die Natur nicht mit dieser Schönheit beschenkt hat, beauftragen ihren Schuhmacher, die rohe Wirklichkeit durch seine Künste zu verschleiern. Welche Geheimnisse mag manche Schusterwerkstatt hüten!

In den vierziger Jahren des vorigen Jahrhunderts entstand in Paris eine große Verwirrung unter den Damen der vornehmen Gesellschaft. Die Ursache war ein schnödes Attentat eines Schusters namens *Mathieu*. Meister Mathieu besaß eine Werkstatt, die lange Zeit glänzend floriert hatte. Dann aber begann es abwärts mit ihm zu gehen; bis sich der verkrachte Mathieu zu einem unschönen Verzweiflungsakt entschloß. Er verfaßte ein Rundschreiben, in dem er allen früheren Kundinnen mitteilte, daß er von einem Verleger ein glänzendes Angebot in bezug auf seine Memoiren bekommen habe. In diesem Werk solle er nicht nur über die Ereignisse seines eigenen Lebens, sondern vor allem über die Füße der Damen berichten, die ihm während seiner Tätigkeit als Modeschuhmacher begegnet waren. Zur genaueren

Orientierung legte er den Abschnitt über die Füße der betreffenden Dame bei mit der hochachtungsvollen Bemerkung, daß er unter Umständen auf Madames Wunsch von der Veröffentlichung des fraglichen Absatzes Abstand nehmen könne. In diesem Falle bitte er, ihm gefälligst 15 Francs einsenden zu wollen, widrigenfalls er zu seinem allergrößten Bedauern die kurze Beschreibung in seinen Memoiren veröffentlichen müsse.

Die beigelegten fachmännischen Erinnerungen sahen etwa so aus:

Mme. A..., wohnhaft da und da. Ein schwerer Fall. Lange Füße, dicke Knöchel, zwei Hühneraugen, an drei Stellen Hornhaut. Häßlicher Gang, die Fußspitzen nach innen gerichtet.

Mme. C..., wohnhaft da und da. Die Zehen verkümmert, übereinander gewachsen. Eine Warze, zwei Ballen.

Mme. M..., wohnhaft da und da. Große Schuhnummer, Plattfüße, tritt jeden Schuh gleich schief. Hühneraugen und Ballen.

Die Wirkung des Rundschreibens war verschieden. Ein Teil der angesprochenen Damen machte sich nichts aus den Drohungen, ein anderer Teil schickte die 15 Francs. Aber die Dame mit den Plattfüßen geriet in Zorn und zeigte Meister Mathieu bei Gericht an. Der Richter hatte Respekt vor der Neuartigkeit der Idee und verurteilte den einfallsreichen Schuster alles in allem zu einem Monat Gefängnis.

Die weibliche Eitelkeit befindet sich in einem verhängnisvollen Irrtum, wenn sie glaubt, daß das kümmerliche Dahinstolpern der in allzu enge Schuhe gepferchten, auf Absätze von einer halben Spanne Höhe gepreßten Füße von sehnsuchtsvoll schmachtenden Männerblicken verfolgt wird. Ich glaube, auch die berüchtigte »goldene Lilie«, das künstlich verkümmerte Füßchen der chinesischen Frauen, verdankt sein Entstehen nicht der Annahme, daß es die Männer in Liebeswahn versetzen könnte. Die chinesische Weisheit hat diese schauderhafte Mode zur Sicherung der ehelichen Treue erdacht; mit diesen unförmigen, zum Gehen kaum geeigneten Stummelfüßen kann sich keine Frau weit vom häuslichen Herd entfernen...

Die einfachste Art, die Füße zu verkleinern, praktizieren die Frauen von Lima, die wegen ihrer kleinen Füße weltberühmt sind. Wenn ein Fremder ein Mädchen deshalb lobt, kann er durchaus folgende unschuldige Antwort bekommen: »O bitte, das ist doch selbstverständlich. Mädchen haben doch keine kleinen Zehen wie die Männer!« In Lima lassen nämlich die tüchtigen Mütter den *Tajador* — eine

Art Feldscher — zu den neugeborenen Mädchen kommen, der die kleine Zehe des Kindes wegschneidet. Diese Operation hat einen doppelten Nutzen: erstens bekommt das Mädchen schöne schmale Füße und zweitens einige Hühneraugen weniger.

Die schamhaften Füße

Die Gräfin *d'Aulnoy* schrieb ein Buch über das Leben am spanischen Hofe im 18. Jahrhundert, in dem sie auch über die für die Damen der besten Gesellschaft unerläßliche Keuschheit und Schamhaftigkeit berichtet. Bei den Damen des Hofes äußerten sich diese löblichen Tugenden nur in bezug auf die unteren Körperteile. Es war strengste Vorschrift, daß die Füße bedeckt sein mußten. Manche Frauen nahmen diese Forderung so ernst, daß sie lieber auf den Saum ihrer langen Röcke traten, als diesen sonst ganz unschuldigen Körperteil unschicklichen Blicken der Männer auszusetzen. Wollte eine so durch und durch von Schamhaftigkeit erfüllte Dame den standhaften Ritter doch erhören, dann zeigte sie ihm — als Zeugnis ihrer Liebe, aber gleichzeitig auch als höchsten Gunstbeweis (dernière faveur) — die Füße. Der Ritter mußte sich mit dem Fuß schlechthin begnügen: in bezug auf Form und Maß durfte er nicht kleinlich sein.

Ich muß bemerken, daß die Geschichte kein Vorbild für die heutige Mode der kurzen Röcke kennt. Die Röcke reichten immer bis zur Erde, in manchen Epochen, zum Beispiel in der Zeit der Troubadours, als die Frauenverehrung geradezu krankhafte Ausmaße annahm, fegten sie sogar den Boden. Was mag wohl die Ursache dieser bis zur Hartnäckigkeit standhaften Mode gewesen sein? Es ist bekannt, daß die Mode, etwas zu verdecken, oft von irgendwelcher Unvollkommenheit herrührt. Perücken begann man zu tragen, um die Glatzen oder die grauen Haare zu verdecken; das Korsett diente als Stütze der verfallenden Reize; die Reifröcke halfen der weiblichen Eitelkeit, die Zeichen fortgeschrittener Mutterschaft zu verhehlen. So sollten die langen Kleider vielleicht in der vornehmen Welt eine Art Gleichmacherei zwischen mehr oder minder wohlgeformten Füßen und Beinen durchsetzen. Die Historie verewigte die körperliche Unvollkommenheit der Mutter Karls des Großen, angeblich einer ungarischen Königstochter: sie hatte übermäßig große Füße. In den mittelalterlichen Ritterromanen wird sie »Berthe en grand pied« genannt.

Oder steckte hinter dem Verhüllen der Füße weise Berechnung? Nicht umsonst spricht man gemeinhin vom »Schleier des Geheimnisses«. Wird der Schleier gelüftet, hört das Geheimnis auf, Geheimnis zu sein, und der Zauber ist gebrochen.

Bei *Schiller* heißt es:

> Frommt's, den Schleier aufzuheben?
> Nur der Irrtum ist das Leben,
> Und das Wissen ist der Tod.

Doch scheint es uns, daß diese Theorie durch eine andere Erscheinung der Mode, durch den Ausschnitt der Kleider, widerlegt wird. Was die Frauen unten an Material vergeudeten, sparten sie oben wieder ein. Selbst in den keuschesten Epochen leuchteten den Männern verlockende weiße Schultern. Diese Auslagen waren durch keinen Schleier verdeckt, die kühnsten Dekolletés unserer Tage müssen im Vergleich zu früheren Zeiten, wie etwa zur Regierungszeit Karls II. von England, als schamhaft bezeichnet werden.

Die Frage bleibt also unbeantwortet. Welche Füßchen sind unwiderstehlicher, die, die sich geheimnisvoll hinter den Säumen langer Röcke verstecken, oder die, die nicht nur die eigenen zierlichen Formen, sondern auch die wohlgeformte Fortsetzung vorbehaltlos zur Schau tragen?

Aber diese Frage können wir nicht beantworten.

Am 17. Juli 1791 strahlte die Sonne sommerlich über dem Marsfeld von Paris. Auf der ganzen Wiese drängte sich eine unübersehbare Menge von Bürgern, die mit Weib und Kind gekommen waren. Die Massenversammlung hatte ein politisches Ziel; dem Aufruf der republikanischen Partei zur Nationalversammlung sollte durch massenhafte Unterschriften ein besonderer Nachdruck verliehen werden. In dem Memorandum forderte das Volk die Entthronung des Königs. Die Schriftstücke lagen auf einer Tribüne, vor dem »Altar des Vaterlandes«, zur Unterschrift bereit.*

Eine breite Holztreppe führte zur Empore hinauf. Wegen des Memorandums war die Stimmung zwischen Royalisten und Republikanern äußerst gespannt, es fehlte nicht viel am Ausbruch der offenen Feindseligkeiten. Der Anlaß ließ auch nicht lange auf sich warten, zwei Männer brachten den Stein ins Rollen. Man beschuldigte sie der Spionage für die Königspartei, die Volkswut wandte sich gegen sie, man stach sie nieder und steckte ihre Köpfe auf Stangen. Die Ereignisse häuften sich. Royalistisches Militär unter Lafayettes Kommando zog auf, um die Menge zu zerstreuen. Die Soldaten wurden mit Steinen beworfen; es fielen Schreckschüsse, auf die scharfe Schüsse folgten, bis das Blut von einigen hundert Bürgern den Altar des Vaterlandes färbte. Royalisten und Republikaner schoben sich gegenseitig die Schuld an diesem traurigen Ereignis zu, das als »Massaker auf dem Marsfeld« in die Geschichte einging.

Nun wird der Leser mit Recht fragen, was dieses Massaker auf dem Marsfeld mit unseren friedlichen Betrachtungen über Frauenfüße zu tun hat.

Die Antwort ist, daß diese beiden Männer alles andere als Spione waren.

* Es ist ein Irrtum, wenn manche Philologen denken, daß der Ausdruck »Altar des Vaterlandes« von Ciceros Ausspruch: »certamen pro aris et focis« (ein Kampf um Altäre und Herde) stammt. Der Altar des Vaterlandes war zur Zeit der Französischen Revolution (autel de la patrie) ein realer Gegenstand. Ein hundert Fuß hoher, geschmückter Bau, errichtet auf dem Pariser Marsfeld, zum Jahrestag der Erstürmung der Bastille. An diesem Tag zelebrierte Talleyrand eine Messe vor diesem Altar, dann legten die Mitglieder der Nationalversammlung in Anwesenheit des Königs das bürgerliche Gelöbnis ab. Später ordnete die Nationalversammlung durch einen Beschluß vom 6. Juli 1792 an, daß in allen Städten und Gemeinden solche Altäre des Vaterlandes errichtet werden mußten. Auch die Ehen sollten vor ihnen geschlossen werden, und dort sollten die Personenstandesregister geführt werden.

Sie waren unschuldige Neugierige, wie diejenigen, die zur Zeit der langen Röcke an den Straßenbahnhaltestellen herumlungerten oder hinter den berühmten Glasfenstern des Wiener Kaffeehauses »Fenstergucker« saßen, um bei Regenwetter hinter die sorgsam gehüteten Geheimnisse der Röcke zu kommen. Die beiden Opfer des Marsfelds waren schon beim Morgengrauen unter die Treppe gekrochen und hatten Löcher in die Stufen gebohrt, um den Frauen, die zur Unterschrift die Tribüne besteigen sollten, unter die Röcke sehen zu können. Sie hatten sich mit Proviant versehen, sogar mit einem kleinen Fäßchen Wein. Aber das Unternehmen schlug fehl. Die beiden Voyeurs wurden von den Frauen entdeckt und verdroschen. Inzwischen hatte sich eine falsche Nachricht von zwei royalistischen Agenten unter der Treppe verbreitet, die angeblich den Altar des Vaterlandes in die Luft sprengen wollten und sogar ein Pulverfaß hätten! Anstelle der empörten Frauen drängten sich wütende Männer mit Messern in der Hand heran...

Man könnte also in bezug auf das Massaker des Marsfeldes die kühne Schlußfolgerung ziehen, daß alles an den langen Röcken lag. Hätte die damalige Mode kurze Röcke diktiert, hätten sich die beiden Vorwitzigen nicht unter der Treppe zu verstecken brauchen, die Volkswut wäre nicht ausgebrochen, der Tag wäre friedlich zu Ende gegangen, Lafayette hätte seine Popularität nicht verloren usw...

Die Locken der Frauen

Der Prophet Hosea war mit dem liederlichen und gefallsüchtigen Benehmen der Töchter Zions unzufrieden. Er drohte ihnen mit einem schlimmen Ende: der Herr werde ihre Häupter der Haare berauben, anstatt der schönen krausen Haare sollten sie kahlen Köpfe bekommen...

Also war sich auch der Prophet über die männerbezaubernde Kraft der Frauenhaare im klaren.

Hier muß man noch weiter zurückgehen. Welche Rolle spielte die Zierde des Weibes im Leben des Urmenschen?

Die Wissenschaft wirft Licht auch in die finsterste Finsternis der Urzeit. Es gibt Gelehrte — ein Glück, daß es sie gibt! —, die sich in der Prähistorie zu Hause fühlen und auch unsere Frage beantworten können.

Auch bei den Urmenschen war der Mann der offensive Teil, die Frau der defensive. Die Natur betonte diesen von ihr gewollten Unterschied schon durch die Verteilung der Haare. Bei dem Mann wucherten sie in Gestalt des Bartes vorn, wodurch der Angriffsgeist bewiesen ist. Dagegen hatte die Frau nach hinten herabhängende Haarsträhnen, die teils die Weigerung und die Flucht, teils aber das Heranlocken bedeuteten.

Diese Feststellung scheint auf den ersten Blick nicht eindeutig zu sein, aber bei weiterer Lektüre meines Quellenwerkes* klärt sich der Widerspruch. Beim Kulturmenschen geht bekanntlich der Partnerwahl eine Werbung voraus. Diese Werbung kannte der Urmensch nicht, er machte der Frau nicht den Hof. Hatte er sich eine ausgesucht, lief er ihr hinterher, um sie in seine Höhle zu schleppen. Die Frau floh, und während dieser Flucht wehten ihr die langen Haare hinterher. Wäre die Flucht ernst gemeint gewesen, hätten die Haarwogen ein Mittel zum Festhalten der Fliehenden geboten. Die Haare aber sprachen in ihrer Symbolsprache zum Mann: hör nicht auf,

* *Fritz Rumpf:* »Der Mensch und seine Tracht ihrem Wesen nach geschildert.« (Berlin, 1905, S. 57 f.)

mich zu verfolgen, ich habe nichts dagegen, von dir eingeholt und gefangen zu werden; eigentlich will ich ja dir gehören.

Ich würde höchstens noch hinzufügen, daß die Männerhaare dagegen wenig Bedeutung für das Liebesleben haben. Auch Delila legte keinen Wert auf ihr Vorhandensein, sie schnitt Simson die Haare ab. Manche halten einen Kahlkopf bei Männern geradezu für ein Merkmal hervorragender Eigenschaften. Sehr lehrreich wird das in einem alten ungarischen Traktat mit dem Titel »Lob der kahlen Köpfe« (A kopaszsagnac diczireti, Colosvarat, 1589) ausgeführt.

In der Einleitung des geschickten kleinen Werkes wollen junge Leute einen kahlköpfigen alten Herrn damit aufziehen, daß »er die Barbiere nicht reich macht«.

Der Alte belehrt die Jugend:

»Wißt ihr denn nicht, daß Haare ein recht minderwertig Gut sind und nur aus unnützer Feuchtigkeit des Körpers entstehen wie die Nägel? Die Natur stößt sie als unnütze und schädliche Materie ab in die äußersten Bereiche des Körpers... Die Doctores pflegen ihren Kranken die Haare, so diese zu dicht gewachsen sind, wegzuscheren.«

Ferner erfahren wir, daß die Kahlköpfe zu allen Zeiten ehrenwerte, weise und gelehrte Männer waren wie zum Beispiel Aristoteles, Sokrates, Diogenes, Cicero, Anakreon, Aristophanes. »Wenn die Pictores hochkluge, wohlberatene Personen darstellen wollen, so malen sie immer kahlköpfige. Junge Leute haben reichlich Haare, aber dafür sind sie unwissend. Die Glatze entsteht, weil die Haare ausfallen, die mit der Klugheit nicht zusammenleben können. Ein kahler Kopf ist wie der Himmel, lange Strähnen bedeuten auch bei den Kometen nichts Gutes, die bekannterweise Unheil verkünden. Die kahlen Sterne dagegen leuchten hell und schön.«

Diese kleine ungarische Lobrede auf die Kahlheit steht nicht allein. Vor Zeiten wanderte ein in Stabreimen geschriebenes Gedichtchen von Hand zu Hand, in dem der Bruder *Hucbaldus* von Saint-Amand (840—932) Karl den Kahlen verherrlichte. Diese Verse sind nicht nur deshalb interessant, weil sie die Kahlköpfigkeit (calvities) über den grünen Klee loben, sondern auch, weil das C, der Anfangsbuchstabe für calvities und für Carolus, durch das ganze Gedicht wiederholt wird:

Carmina Clarisonae Calvis Cantate Camoenae.
Cessent Cerriti Celebres Contemnere Calvos.
Conjubilent Calvi Claro Clamore Canori,

Continuentque Choros, Cultores Corpore Casto
Christi, Conformes Capiti, Cui Calva Corona.

usw.*

Beweist ein kahler Kopf also hervorragende Eigenschaften, dann wird er wohl auch im Liebesleben den ihm gebührenden Platz einnehmen.

Barocke Haartürme

Als der Urmensch die Höhle verließ und mit der ungeschlachten Gewohnheit des Weiberraubes aufhörte, wurde die wehende Mähne der Frauen überflüssig. Mit den ersten Anzeichen der Zivilisation, mit dem rationellen Ackerbau, begann auch das Zeitalter der rationellen Haartrachten.

Die Frauen ordneten ihre Haare nunmehr, sie kräuselten, lockten und wellten sie, legten sie in Schnecken oder in Kränze, flochten sie in Zöpfe, trugen sie offen, banden sie in Knoten, ließen sie herunterhängen, türmten sie auf, balsamierten sie, puderten sie, bauschten sie durch künstliche Haare auf und machten wahre Kunstwerke aus ihnen.

Ovidius schreibt, es sei leichter, die Eicheln der größten Eiche zu zählen, als die mannigfaltigen Frisuren der Römerinnen zu überblikken. Es scheint, als hätten die Heerführer eine neue Provinz nach der anderen nur erobert, um den römischen Friseuren neue Anregungen zu geben. Nach den Siegen in Asien kamen Perlengeflechte in Mode; aus Afrika wurden ganze Schiffsladungen bunter Federn nach Rom gebracht, Ägypten beschenkte die Damen Roms mit dem Haarschmuck der Göttin Isis.

Aber all das war ein Kinderspiel im Vergleich zu den ungeheuerlichen Einfällen des Barocks. Es genügt, wenn wir einen einzigen erwähnen, die Mode der Fontange.

Die Herzogin von *Fontange* war eine offizielle Geliebte des Königs Ludwig XIV. Siebzehn Jahre alt, nach den Berichten der zeitgenössischen Schriftsteller schön wie ein Engel und dumm wie Bohnenstroh. Die königliche Liebe dauerte drei Jahre und kostete den Staat elf Millionen. Im Sommer 1680 fand eine große Hofjagd in Fontainebleau statt. In der Hitze der Jagd zerzauste der Wind die Haare der Favori-

* Zum ersten Mal im Druck erschienen in Basel, 1514, »De laude calvorum« betitelt.

tin, worauf diese die losen Strähnen mit einem behenden Griff zusammenfaßte und mit Hilfe eines Bandes zu einem hochgetürmten Knoten befestigte. Der König applaudierte dem improvisierten Haarturm, worauf am anderen Morgen alle Damen des Hofes »à la Fontange« frisiert erschienen.

Soweit die Anekdote. Vielleicht entspricht sie sogar der Wahrheit, denn eines der wichtigsten Elemente der Mode ist der Nachahmungstrieb.

War die Fontange nun einmal geboren, mußte der Einfall weiter entwickelt werden. Es war nicht mehr genug, die Haare einfach hochzubinden. Der Grundgedanke mußte weiter ausgebaut werden. Ausgebaut und aufgebaut — im wahrsten Sinne des Wortes. Aus Messingdraht konstruierte man ein Gerüst, auf dem die Haarsträhnen festgebunden, geflochten, aufgetürmt wurden. Das Gerüst bestand aus drei Etagen, die sich stufenartig aufeinander aufbauten. Dieses Drahtgeflecht wurde mit gewickeltem Tüll dicht belegt, wobei die Rollen aber nicht in gleicher Höhe angebracht waren, sondern in zunehmender Größe aufeinander folgten wie die Orgelpfeifen. Die

Fontange sah also aus wie ein fünfzig bis sechzig Zentimeter hoher, auf drei Reihen von Orgelpfeifen aufgebauter, mit Spitzen und sonstigem Putz verzierter Wolkenkratzer aus Haaren.

Wir wollen das Gebiet der Friseurkunst für einen Augenblick verlassen, um die Dame des Barocks als Gesamterscheinung vorzustellen. Die Reifröcke waren damals nicht modern, aber die Frauen konnten auf die zu sehr gewöhnte aufgebauschte Figur nicht verzichten. Der erwünschte Effekt wurde also zumindenst hinten durch die Übereinanderhäufung mehrerer Röcke erzielt. Drei Röcke wurden angezogen. Alle drei hatten ihren besonderen Namen, der oberste hieß der »Bescheidene« (la modeste), darunter war der »Mutwillige« (la friponne), und die untere Schicht bildete der »Geheime« (la secrète). Der Bescheidene sollte zur Schau getragen werden und war zu diesem Zweck reich geschmückt. Der Mutwillige guckte nur an manchen Stellen durch die Schlitze des Bescheidenen hervor. Der Geheime war geheim und nur für diejenigen zugänglich, die berechtigt waren, in die Geheimnisse eingeführt zu werden. Er hatte noch ein ganz besonderes Geheimnis zu hüten: ein mit Draht befestigtes kleines Kissen, das berufen war, dem Rock an der gewünschten Stelle die entsprechende Rundung zu geben. Das war die Bouffante, die Urahne der späteren Tournüre.

Und doch war noch ein Teilchen des Körpers übrig, das auch nicht in seinem naturgegebenen Zustand bleiben durfte. Sonst hätte es sich ja von der universellen Oberherrschaft der Mode freigemacht, was diese nicht erlauben konnte. Dieses Teilchen war — das Gesicht. Es mußten neuartige, die Augen durch nie dagewesene Reize bezaubernde Effekte erfunden werden, da doch die künstliche Morgenröte auf den Frauengesichtern seit uralten Zeiten vorhanden war und ihre Zauberkraft allmählich eingebüßt hatte. So entstand das kleine schwarze Schönheitspflästerchen, die *Mouche*. Sie war viel mehr als ein Mittel, Pickel zu verdecken; bald stellte sich heraus, daß sich die Anbringung dieser kleinen künstlichen Fliege zu einer Zeichensprache ausbauen ließ. Im allgemeinen waren *acht* Arten bekannt, die Mouche zu plazieren:

»Die leidenschaftliche« (la passionnée) im Augenwinkel.

»Die majestätische« (la majestueuse) in der Stirnmitte.

»Die muntere« (l'enjouée) am Rande des Grübchens, das sich beim Lächeln bildet.

»Die galante« (la galante) inmitten des Gesichts.

»Die kühne« (la gaillarde) an der Nase.

»Die kokette« (la coquette) an der Lippe.

»Die diskrete« (la discrète) unter der Unterlippe.

»Die diebische« (la voleuse) rutschte hinunter vom Gesicht und plazierte sich vielsagend in der Tiefe des Ausschnitts.

Auch die Form des Pflästerchens sorgte für Abwechslung. Die Tupfen wurden von Sternchen und Halbmonden abgelöst; dann wurden launische Symbolfiguren ausgeschnitten. Auf einem Porträt aus dem Jahr 1658 entdecken wir mit achtungsvoller Bestürzung mitten auf der Stirn der Dame ein Schönheitspflaster in der Form eines winzigen Wagens mit zwei Pferden.

So steht die Frau des Barocks in ihrer vollen Pracht vor uns. Der Urmensch hätte sich in seine tiefste Höhle verkrochen, wäre ihm plötzlich eine solche Gestalt begegnet. Aber auch der heutige Mensch steht verständnislos vor dem Liebesrätsel: was mag der Mann an einer Frau geliebt haben, von der er eigentlich nie etwas zu sehen bekam, da doch der naturwidrige Putz alles verdeckte?

Warum habe ich diese kleine modehistorische Exkursion hier eingefügt?

Um ein Paradox zu beleuchten, das von den Frauen erstaunlicherweise übersehen wird. Theoretisch betrachtet wäre es die Berufung der Mode, die weibliche Schönheit einzurahmen, hervorzuheben, durch Abwechslung in immer neuem Glanz erscheinen zu lassen. Was geschieht statt dessen? Man wird mir hoffentlich nicht Unhöflichkeit vorwerfen, wenn ich darauf hinweise, daß unter den Frauen die wirklich schönen immerhin eine Minderheit bilden, die der erdrückenden Mehrheit der nicht so schönen gegenübersteht. Diese Mehrheit hat sich der Mode bemächtigt und sie für die eigenen Ziele ausgenützt. Was waren diese Ziele? Die Mängel der Schönheit zu verdecken, und die Männer durch den aufgehäuften Putz zu täuschen. Die gefoppten Opfer — die wirklich schönen Frauen — ließen sich mit Schafsgeduld von der betrügerischen Mode in Krinolinen zwingen, durch Korsetts verunstalten, die natürliche Schönheit durch Haartürme und verrückte Hüte verderben. Ihre Situation als Minderheit zwingt sie, sogar auf den Geschmack des Kusses zu verzichten, macht doch das Diktat der Mehrheit durch eine künstlich aufgetragene Fettschicht neben den welken Lippen auch die lebensvollsten für die verliebte Berührung unzugänglich.

Der Dichter ließ es offen, ob die Schiffer am Rhein mehr vom Gesang der Lorelei bezaubert wurden oder mehr von ihren Haaren.

Jedenfalls wurden die Haare der Fee zu einem Begriff. In den ungarischen Zeitungen der achtziger Jahre des vorigen Jahrhunderts begann der Erfinder eines Haarwuchsmittels seine Ware auf einem Bildplakat mit folgenden Worten anzupreisen: »Ich, Anna Csillag, mit meinen 180 Zentimeter langen Lorelei-Haaren…«

Der Geschmack der Zeit befreite die Frauenhaare vom fremden Putz und ließ ihre natürliche Zauberkraft voll zur Geltung kommen. Aber da mischte sich wieder die Mode mit ihrem heimtückischen Drang nach Übertreibungen ein. Anfangs schien alles in Ordnung, die langen Haare wurden von den Männeraugen genußvoll als gern gesehene Bestandteile der Schönheit betrachtet. Die Literatur der Zeit konnte nicht genug Lobgesänge auf das »wehende Haar« der Schönen ersinnen. Bei Jókai hüllte sich die Gräfin Ozmonda von oben bis unten in ihre Haare, als der Anführer der Kurutzen ihren Körper entblößt hatte, und wenn die Gräfin Cynthia durch die Säle und Kemenaten ihres Schlosses wandelte, berührten ihre Haare den Boden.

Nicht das wehende Haar brachte die Komplikationen, sondern die »Haarkrone«. Mit den aufgelösten Haarkaskaden konnte man nicht gut unter Menschen verkehren. Man mußte sie in Ordnung bringen, aufstecken, flechten. Da schlich sich der Modeteufel ein: die Wirkung mußte weiter gesteigert werden und auch dort den Anschein von Lorelei-Haaren erwecken, wo diese nicht vorhanden waren. Die Haareinsätze wurden erfunden, die *Chignons,* aus falschen Haaren geflochtene, auf dem Nacken lastende riesenhafte Haarwülste.

Wo kam nun die für die Chignons nötige ungeheure Masse von Frauenhaaren her? Tausende und Abertausende armer Geschöpfe verkauften ihren letzten Schmuck den Agenten der Chignon-Industrie von Marseille. Diese Stadt war das Zentrum der Haareinsatz-Fabrikation, mehrere hunderttausend Chignons wurden von hier aus in alle großen und kleinen Städte Europas geliefert.

Und doch reichten die echten Menschenhaare für die ungeheuere Nachfrage nicht aus. Geschorene Haare wachsen nicht so bald wieder nach, auf die nächste Ernte muß man viele Jahre warten. Die Agenten heimsten immer weniger Beute ein, das Chignon-Gewerbe mußte sich anders orientieren. Es stellte neue Lieferanten an, die Lumpensammler. Die Fundgruben, in denen diese das Material sammelten, waren nicht gerade sehr appetitlich. Das meiste kam aus den Müllkübeln, in die die ausgekämmten Haare hineingeworfen wurden. Auch die Abwassergräben der Straßen wurden nach den ausgefallenen und weggeflogenen Haaren der Pariser Dienstmädchen, die sich an den Fenstern der fünften Etage kämmten, durchwühlt. Das Rohmaterial kam zunächst in die Lumpensammler-Zentrale, die sechs Francs für ein Kilogramm zahlte und es dem Reinigungsbetrieb für neun weitergab. Dort wurde die Ware gesäubert, durchgekämmt, zusammengerollt, sortiert und zum Großhändler weitergeleitet, der sie schließlich den Friseuren verkaufte. So erreichten die Haare endlich ihren Bestimmungsort, die Köpfe der Damen. Nach Angaben aus der Zeit der Chignonmode sollen in jedem Kilogramm der aus dem Kehricht zusammengesuchten Haare 500 Gramm kastanienbraune, 200 Gramm graue, 100 Gramm schwarze, 100 Gramm blonde, 75 Gramm rote und bronzefarbene und 25 Gramm weiße zu finden gewesen sein...

Ich schulde aber den Damen des vorigen Jahrhunderts die gerechte Feststellung, daß die falschen Haare keine Erfindung dieser Epoche sind. Ein alter Trick der Mode war wiederaufgenommen worden.

Auch die Frauen der glanzvollen Ritterzeit hatten fremde Haare verwandt. Wie der »Roman de la Rose« traurig erwähnt, schreckten sie selbst vor den Haaren toter Frauen nicht zurück. Die Troubadours ließen diesen Umstand freilich unerwähnt, wenn sie um goldblonde Haarsträhnen bettelten; dennoch ist eine lehrreiche Geschichte erhalten geblieben.* Der Kaiser des Römischen Reiches Deutscher Nation, *Friedrich,* lag eines Abends schon im Bett, als seine Gattin sich zur Nachtruhe vorbereitete und die auf ihrem Kopf aufgetürmte falsche Haarmasse ablegte. Der Kaiser geriet in helle Wut und ließ alle Ritter und Diener zusammenrufen: »Nehmt mir diesen Leichenschmuck weg und verbrennt ihn auf der Stelle! Ich will eine lebendige Frau haben, keine tote!«

Der Kaiser traf mit seinem gesunden Geschmack den Nagel auf den Kopf. Allen Tücken der Mode kann man den unsterblichen Satz entgegenstellen: der Mann will die lebendige Frau haben, nicht den toten Schmuck.

Der Triumphzug der Blondinen

Homer schilderte Aphrodite als eine Göttin mit blonden Haaren. Ihre Dienerinnen, die Hetären, folgten diesem Vorbild, in ihrer Welt war blond die Modefarbe. Rom übernahm von den Griechen nicht nur die Liebesgöttin, sondern auch ihre blonden Haare, wie man an den Gestalten der lateinischen Dichter sehen kann. Virgils Dido ist blond, der Bacchus des Catullus vernarrt sich in Ariadne, als sie mit aufgelöstem blondem Haar dem davongelaufenen Theseus nachweint.

Die leichten Mädchen Roms nahmen sich ein Beispiel an ihren griechischen Kolleginnen, sie ließen sich die Haare blond färben oder trugen blonde Perücken. Dagegen hielten die römischen Matronen an ihren dunklen Haarflechten fest, allein schon deshalb, weil sie nicht mit diesen Frauen verwechselt werden wollten. Messalina war schwarz, sie setzte ihre blonden Perücken nur auf, wenn sie aus dem Palast schlüpfte, um ihre berüchtigten geheimen nächtlichen Wege anzutreten.

* Aus der großen Materialsammlung von *Alwin Schultz:* »Das höfische Leben zur Zeit der Minnesinger.« (Leipzig, 1889, Bd. I, S. 235.)

»Aber vorher tauschte sie noch die rabenschwarzen Haare in blonde um...«, schrieb *Juvenal*.

Auch die Dichter späterer Zeiten erhoben die Blondine zum Ideal. Die ganze Troubadourdichtung singt von goldhaarigen Frauen. Die blonde Isolde hatte eine unendliche Reihe gefeierter blonder Nachfolgerinnen. Dantes Beatrice, die Laura des Petrarca waren blond. Unter den Shakespeare-Heldinnen glänzt Julia in ihrer blonden Haarpracht. Margarete wurde von Goethe an ihren beiden blonden Zöpfen gepackt und in die Unsterblichkeit gehoben.

Wir müssen die Dichter verstehen. Die richtige Blondine muß einfach besungen werden. Ein Körper wie eine Lilie, Wangen wie Rosen, Augen wie Vergißmeinnicht, Haare wie Gold... In der Schatzkammer der Vergleiche findet der Dichter viel mehr Material, wenn er eine Blondine verherrlichen will, als wenn er dasselbe mit einer Brünetten unternimmt. Der Vorrat an Gleichnissen für Dunkelhaarige ist außerordentlich ärmlich: außer rabenschwarz, schwarz wie die Nacht und kastanienbraun kommen kaum Metaphern von einiger Bildhaftigkeit vor. Wie reich sind dagegen die Schattierungen der blonden Haare auch in der Sprache: flachsblond, strohblond, goldblond, platinblond, aschblond, semmelblond, silberblond usw., um nur die gebräuchlichsten zu erwähnen.

Individuelle Erfindungsgabe kann noch viel mehr Nuancen zustande bringen. *Cora Pearl,* eine Kurtisane des zweiten Kaiserreichs in Frankreich, verstand es z. B., die Haare mit Hilfe besonderer Farbstoffe und Beizen in nie dagewesenen Tönen erglänzen zu lassen. Eine Zeitlang erzielte sie die größte Wirkung mit der Champagnerfarbe, später gelang es ihr, den Farbton der Karotten nachzuahmen, bis sie schließlich nach langen Experimenten die komplizierteste Farbaufgabe lösen konnte: »den Glanz der untergehenden Sonne auf den Haaren eines Löwen...« nachzuahmen. (Ihre Kolleginnen antworteten trotzig mit rosafarbener Tönung der Haare, wobei sie zur Hebung der Gesamtwirkung die Haare ihrer Schoßhündchen ebenfalls rosa färben ließen.)

Die Mode der Blondinen kulminierte im 15. und 16. Jahrhundert. Schon die Frauengestalten Botticellis prangen in blonder Haarpracht; später, unter den Renaissancemalern, wurde Blond sozusagen zur Pflichtfarbe. Die Frauen, die Veronese, Palma Vecchio u. a. m. darstellten, waren blond. Diese goldgelbe Farbe machte sich auch auf den Paletten vieler anderer Maler breit. Über der Renaissancemalerei leuchtete eine blonde Gloriole. Auch Lucrezia Borgia war blond, eine Locke von ihr ist noch in einem Glasschrank der Ambrosiana-Bibliothek in Mailand zu sehen. Allerdings hat sie im Verlauf der Jahrhunderte ihren ursprünglichen Glanz eingebüßt.

Eine blonde Locke war es auch, die den Einfall zur Gründung des vornehmsten österreichischen und spanischen Ordens, des Ordens des »Goldenen Vlieses« lieferte.

Wir wissen mit Bestimmtheit, daß dieser Orden am 10. Januar 1429 von Herzog Philipp dem Guten von Burgund gestiftet wurde, am ersten Tag der Feierlichkeiten bei seiner Hochzeit mit Isabella von Portugal. Die Statuten und die Geschichte des Ordens sind uns bis in die letzten Einzelheiten bekannt. Und doch gibt es einen Winkel, in den das Licht der forschenden Wissenschaft noch nicht eindringen konnte, nämlich den Beginn. Die allzu ernsten Forscher empfanden es als ihrer unwürdig, sich mit den mutwilligen Tändeleien der Liebe zu befassen; sie tasteten in anderen Bereichen herum und fanden nichts.

Die eine Theorie: Philipp der Gute wählte das Goldene Vlies zum Emblem, um seine Ritter an das kühne Unternehmen Jasons zu erinnern und sie durch das Beispiel des mythologischen Helden im Kampf gegen die Sarazenen anzufeuern.

Eine andere: Es handelt sich gar nicht um Jasons Vlies, sondern um das des biblischen Gideon, welches zwar nicht aus Gold war, aber dennoch Wunder wirkte, da Gideon die Midianiter besiegte.

Noch eine andere: Das Vlies ist nur eine Anspielung auf die Schafzucht von Burgund, aus der der Herzog große Einkünfte bezog.

Und die spitzfindigste Erklärung: Der gesegnete Boden von Burgund bietet in fünf Monaten seine Schätze dar, im Juli, August, September, Oktober und November. Lesen wir die Anfangsbuchstaben dieser Monate, ergeben sie den Namen Jason.

Ich will nicht mit den Gelehrten hadern, wenn sie aber das Recht haben, ihre Phantasie Purzelbäume schlagen zu lassen, dann hat es der Schriftsteller auch.

Philipp der Gute verdankte seinen Beinamen dem Umstand, daß er gut zu seinem Volk war. Zu den Töchtern seines Volkes. Vierzehn Kinder linker Hand steuerte er zum Bevölkerungszuwachs bei. Es zeugt von gefühlvollem Gemüt, daß er das Andenken seiner Geliebten treu bewahrte, er ließ sich eine Halskette aus ihren Locken flechten. Vierundzwanzig Mädchen lieferten Material zu der sonderbaren

Kette, so auch die blonde Marie de Rumbrugge. Die blonden Haare wichen von den anderen ab, worüber etliche Höflinge schmunzelten. Zu diesen sagte Philipp: »Heute lächelt ihr, aber morgen wird sich glücklich preisen, wer das tragen darf.« Und er gründete den berühmten Ritterorden, der zunächst vierundzwanzig Mitglieder hatte, zum Andenken an die vierundzwanzig Locken. Von feinfühlender Seele zeugt es auch, daß Philipp die Gründungsfeier des Ordens für den Tag seiner Hochzeit ansetzte. Im übrigen war dieser Philipp kein schöner Mann, wie das von Roger van der Weyden gemalte Porträt verrät. Sein unvorteilhaftes Äußeres beweist ein übriges Mal, daß ein Mann in der Liebe nicht unbedingt schön sein muß, besonders wenn er ein regierender Fürst und unermeßlich reich ist.

Die blonde Flut ließ manchmal falsche Farbtöne aufglänzen. Was die griechischen und römischen Frauen begonnen hatten, das setzten ihre späteren Nachfolgerinnen fort. Eine Unmenge von Rezepten für Haarfärbemittel sind uns erhalten geblieben. Es ist überflüssig, Beispiele anzuführen, die moderne Kosmetik kennt viel bessere. Interessanter ist allerdings die Art und Weise, in der die Venezianerinnen das Blondieren ihrer Haare durchführten. Die Beschreibung stammt von einem Verwandten Tizians, von *Cesare Vecellio,* der in seinem Buch »Degli abiti antichi e moderni in diverse parte del mondo« folgendes mitteilt: »Die Venezianerin legt sich einen leichten weißen Seidenkittel um, begibt sich auf die Dachterrasse ihres Palastes und setzt sich in die Sonne. Sie setzt einen Strohhut mit breiter Krempe auf, besser gesagt, die Krempe allein, weil der Mittelteil des Hutes fehlt. Die Krempe schützt das Gesicht vor der stechenden Sonne, während man die Haare durch das Loch in der Mitte zieht und über die Krempe ausbreitet. In einem Topf befindet sich eine Lösung von Alaun, Honig und Schwefel. Die Dame taucht einen Schwamm, der am Ende eines Stabes angebracht ist, in die Feuchtigkeit und tränkt die Haare damit, dann wartet sie, bis die Sonne die Haare getrocknet hat. Danach wiederholt sie die Behandlung mit dem Schwamm. Das unermüdliche Geduldspiel wird fortgesetzt, bis die Sonne es satt bekommt und sich hinter einem Turm versteckt.«

Und wie geht das heutzutage vor sich?

Der Vorrang der Blonden ist nach wie vor erhalten geblieben. Sie haben höchstens ihren Platz in der Lyrik eingebüßt, aber nicht etwa, weil die Dichter zur Lobpreisung der Brünetten und Schwarzen übergegangen wären, sondern weil die Poeten überhaupt aufgehört haben, ein Ideal zu vergöttern.

Ich hätte dennoch einige tröstende Worte für die Damen mit tiefschwarzen und mildbraunen Haaren. Auch Blondsein bedeutet kein ungetrübtes Glück. Einer amerikanischen Statistik zufolge haben die Blondinen im Durchschnitt 150 000 Haare, während die Brünetten und Schwarzhaarigen nur 110 000 haben. Die Durchschnittslänge des weiblichen Haares soll 60 Zentimeter betragen, also sind die blonden Köpfe mit 90 Kilometer Haaren belastet, während die Dunkelhaarigen nur 66 Kilometer zu schleppen haben. Dazu ist Blond nur ein vergänglicher Vorteil. Denn einmal kommt die Zeit, in der das strahlende Gold der blonden Haare verblaßt und man ihnen die Farbe künstlich beibringen muß. Und da ergibt sich eine haarsträubende Arbeitsbelastung: bei jeder Sitzung müssen die Blondinen 24 Kilometer mehr mit Farbe behandeln!

Es gibt außerdem eine Auffassung, nach der die blonden Haare Symptome einer Verkümmerung sind. Der alte Brummbär Schopenhauer behauptet, daß die Menschheit ursprünglich eine dunkle Gesichtsfarbe, wie z. B. die Inder, gehabt hat und erst in Europa weißhäutig geworden ist. Der Übergang ist überzeugend zu beobachten an den verhältnismäßig spät eingewanderten Zigeunern. Blonde Haare und blaue Augen sind also eigentlich Abnormitäten wie die weiße Farbe bei Mäusen oder Pferden.

Zum Abschluß will ich noch den Griechen *Asklepiades,* einen

Zeitgenossen der Sappho, anführen, der sich in einem Verschen der Mode der Blondinen widersetzt:

»Didyme hat mein Herz verzaubert. Ich schmelze wie Wachs. Sie hat zwar schwarze Haare, aber was tut das? Die Kohle ist auch schwarz, kommt sie aber ins Glühen, so strahlt sie wie die Blätter der Rose.«

Flammende Strähnen

Rothaarige waren infolge eines Gerüchts vielen Behelligungen ausgesetzt. Judas soll rothaarig gewesen sein, hieß es, also sind rote Haare nichts als ein warnendes Zeichen der Natur: Achtung, ein Mensch mit Judas-Charakter! Im Sprichwörterschatz eines jeden Volkes finden wir reichlich Hinweise auf dieses sinnlose Gerede. Es hat sich sogar in die wissenschaftliche Literatur eingeschlichen. So schrieb z. B. *Michaelus Scotus*, ein schottischer Alchimist und Gelehrter aus dem 13. Jahrhundert: »Rote Haare bezeichnen neidische, giftige, falsche, hoffärtige und boshaft redende Menschen.«* Nebenbei: Scotus stand im Ruf eines Zauberers und wurde von Dante in die Hölle verbannt. Dort konnte er sich persönlich überzeugen, wie die Haare von Judas aussahen.

Bei *Shakespeare* beklagt sich Rosalinda im III. Akt von »Wie es euch gefällt«:

»Selbst sein Haar ist von einer falschen Farbe.«

Celia antwortet:

»Nur etwas brauner als des Judas seins...«

Im übrigen ist der Aberglaube in bezug auf die roten Haare viel älter als das Christentum; die Ägypter kannten ihn schon lange vor Judas' Zeiten. Es läßt sich schwer feststellen, wo er herrührt. Die einen behaupten, daß die Verschlagenheit der rothaarigen Füchse auf die rothaarigen Menschen übertragen wurde. Aber mit demselben Recht könnte man schwarzhaarige Menschen als diebisch, hämisch und gefräßig verschreien, weil sie die Farbe der Raben tragen.

Über den schlechten Charakter der Raben können wir bei dem ungarischen Dichter *Gáspár Miskolczi* nachlesen: »Eine hervorstechende Eigenart dieser Vögel und ihrer Sippschaft ist es, daß sie die Habseligkeiten anderer zu stehlen und diebisch anzueignen jeder-

* Cuius capilli sunt rubei significant hominem invidum venenosum fallacem superbum et maliloquum. Aus dem ihm zugeschriebenen Buch »Physiognomia etc.«

zeit gewillt sind... Ein niederträchtiger, trügerischer Vogel, welcher auf menschliche Art zu sprechen lernt, wobei er imstande ist, seine Worte vielfältig zu wechseln... Um seinen Bauch zu füllen, ist er fähig, ohne Wahl alles zu fressen und scheut vor keinerlei Nahrung zurück...«* Man könnte auch hinzufügen, daß man Füchse noch nie auf Galgen sitzen gesehen hat, Raben aber um so mehr.

Der ganze Aberglaube stürzt zusammen, wenn wir bedenken, daß er es nur auf Männer abgesehen hat. Bei Frauen galten flammenrot lodernde Haare nie als Zeichen für einen falschen Charakter.

Vor einigen Jahren brachte ein Senator des Staates Louisiana (USA) einen Vorschlag ein, nach dem in den staatlichen Ämtern künftig nur rothaarige Frauen angestellt werden sollten.

Begründung: rothaarige Frauen seien im allgemeinen zuverlässiger, genauer und gewissenhafter als Frauen mit anderer Haarfarbe.

Das dürfte durch die Beobachtungen des amerikanischen Arztes Dawkins unterstützt werden, der eine Statistik über die Zeit aufstellte, die die Narkose braucht, bis sie bei den Frauen verschiedener Haarfarbe zu wirken beginnt. Der Durchschnitt betrug bei Blondinen 52 Sekunden, bei Dunkelhaarigen 62 Sekunden und bei Rothaarigen 68 Sekunden. Diese überraschende Widerstandsfähigkeit scheint die Theorie des Senators zu bekräftigen.

Natürlich muß im Liebesleben der Mann unter dieser größeren Widerstandsfähigkeit leiden. In diesem Zusammenhang heißt sie Gleichgültigkeit, Kälte. Ich fand ein interessantes Beispiel dafür, noch dazu in einem sehr ernsten Buch, in dem ich es nie erwartet hätte, nämlich in einer Literaturgeschichte.

Eine der schönsten Schönen im literarischen Salon des Pariser Palais Rambouillet war die rothaarige Angélique Paulet. Ihre Haarfarbe erinnerte an die einer Löwenmähne, daher bekam sie den Kosenamen »La belle lionne«.

Die Schriftsteller des Salons, unter ihnen zwei Größen ihrer Zeit, Voiture und Chapelain, bestürmten das bildschöne Mädchen mit mehr Elan als den Parnaß selbst. Die Belagerung wurde lückenlos, als sich eine Anzahl anderer hervorragender Persönlichkeiten, wie Gelehrte, der Parlamentspräsident, Marquis, Herzöge und sogar der Marschall von Frankreich, anschlossen. Aber der große Sturm blieb ohne handgreifliche Resultate, La belle lionne war eiskalt, weder

* »Egy jeles vad-kert.« (1769, S. 393.)

die Glut der ihr gewidmeten Sonette noch der Glanz der vielzackigen Kronen ließ die Eiskruste schmelzen. Außer den roten Haaren erinnerten auch noch ihre Katzengewohnheiten an die Verwandtschaft mit den Löwen, sie spielte mit ihren Anbetern und verzehrte ihre Herzen der Reihe nach, wie es einer der melancholisch verliebten Dichter in einem Klagegesang zu verstehen gab:

»Je suis cette fière Angélique
Que, sous son pouvoir tyrannique
Amour, tout Dieu qu'il est, n'a jamais pu ranger,
Et qui, dans le siècle où nous sommes,
Ne fait la guerre au cœur des hommes
Qu'avec dessein de les manger.«

*(Godeau)**

Ein anderer Dichter, *Louis Petit,* beendete die aussichtslose Belagerung und suchte sich anderweitig zu trösten:

»Mais si vous estes la plus belle,
Ma Cloris est la moins cruelle,
Et paye mieux que vous mes veilles et mes soins.«**

Auch der Bruder des berühmten Fräuleins von Scudéry, der besten Freundin der schönen Angélique, verliebte sich in die kühle Rothaarige. Aber auch er blieb ohne Erfolg und tadelte sie dafür mit folgenden Worten:

»Ta voix languit d'amour,
mais ton coeur n'en a point.«***

Verwüstungen, die das bildschöne Geschöpf anrichtete, wurden weit und breit bekannt, bis sich dann vernünftige Leute fanden, die

* Ich bin die stolze Angelika,
Die die tyrannische Liebe, so mächtig sie auch sein mag,
Nie in ihre Gewalt bekommt,
Ich habe den Männerherzen in unserem Jahrhundert
Den Krieg angesagt, um sie zu verschlingen.
** Wenn Sie auch die Schönere sind,
Ist meine Cloris weniger grausam
Und erwidert mehr mein Wachen und meine Sorgen.
*** Deine Stimme schmachtet vor Liebe,
aber in deinem Herzen ist sie nicht.

sich der Versuchung gar nicht erst aussetzten. Zu diesen Weisen gehörte später auch Chapelain. »Ich fürchte ihren Blick so sehr«, schrieb er in einem Brief, »daß ich mich nur noch einmal in der Woche in ihre Nähe wage...«

La belle lionne hat nie geheiratet, die rote Flamme brannte nur nach außen.

Die schönsten Frauen der Welt

Der Universitätsprofessor *Augustinus Niphus* (1453—1538) übte seine Tätigkeit abwechselnd an den Universitäten von Neapel, Padua, Rom, Pisa, Bologna und Salerno aus, was zur Genüge erhellt, wie gewaltig die Wissenschaften in seiner Seele dominieren mußten. Aber einmal geschah es doch, daß dem ernsten Gelehrten die Feder ausrutschte und er sein heute noch bekanntes und oft zitiertes Buch von der Schönheit und der Liebe schrieb. (»De pulchro et amore.«)

In diesem Buch lehnt er sich gegen die These der alten Weisen auf, nach der es keine vollkommen schöne Frau geben soll.

Es gibt welche, behauptete er, und er berief sich auf eigene Erfahrung. Eine alle Merkmale der weiblichen Schönheit in sich vereinende Dame sollte Giovanna von Aragonien sein, die Gattin des Fürsten Ascanio Colonna. Um diese seine These zu beweisen, zählt der gelehrte Mann alle Elemente der Schönheit auf, vom Scheitel bis zur Sohle der Dame.

Das Porträt der Giovanna ist uns bekannt, es hängt im Louvre. Ein Meisterwerk von Giulio Romano. Sie scheint wirklich wunderschön gewesen zu sein, soweit man das bei der überladenen Kleidung beurteilen kann. Und über das, was uns das Bild vorenthält, klärt uns Professor Niphus auf. Seine Liste parzelliert die Vollkommenheit des Idealbildes folgenderweise:

»Die Schönheit Ihrer Hoheit Frau Giovanna ist so hervorragend, daß Zeuxis sich mit ihr als einzigem Modell begnügt hätte und nicht von allen Jungfern der Stadt Kroton die einzelnen Züge zum Bild der schönen Helena hätte zusammensuchen müssen.

Sie ist mittelgroß; ihre Gliedmaße sind bewundernswert gut proportioniert, sie ist nicht fett und auch nicht knochig, sondern von einer jugendlichen Fülle. Ihre Hautfarbe ist weiß und schimmert rosenrot, ihr langes Haar glänzt wie Gold. Ihre Ohren sind klein und rund. Die Augenbrauen braun, bogenförmig, nicht allzu buschig. Ihre blauen Augen strahlen heller als die Sterne zwischen den geraden Wimpern hervor. Ihre schöngeformte Nase hat eine gleichmäßige Senkung zum göttlichen Grübchen zwischen Nase und Oberlippe.

Ihr kleines Mündchen mit dem süßen Lächeln zieht den Kuß heftiger an als der Magnet das Eisen; ihre weichen Lippen sind korallenrot und süß wie Honig. Ihre Zähne sind klein und glänzen wie Elfenbein, ihr Atem duftet nach Balsam. Ihr Kinn ist von einem hübschen Grübchen geschmückt, auf ihrem Gesicht spielen die Farben der Rosen und des Schnees.

Ihr gerade gewachsener Hals ragt weiß zwischen den glänzenden, rundlichen Schultern hervor. Diese Schultern sind breit, aber ohne hervorstehende Knochen. Ihre Brüste sind mittelgroß, gleichmäßig gerundet, sehen Aprikosen ähnlich und strahlen auch den Duft solcher Früchte aus.

Ihr Unterleib weist eine mäßige Rundung auf und fügt sich entsprechend in die Hüften und Lenden. Ihre Oberschenkel sind kräftig und rundlich, sie verhalten sich zu den Waden wie drei zu zwei. Letztere weisen dasselbe Verhältnis zu den Oberarmen auf. Die Füße sind klein und enden in bewundernswert schöngeformten Zehen.«

Spätere Kommentatoren haben viel herumgeraten, woher wohl der Gelehrte all die geheimen Merkmale von Giovannas Schönheit gekannt haben mag. Anstandshalber einigten sie sich darauf, daß Doktor Niphus der Hausarzt der Familie war und in dieser Eigenschaft Gelegenheit hatte, die aufgezählten Details und Proportionen zu beobachten. Ich halte das nicht für wahrscheinlich. Der Ehemann hätte wohl den Arzt grausam gestraft, wenn dieser geheime Beobachtungen veröffentlicht hätte. Viel wahrscheinlicher ist es, daß der Gelehrte seine Kenntnisse direkt von dem Gatten erhielt. Zu jener

Zeit war es nichts Außergewöhnliches, wenn hohe Herren von der Prahlsucht des Kandaules befallen wurden und die Gestalt ihrer Frauen, befreit von der nach der Mode wechselnden Kleidung, verewigen ließen. (Siehe Tizians Venus von Urbino.)

Ohne Zweifel hatte die Natur Giovanna von Aragonien mit besonderer Schönheit gesegnet. Nicht nur diese Beschreibung und das Porträt bezeugen das, sondern auch eine Unzahl von Huldigungsgedichten, die Verehrer aus den verschiedensten Ständen an die außerordentliche Frau richteten.*

Nicht in jedem Falle stimmen die Beweise so schön überein. Das Porträt ist oft unzuverlässig, die weibliche Eitelkeit beeinflußt den Pinsel des auf Bestellung arbeitenden Künstlers nicht selten in falscher Richtung.

Die Kaiserin Joséphine bestellte einst bei dem Miniaturenmaler Guérin zwei Porträts. Nachdem diese fertiggestellt und vorgelegt worden waren, erhielt der Künstler folgenden Brief vom Sekretär der Kaiserin:

»Bayonne, 7. Juni 1808

Mein Herr, ich erhielt die beiden Bilder und legte dieselben der Kaiserin vor, welche mich beauftragte, Ihnen folgendes mitzuteilen:

1. Die Haare sind zu schwarz.
2. Die Gesichtszüge müssen weicher werden.
3. Das Kinn ist zu kräftig, es muß mehr Feinheit und Milde hineingebracht werden.
4. Der Hals ist zu lang. Auch die Oberlippen müssen an beiden Seiten gekürzt werden.

Dies wären die geringfügigen Änderungen, die noch notwendig sind, um die vollkommene Ähnlichkeit zu erlangen.

Ich erlaube mir usw.

J. M. Deschamps m. p.«**

Von der Königin Elisabeth I. von England wissen wir, daß bei ihrer Geburt keine einzige der Grazien Pate gestanden hatte. Den Mangel an Schönheit versuchte sie durch den Prunk ihrer Kleidung auszugleichen. Ihre Garderobe bestand aus dreitausend Kleidern, alle auf Korsetts gearbeitet, die die Figur eng zusammenpreßten und

* Gesammelt und herausgegeben von *H. Ruscelli* unter dem Titel: »Tempio alla divina Signora Donna Giovanna d'Aragona etc.« (Venezia, 1555.)

** *Hector Fleischmann:* »Joséphine infidèle.« (Paris, 1908. S. 124.)

hinter faßförmigen Röcken versteckten. Der Kopf wurde zwischen riesige Kragen gebettet; lauter unheimliche, mit Goldstickereien überladene Wunder aus Seide. Aber auch dieser Überfluß an Putz konnte das unbedeutende Gesicht nicht verschönen. Da mußte die königliche Macht herhalten. Wenn sie auch der Natur nicht befehlen konnte, den Malern konnte sie es doch. Auf Wunsch der Königin verabschiedete das Parlament im Jahre 1653 folgenden interessanten Beschluß:

»Die Untertanen aller Stände Ihrer Majestät sind von der Sehnsucht beseelt, dero Porträt zu besitzen. Infolgedessen arbeitet eine große Schar von Künstlern an der Herstellung der gewünschten Bilder. Jedoch ist es bis jetzt keinem gelungen, die Schönheit und die Grazie Ihrer Majestät naturgetreu zu verewigen, was von den geliebten Untertanen Ihrer Majestät täglich beklagt wird.

Aus diesem Grund werden Sachverständige ernannt, mit dem Auftrag, an den Porträts keine solchen Schönheitsfehler zu dulden, von welchen Ihre Majestät, Gott sei es gedankt, frei ist. Ein hervorragender Meister wird beauftragt, ein getreues Bild herzustellen, welches dann allen weiteren Kopien zum Vorbild dienen wird. Bis dahin ist die Herstellung jedes anderen Porträts verboten; nachher dürfen nur solche Bilder öffentlich ausgestellt werden, die von den Sachverständigen für gut, treu und genau befunden werden.«*

Kein Wunder, wenn die Museumsbesucher alle Leinwandschönheiten, die übrigens die Schmeichelei des Pinsels oft auf den ersten

* »Le livre des singularités« von *G. P. Philomneste*. (Dijon und Paris, 1841, S. 258 ff.)

Blick verraten, mit Mißtrauen betrachten. Dieses Mißtrauen ist ganz besonders berechtigt in der sogenannten »Schönheitsgalerie« von Peter Lely und Godfrey Kneller, die uns im Schloß von Hampton Court von den Wänden entgegenlächelt. Die berühmten Windsor Beauties und Hampton Court Beauties tragen die verdächtig ähnlichen Züge einer sich wiederholenden mechanischen Schönheit. Auch die im Münchener Residenzmuseum ausgestellten sechsunddreißig offiziellen Schönheiten können nur das Sonntagspublikum zur Andacht stimmen; eigentlich sind es kaum eines Porzellanmalers würdige Pinselübungen.

Um zur Schönheitsbeschreibung des Doktor Niphus zurückzukehren: sie hatte sowohl Vorgänger als auch Nachfolger, deren Aufzählung so langweilig wäre wie die einer Reihe von Fingerabdrücken. Alle aus den Schönheitskanons und Schönheitslisten bekannten Vollkommenheiten werden zusammengetragen und sagen in dieser Häufung weniger, als wenn der Autor seine Modelle nur mit einigen flüchtigen Zügen charakterisiert hätte. Manchmal aber finden sich hier so großartige Vergleiche, daß kein Mensch die Wirklichkeit hinter den schönen Schleiern der Metaphern erkennen kann.

Die schönste aller Beschreibungen der weiblichen Schönheit, das Hohelied Salomos, enthält die sonderbarsten Angaben über die Schönheit der schwarzhäutigen Geliebten des Weisen: »Dein Leib ist wie ein Weizenhaufen, umsteckt mit Rosen... Deine Nase ist wie der Turm auf dem Libanon, der gegen Damaskus siehet...«

Da soll sich einer auskennen!

Phryne

Trotz aller Falschheit der Feder und des Pinsels läßt es sich nicht leugnen, daß die Natur die Menschheit von Zeit zu Zeit mit überwältigenden Schönheiten überrascht haben muß. Giovanna von Aragonien gehörte vielleicht nicht einmal zu den schönsten Frauen, die keine nach kleinlichen Regeln zusammengesetzten kalten Prunkstücke, sondern der eigenwilligen, schöpferischen Zauberkraft der Natur entsprungene, unter Millionen aufleuchtende siegreiche Schönheiten waren.

Mag sein, daß Zeuxis fünf Modelle nötig hatte, um eine musterhafte Schönheit entwerfen zu können, aber kaum ein Menschenalter später fanden schon zwei Meister das Gesuchte in einer einzigen Frauengestalt. Apelles und Praxiteles wurden von derselben Frau inspiriert, von Phryne.

Phryne war eine Hetäre, das läßt sich nicht leugnen.

Aber was sagt das ernste Konversationslexikon über die Hetären?

»Zu allen Orten und Zeiten gab es Frauen, die sich über gesellschaftliche Sitte und Disziplin hinwegsetzten, aber sie hatten sich wohl nirgends eine solche Stellung erfochten wie gerade in Athen. Daran ist nichts Verwunderliches, da sie durch ihre Bildung, ihren Geist und ihr gutes Benehmen die hervorragendsten Männer um sich sammeln und dadurch auch politischen Einfluß gewinnen konnten.«

Ja, so ist es. Wir kennen die Rolle der Aspasia an Perikles' Seite; es steht geschrieben, daß Hieronymus, der Tyrann von Syrakus, die Hetäre Peitho zu sich auf den Thron erhob; Alexander der Große ließ die Stadt Persepolis auf Anstiften der Thais niederbrennen, die sich auf diese Weise an den Persern, die ihre Heimat verheert hatten, rächte. Dieselbe Thais wurde nach Alexanders Tod Königin von Ägypten, Ptolemäus I. heiratete sie. Ein anderer Ptolemäus, Ptolemäus Philadelphos, ließ der Belistiche zu Ehren einen Tempel bauen, und Dichter setzten in ihren Werken vielen anderen Hetären noch dauerhaftere Denkmäler.

So hoch loderte also manchmal die Liebe zu den Hetären. Die moralische Seite der Sache muß freilich vom antiken Standpunkt aus betrachtet werden.

Die Geschichte der Phryne ist zur Genüge bekannt. Vielleicht ist ein Teil nur Gerede, aber es handelt sich ja nicht um die Wahrheit der Anekdoten, sondern um die Wahrheit der Frauenschönheit. Ist die Episode auch erfunden, auf die Macht der Schönheit wirft sie dasselbe Licht, als wenn sie authentisch wäre.

Phryne wurde von Praxiteles entdeckt. Die liebestrunken streichelnden Hände des Künstlers griffen zum Meißel, es entstand ein marmornes Meisterwerk, die Aphrodite von Knidos. Das Original ging verloren, eine Kopie aber blieb erhalten und ist im Vatikanmuseum ausgestellt. Plinius berichtet, daß Menschen aus aller Herren Länder nach Knidos strömten, um die durch die Kunst zur Göttin erhobene Sterbliche zu bewundern. Die Kopie im Vatikan gibt nur einen annähernden Begriff von dem Original, das selbst erblassen mußte neben dem lebendigen Frauenkörper.

Eine andere Statue der Phryne goß der Meister in Bronze, er vergoldete sie und schickte sie nach Delphi. Dort stand sie in der Gesellschaft zweier Könige, zwischen den Statuen Archidamas' von Sparta und Philipps von Makedonien.

Einmal im Jahr, am Feiertag des Poseidon von Eleusis, badete Phryne vor jedermanns Augen öffentlich im Meer. Das war eine Art unentgeltlicher Schaustellung für das Volk, wie heutzutage etwa ein Feuerwerk. Einmal befand sich der Maler Apelles unter der Menge, die dem Bad der Phryne zusah; er sah sie aus dem Wasser steigen und die nassen Haare auswinden. Diesen Augenblick verewigte er in einem der am meisten bewunderten Werke der antiken Malerei, im Bild der »Aphrodite Anadyomene«.

Das endgültige Schicksal des Werkes ist in Vergessenheit geraten. Es ist uns nur bekannt, daß es von Kaiser Augustus für 100 Talente angekauft und im Tempel Cäsars untergebracht wurde. Der Wert und die Kaufkraft des griechischen Geldes lassen sich heute kaum noch bestimmen, ein Talent kann etwa auf hunderttausend Mark geschätzt werden. Für alle Fälle war es eine Riesensumme. Aber Augustus hatte seinen guten Grund für die große Ausgabe. Der Urahne seiner Familie, der Julier, sollte nach den Stammbaumforschern der damaligen Zeit Julus, Sohn des Äneas, gewesen sein. Eine aus der Schule allgemein bekannte Tatsache ist aber, daß Äneas' Vater Anchises und seine Mutter die Göttin Venus war. Es war also nur schicklich, das berühmte Bild der göttlichen Ahnfrau zu kaufen und würdig im Tempel des Julius Cäsar unterzubringen. Später soll das Bild seine Farbenpracht verloren haben und zugrunde gegangen sein. Das berührt aber das Wesentliche nicht, nämlich daß Phryne, die nackte Hetäre, zum offiziellen Altarbild avancierte.

Auch moderne Maler träumten oft vom legendären Körper dieser Hetäre. Der Maler Gérome gab seinem Bild den Titel: Phryne vor ihren Richtern.

Was ist wahr an dieser theatralisch wirkenden Gerichtsverhandlung?

Die wohlbekannte Historie bestand kurz aus folgendem: Phryne wurde wegen der Anklage der Gottlosigkeit vor Gericht geladen. Diese Anklage war gefährlich, sie brachte auch Sokrates ins Verderben. Phrynes Verteidiger Hypereides war sich darüber im klaren, daß die Verteidigung alle Mittel benutzen mußte, um auf die Richter zu wirken. Er überlegte ein meisterhaftes Argument. Er enthüllte nicht nur die Falscheit der Anklage, sondern auch den Körper der Angeklagten, indem er ausrief: »Kann jemand gottlos sein, der von den Göttern selbst so vollkommen gebildet wurde?« Die Richter von Athen wurden, wie die Chronik berichtet, von heiligem Schaudern befallen und wagten es nicht, die Priesterin der Aphrodite zu verurteilen.

Im Oktober 1910 hielt Paul Girard, Professor der griechischen Geschichte an der Akademie von Paris, einen Vortrag über den Prozeß der Phryne. Er hatte die Quellenwerke gesichtet, ihre Glaubwürdigkeit überprüft und war zu dem Schluß gekommen, daß von der ganzen Angelegenheit kein Wort wahr war. Möglich ist nur, daß Phryne — entsprechend den damaligen juristischen Bräuchen — die Richter vor der Verhandlung der Reihe nach aufsuchte und um Nachsicht anflehte. Damit beendete der gelehrte Professor seinen Vortrag, ohne darüber Auskunft zu geben, wie — nach den damaligen juristischen Bräuchen — Phryne bei diesen Besuchen gekleider war.

Ich wiederhole, vom Gesichtspunkt des Weltrufes der Phryneschen Schönheit ist es vollkommen gleichgültig, ob der Fall authentisch ist oder nicht.

Ebenso gleichgültig ist es, ob Phryne tatsächlich angeboten hatte, die Mauern von Theben auf eigene Kosten neu aufbauen zu lassen. Sie soll eine einzige Bedingung gestellt haben, nämlich, daß eine Gedenktafel mit dem Text: »Geschleift von Alexander dem Großen, wieder aufgebaut von Phryne, der Hetäre« aufgestellt werden sollte. Man soll das Angebot abgelehnt haben, aber die Nachwelt kann daran ermessen, welche schwindelerregenden Zinsen das Kapital der Schönheit zahlte.

Die zur Zeit Ludwigs XIV. im gleichen Metier tätige Schauspielerin, Mme. Deschamps, hörte von diesem Fall und wollte hinter der Freigebigkeit ihrer antiken Kollegin nicht zurückbleiben. Sie bot der Regierung eine beliebige Summe an, um damit den Bau des Louvre zu beenden. Die Regierung hielt es aber nichj für angebracht, sich an den galanten Einkünften der schönen Frau zu beteiligen, sie wählte daher eine den guten Sitten mehr entsprechende Lösung: sie nahm eine Sondersteuer zur Deckung der Baukosten.

In diesem Fall wurden die Steuerpfennige wenigstens für Steine ausgegeben und nicht für Seife. Zur Zeit der Hetären kam nämlich auch das vor. Der große Eroberer Demetrius Poliorketes wurde von der Schönheit der Lamia besiegt. Er war ein weiser Mann und wußte, daß sich der Wert des Geschenkes nicht ändert, wenn es vom Geld anderer Leute bezahlt wird. Er besteuerte die Athener mit 250 Talenten und bot die riesige Summe der Lamia für ihre Seifen an.

Es ist durchaus möglich, daß nicht nur im Griechenland der Hetären, sondern auch zu anderen Zeiten in anderen Ländern ab und zu außerordentliche Schönheiten auftauchten, aber wir wissen nichts von ihnen, sie sind nicht beschrieben worden wie die Hetären. Mit den Namen der letzteren stopften nicht nur die Schriftsteller ihre Bücher voll, es fanden sich sogar gewissenhafte Chronisten, die richtige kleine Lexika über diese Frauen zusammenstellten. Das Hetärenlexikon des Aristophanes von Byzanz enthält Angaben über 135 Athenerinnen. Und das ist schon gesichtetes und gesiebtes Material. Das garantiert die wissenschaftliche Gründlichkeit des Verfassers, der Direktor der Bibliothek von Alexandrien war. Und hätte er sich nicht auf Athen beschränkt, was wäre wohl alles zu registrieren gewesen von Korinth bis Kleinasien!

Die schönste Hetäre des antiken Roms hieß Flora. Ihre Schönheit hatte einen so großen Ruf, daß die fremden Gesandten mehr über sie berichteten als über irgendeine politische Persönlichkeit, was man ihnen kaum übelnehmen kann. Wenn Flora sich zum Spazierengehen anschickte, rottete sich das Volk zusammen, um die Sehenswürdigkeit mitzuerleben. Ihre strahlende Schönheit war von äußerstem Pomp umgeben, mit dem höchsten Luxus, der einer Frau jemals zuteil wurde. Jederzeit begleitete sie eine große Anzahl von Männern, die teils aus ihren Sklaven und teils aus auserwählten Anbetern bestand.

Das Wort »auserwählt« ist hier nicht nur zufällig und gewohnheitsmäßig verwendet. Über der Eingangstür ihres Hauses prangte nämlich folgende Überschrift: »Könige, Fürsten, Diktatoren, Konsuln, Zensoren, Oberpriester, Gesandte und sonstige hohe Herren mögen eintreten. Ihr anderen bleibt draußen.«

Ihr wurde die gleiche Ehre wie Phryne zuteil: Cäcilius Metellus ließ ihre Schönheit verewigen und brachte ihr Bild im Tempel von Castor und Pollux unter.

Flora soll übrigens ihr ganzes Vermögen ihrer geliebten Heimatstadt Rom vermacht haben.

Jahrhundert um Jahrhundert müssen wir durcheilen, um endlich nach der Finsternis des Mittelalters den strahlenden Glanz der Renaissance aufleuchten zu sehen.

Leider läßt es sich nicht verhehlen, daß auch hier die wirklichen Schönheiten unter den Frauen zu finden sind, die den Pfad der Tugend verlassen haben.

Die arme Imperia! Ihr lockeres Leben währte nicht lange, nur sechsundzwanzig Jahre. Sie wurde in der St.-Gregors-Kirche in Rom begraben. Über ihrem Grab stand folgende Inschrift:

»Imperia, cortisana romana, quae, digna tanto nomine, rarae inter homines formae specimen dedit. Vixit annos XXVI. dies XII. Obiit MDXI. die XV. Augusti.«

»Imperia, die römische Kurtisane, die dieses Namens würdig war als ein seltenes Exemplar der Schönheit. Ihr Leben dauerte 26 Jahre und 12 Tage. Gestorben am 15. August 1511.« Der Grabstein kam nach 200 Jahren bei einem Umbau der Kirche abhanden. Eine ausführliche Beschreibung von Imperias Schönheit im Stile Niphus ist uns nicht erhalten geblieben, aber die Inschrift verrät genug. Noch überzeugender ist ein zeitgenössisches Sprichwort: »Rom sind zwei göttliche Geschenke zuteil geworden: von Mars bekam es das *Imperium,* von Venus die *Imperia.*« Raffaelo reihte ihr Bildnis als Calliope in die Frauen des Parnaß ein. Auch die kniende Frauengestalt der »Transfiguration« soll Imperia darstellen. Nach Aretinos Worten starb sie »reich, glücklich und in allen Ehren«. Von den modernen Geschichtsschreibern erwähnt sie Gregorovius als einen strahlenden Stern am römischen Firmament, dessen Strahlen die ganze vornehme Welt blendeten.

Genauso, wie man die griechischen Hetären vom griechischen Standpunkt aus beurteilen muß, müssen wir die römischen Kurtisanen mit den Augen der Renaissance betrachten. So können wir verstehen, daß der Prinzessin Isabella d'Este folgendes über den Besuch einer anderen derartigen Berühmtheit, der Tullia d'Aragona in Ferrara, berichtet wurde: »Soeben traf hier eine Dame von ausnehmender Schönheit ein; ihre Erscheinung ist so vornehm und ihr Äußeres so verführerisch, daß man nicht umhin kann, in ihr etwas Göttliches zu sehen. Keine Frau könnte es mit ihr aufnehmen, nicht einmal die Herzogin von Pescara...« (Diese Herzogin von Pescara aber war das unsterbliche Ideal Michelangelos, Vittoria Colonna...)

Tullia war blond, hochgewachsen, schlank, in ihren Augen muß ein geheimnisvolles Feuer geleuchtet haben. Zumindest schrieb der damals bekannte Dichter Muzio über sie:

»...occhi belli,
Occhi leggiadri, occhi amorosi e cari,
Più che le stelle belli e più che il sole.«*

In Florenz bekundeten ihr sechs edle Jünglinge auf eine interessante Art und Weise ihre Bewunderung und Ergebenheit. Sie verkündeten, daß sie jedem, der es wage, die Tugend der Tullia zu bezweifeln, mit der Waffe in der Hand begegnen wollten. Vielleicht rührte diese Tugend auch das Herz des Fürsten Cosimo, des Herrschers von Ferrara. Der Fürst hatte nämlich 1546 eine Verordnung verabschiedet, laut welcher alle Damen der Halbwelt verpflichtet waren, einen gelben Schleier zu tragen, damit man sie von den anständigen Frauen unterscheiden konnte. Tullias Freunde reichten ein Gesuch ein, um das tugendhafte Mädchen von dieser Verpflichtung befreien zu lassen. Sie fanden sogar eine einflußreiche Fürsprecherin: die Fürstin Eleonora, die Gattin des Herrschers... Cosimo gewährte die Bitte, und Tullia war während ihres Aufenthaltes in Florenz vom Tragen dieses kompromittierenden Kleidungsstückes befreit. Sie konnte ihren Beruf im Namen der Tugend ausüben.

Tullia war auch als Schriftstellerin tätig, sie schrieb einen Roman in Versen, lyrische Gedichte und ein Traktat über die Unendlichkeit der Liebe.**

Das Buch hatte Erfolg, obwohl die Verfasserin mehr Erfahrungen auf dem Gebiet der schnell endenden Liebe gehabt haben mochte. Sie behandelte die Frage, was besser sei, lieben oder geliebt zu werden, und entschied sich für das letztere.

Von ebenbürtiger Schönheit, aber erfolgreicher auf literarischem Gebiet soll die Venezianerin Veronica Franco gewesen sein. In Vene-

* Schöne Augen, bezaubernde Augen,
verliebte und teure Augen, schöner als
die Sterne, schöner als die Sonne.

** »Dialogo della Signora Tullia d'Aragona della infinità di amore.« (Venezia, 1547.) Titel ihres Gedichtbandes: »Rime della Signora Tullia d'Aragona.« (Ebenfalls Venezia, 1547.)

dig, der Stadt der Freuden, gab es zu dieser Zeit 150 Halbweltdamen. Jawohl, Damen, da sie, wie Montaigne berichtet, in Kleidern prangten, die Fürstinnen würdig waren. Wie alle namhaften Ausländer, schloß auch Montaigne Bekanntschaft mit der schönen Veronica. Ob diese Bekanntschaft auf literarischer oder einer anderen Grundlage vor sich ging, wird im Tagebuch Montaignes nicht näher erörtert. Er berichtet nur, daß Veronica ihm ein Buch zusandte, welches ihre Korrespondenz beinhaltete.* Auf diese fünfzig Briefe umfassende Sammlung berufen sich heute noch die Forscher, wenn sie sich mit den intimen Seiten des Lebens in der Renaissancezeit beschäftigen. Hier findet sich auch ein Brief an Heinrich III. von Frankreich, in dem sich die Autorin bedankt, weil der König sie in ihrem bescheidenen Heim (umile abitazione) besuchte. Dem Brief legte sie ihr Porträt und zwei Sonette aus ihrer Feder bei. Im übrigen widmete sie ihre Gedichte dem Fürsten von Mantua, der ebenfalls in ihren Bannkreis geraten war.

Natürlich hat eine schriftstellerische Betätigung solcher Art nicht viel mit Literatur zu tun, sie gehörte genauso wie der Palast, die Kleidung, der Schmuck zur Aufmachung. Das geht uns aber weiter nichts an, damit mögen sich die Biographen der Veronica plagen, von denen es drei gab.**

Julia Gonzaga und die Weltgeschichte

Nach so viel Leichtsinn wird es höchste Zeit, in die bessere Gesellschaft einzukehren.

Auch dort gab es schöne Frauen von Weltruf.

Julia Gonzaga wurde mit vierzehn Jahren zur Heirat mit dem alten Colonna, Fürsten von Trajetto, gezwungen. 1528 wurde sie Witwe. Die vornehmsten Männer Italiens umschwärmten die bildschöne Frau und bestürmten sie mit Heirats- und sonstigen Anträgen. Einmal kam es sogar zu einer wirklichen Belagerung.

Der Ruf von Julias Schönheit scheint das Meer überflogen und den Sultan Soliman erreicht zu haben. Soliman schien der in seinem

* »Lettere familiari a diversi della Signora Veronica Franco.« (1580.) Ihr Gedichtband: »Terze rime di Veronica Franco.« (1575.)

** *Arturo Graf:* »Una cortigiana fra mille: Veronica Franco.« (Torino, 1888.) *G. Tassini:* »Veronica Franco, celebre letterata e meretrice veneziana.« (Venezia, 1874.)
G. I. Fontana: »Veronica Franco, difesa contro il Dr. G. Tassini.« (Venezia, 1874.)

Harem zusammengepferchten orientalischen Schönheiten müde zu sein. Der Zauber der Nasen, die an den Turm auf dem Libanon erinnern, war gebrochen, als eine stupsnäsige Französin namens Roxelane auftauchte, um später Sultanin zu werden. So arrogante kleine Nasen heißen bei den Franzosen seitdem »nez à la Roxelane.«

Der Appetit des Sultans erstreckte sich also auch auf abendländische Schönheiten. Die Julia Gonzaga wollte er um jeden Preis haben. Seine Vorstellungen von der Liebe waren ausgesprochen orientalisch. Der kürzeste Weg ist der schnellste, dachte er, und beauftragte den berüchtigten Seeräuber, Khaireddin Barbarossa, die Schönste der Schönen für ihn zu rauben. Julia befand sich damals in der Festung Fondi. Eines Nachts bestürmte der Seeräuber die Burg und nahm sie auch, aber die wertvollste Beute konnte ihm entschlüpfen. Die Herzogin floh noch rechtzeitig, wie es hieß, im bloßen Hemd. Ihre Biographen fügen hinzu, daß sie während der Flucht unter Landsknechte geriet, die sie aber — überwältigt von Julias Schönheit und ihrer makellosen Tugend — unbehelligt ziehen ließen. So erzählte zumindest Julia...

Hier haben wir noch einen Beitrag zu der Rolle, die die Frauenschönheit in der Geschichte spielt. Wäre es dem Seeräuber gelungen, Julia Gonzaga zu fangen und im Harem des Sultans abzuliefern, hätte ihre zauberhafte Schönheit vielleicht anstatt der Roxelane sie zur

Sultanin gemacht. Dann wäre die ganze Erbfolge in Konstantinopel anders verlaufen. Die ehrgeizige, vor keiner Untat zurückschreckende Roxelane hätte nicht den Thronfolger Mustafa beseitigt, der ihrem eigenen Sohn Selim im Wege stand. Der weichliche und trunksüchtige Selim wäre nie Sultan geworden, der langsame Verfall des Osmanischen Reiches, der mit Selims Herrschaft begann, hätte nicht stattgefunden. So ist es der Flucht der Julia Gonzaga zu verdanken, daß Don Juan d'Austria die türkische Flotte bei Lepanto schlug, und daß schließlich die Burg Buda vom Joche des Halbmonds befreit werden konnte.

Die Historiker mögen nachweisen, daß es anders gekommen wäre.

Die schönen Schwestern

Die Natur muß sich in besonderer Geberlaune befunden haben, als sie eine Familie mit zwei weltberühmten Schönheiten beschenkte.

Der Vater, John Gunning, war ein einfacher irischer Gutsbesitzer. Er führte seine Wirtschaft, ging jagen und kümmerte sich mehr um seine Weinfässer als um seine beiden Mädchen. Die Mutter aber erkannte die zukünftigen Schönheitsköniginnen in ihnen und brachte sie nach London.

Im Sommer 1751 hielten die beiden bezaubernd schönen Mädchen Einzug in die Londoner Gesellschaft. Maria war kastanienbraun, Elisabeth goldblond, die Natur hatte für den Kontrast gesorgt, der ihre Schönheit noch mehr unterstrich. Alle Schönheiten der Zeit verblaßten im Nu vor den beiden Schwestern. Gingen sie auf der Straße oder in einem Park spazieren, entstand ein Massenauflauf. Im Vauxhall Gardens folgte ihnen eine achttausendköpfige Menge; die Kavaliere, die die Mädchen begleiteten, mußten vom Leder ziehen, um sie vor den gefährlichen Ausbrüchen der Bewunderung zu schützen. Tanzten die Schwestern auf einem Ball, bildeten alle anderen Paare einen Kreis um sie. Bekam jemand keinen Platz in der vordersten Reihe, scheute er sich nicht, auf einen Stuhl oder Tisch zu steigen. Wenn die Mädchen die berühmte Schönheitsgalerie Hampton Court besuchten, zeigten die Leute mit den Fingern auf sie: »Die beiden sind Schönheiten, nicht die an der Wand!«

Maria heiratete den Lord Coventry. Ihr neuer Rang verlieh ihr in den Augen der vor jeder Krone vor Andacht vergehenden Londoner einen weiteren Glanz. Sie konnte überhaupt nicht mehr spazierengehen, da die neugierige Menge ihr Leben gefährdete. Da wandte sie sich an den König mit der Bitte, ihr bewaffnete Begleitung beizugeben. Georg II. war Kavalier und erfüllte ihren Wunsch. Nun gab es eine neue Sehenswürdigkeit im ohnedies bewegten Londoner Straßenbild. Ein sonderbarer Aufzug schritt mit würdigem Ernst durch die Straßen und Parks. Vorn kamen zwei Hellebardiere, dann Lady Coventry mit ihrem Mann und einigen Kavalieren, die ihr den Hof machten, und zum Schluß zwölf Soldaten der königlichen Garde.

Und doch war die Natur in einer Beziehung sparsam gewesen, als sie Maria ihre Gaben zugeteilt hatte, sie hatte ihr nicht viel Verstand mitgegeben. Einmal fragte König Georg die Schönheit nach ihrer Meinung über die Sehenswürdigkeiten Londons. Sie antwortete gelassen, daß sie schon alles gesehen und genug von allem habe. Nur ein Ereignis würde sie brennend gern erleben: eine Krönung.

Der taktvolle Wunsch ging aber nicht in Erfüllung, Lady Coventry starb zwei Wochen vor dem König und kam so um das seltene Schauspiel.

Die andere Schwester, Elisabeth, kam auf romantische Art und Weise unter die Haube.

Elisabeth tanzte auf einem Ball, der Herzog von Hamilton saß am anderen Ende des Saales beim Kartenspiel. Elisabeths Schönheit fesselte seine Blicke, er achtete nicht auf die Karten und verlor auf einen Schlag zehntausend Pfund, eine Summe, die auch für einen steinreichen englischen Herzog beachtenswert war.

Eine Liebe auf den ersten Blick verbrannte die Seele des Herzogs. Zwei Tage später hielt er um die Hand des Mädchens an. Diese Liebesglut und der Glanz der Herzogskrone erweichten Elisabeths Herz, sie sagte ja. Der ungeduldige Liebende glaubte die lange Wartezeit der Verlobung nicht ertragen zu können und veranstaltete eine Schnelltrauung ohne jegliche Formalitäten. Damals war das nicht nur in Gretna-Green, sondern auch in London möglich.

Um Mitternacht wurden die beiden getraut, in einer kleinen Kirche der Mayfair. Der Priester wollte sie gerade kopulieren — Aufgebot, bischöfliche Genehmigung oder etwas Ähnliches waren ja nicht erforderlich —, als er merkte, daß ein unerläßliches Attribut fehlte. Die Trauringe hatte der liebestolle Bräutigam in der Aufregung vergessen. Wo sollte man in der Eile welche hernehmen? Die Juwelierläden waren um Mitternacht geschlossen. Aber Liebe macht erfinderisch, statt der Goldringe mußten kleine Messingringe vom Vorhang des Bettes herhalten.

Die Trauung fand statt, und der verliebte Neuvermählte konnte mit seiner jungen Frau Hals über Kopf nach Schottland auf das Schloß seiner Ahnen reiten.

Das übrige sei nur der biographischen Vollständigkeit zuliebe vermerkt. Nach einigen Jahren starb der Herzog. Die junge Frau blieb nicht lange Witwe; der Ansturm der Freier war zu groß. Sie heiratete den späteren Herzog von Argyll. Sie brachte in den beiden Ehen vier Söhne zur Welt, die alle vier ebenfalls Herzöge wurden.

Belle Paule, die schönste Frau des Jahrhunderts

Unter den Schönheitsbeschreibungen findet sich eine sonderbare Rarität, für die Büchernarren viel Geld ausgeben.* Sie trägt den Titel »Paulegraphie« und enthält die detaillierte, besser gesagt, die detailliert detaillierte Beschreibung einer Toulouserin.

Wer war die Schönheit namens Paule? Irgendwelche Verdächtigungen sind fehl am Platze, das Buch wurde von der Schwester des Verfassers, von der Priorin des Sainte-Claire-Klosters in Toulouse, verlegt und einer fürstlichen Dame, nämlich Katharina von Medici, gewidmet.

Paule de Viguier war ein so auserwähltes Exemplar weiblicher Schönheit, daß König *Franz I.* von Frankreich, als ihn das vierzehnjährige Mädchen im Namen der Stadt Toulouse willkommen hieß, voll Bewunderung und Entzücken war und dem Mädchen den Namen »Belle Paule« schenkte. Sie war fünfundvierzig Jahre alt, als Katharina von Medici die Stadt Toulouse besuchte und die weltberühmte Schönheit zu sehen wünschte. Paule wurde ihr vorgestellt, und die Königin rief überrascht aus: »Diese Frau ist noch schöner, als ihr Ruf es verkündet!« Der ebenfalls anwesende Herzog von *Montmorency,* Connétable von Frankreich, ging noch weiter: »Diese Dame ist ein Weltwunder«, rief er, »sie gereicht der Stadt Toulouse und dem ganzen Jahrhundert zum Ruhme!«

Der gute Ruf der Belle Paule wurde durch Geist, Güte und Fröm-

* *Gabriel de Minute.* »De la beauté, discours divers etc. avec la paulegraphie, ou description des beautés d'une dame tholozaine.« (Lyon, 1587.)

migkeit untermauert. Umschwärmte Schönheiten pflegen zur Untreue zu neigen, sie aber war treu und standhaft. Sie mußte auf ihre erste und einzige Liebe verzichten, denn ihre Eltern verheirateten sie mit einem Parlamentsrat. Bald starb der Mann, und die junge Witwe wurde von einer Unmenge von Freiern bestürmt. Aber die Glut der ersten Liebe erwies sich als stärker denn alle lodernden Flammen der Anbetung, Belle Paule verband ihr Leben mit dem des Barons de Fontenille, der immer noch auf sie wartete. Mit einem Wort, sie war ein in jeder Beziehung vollkommenes Geschöpf. Einen einzigen Fehler hatte allerdings auch sie: sie schrieb Gedichte.

Die netteste Episode ihres Lebens knüpft sich an die Tatsache, daß der durch ihre Schönheit verursachte Aufruhr behördlich geregelt werden mußte.

Die Psychologie der neugierigen Menge ist überall die gleiche, damals in London und in Toulouse, heute in den modernen Großstädten, wenn ein Filmstar erwartet wird. Wenn Belle Paule die Straße betrat, umringten sie die Passanten und begafften sie mit der unverantwortlichen Unverschämtheit der Menge. Die feine, bescheidene Frau konnte diese Zudringlichkeit nicht vertragen und blieb lieber zu Hause. Sie verschloß ihre Türen und verließ das Haus überhaupt nicht. Nun rottete sich die neugierige Menge vor ihren Fenstern zusammen, lärmte und verlangte die Frau zu sehen. Schließlich mußte der Stadtrat eingreifen. Eine regelrechte, offizielle, mit einem Siegel versehene Verordnung wurde der schönen Frau ausgehändigt. Um den Ruhestörungen ein Ende zu bereiten, wurde sie verpflichtet, von nun an wöchentlich zweimal mit unverschleiertem Gesicht durch die Straßen der Stadt spazierenzugehen.

Es wird nicht berichtet, bis zu welchem Lebensjahr Belle Paule diese offiziellen Spaziergänge machen mußte. Sie wurde nämlich 92 Jahre alt. 1610 strömte ihr die Menge zum letzten Male hinterher, als ihr Sarg durch die Straßen getragen wurde.

Der Sieg der Schönheit über die Zeit

Es wäre wirklich interessant zu wissen, welchen Spielraum die Zeit der weiblichen Schönheit läßt.

Wie lange kann der Dichter singen: die Rosen deines Engelgesichts...? Wann ist der letzte Tag des Sommers, nach dem der herbstliche Frost die Rosen welken läßt?

In unserer Zeit haben sich die Grenzen im allgemeinen verschoben. Das Gängelband der Zeit ist heutzutage, dank der vernünftigen Körperpflege, elastisch. Der strahlende Stern unserer Zeit ist die reife Frau; die »sweet seventeen« können nur mit Eroberungen rechnen, die der Engländer sehr unhöflich als »Kälberliebe« (calf-love) bezeichnet.

Es fragt sich aber, ob es stimmt, daß die Natur auch schon in alten Zeiten bei einzelnen Frauen ein Wunder geschehen ließ und sie bis in das späte Alter jung erhielt.

Die berühmteste dieser Legenden wird von Ninon de Lenclos berichtet.*

Ninon war 56 Jahre alt, als sich der junge Ritter Villiers sterblich in sie verliebte. Er mißverstand die Zärtlichkeit, die Ninon ihm gegenüber bekundete, und hielt sie für Ermunterung von seiten der verliebten Frau. Aber es war nur die Zärtlichkeit der Mutter dem Sohn gegenüber. Als die Liebesglut des Jünglings immer flammender wurde, lüftete Ninon das Familiengeheimnis. Worauf sich der junge Mann stumm entfernte, ein Pistolenschuß fiel... usw. usf. Nach einer anderen Legende stürzte sich der verzweifelte Jüngling in sein Schwert. In Wirklichkeit tat er weder das eine noch das andere, weil von der

* Ihr eigentlicher Name war Anne, Ninon ist seine Koseform. Nach einer anderen Variante erhielt sie diesen Spitznamen, weil sie ihren Anbetern scherzweise zu sagen pflegte, daß man in der Liebe weder ja noch nein sagen dürfe: *ni oui, ni non*.

ganzen Historie Wort wahr ist. Sie wurde nachträglich von einem Stückeschreiber namens Bret erfunden. Ninons Name war eine gute Reklame auch für Fälschungen.

Erfunden ist auch die Anekdote mit dem Abbé Châteauneuf, der sich in Ninon verliebte. Sie versprach ihm alles, verschob aber das Schäferstündchen mit allerlei Ausreden um drei Tage, denn dann wurde sie gerade siebzig Jahre alt.

Aber ohne Zweifel ist es wahr, daß Ninon noch mit einundfünfzig Jahren heftige Liebe erwecken konnte. Dafür gibt es unwiderlegbaren Beweis, einen Brief der *Madame de Sévigné* vom 17. April 1671, in dem sie ihrer Tochter klagt, daß die böse Ninon ihrem Sohn — dem der Mme. de Sévigné — den Kopf völlig verdreht habe. Ninon war am 10. November 1620 geboren, also zur Zeit, als dieser Brief geschrieben wurde, im einundfünfzigsten Lebensjahr.

Auch Plutarch erzählt eine abenteuerliche Geschichte von der lange dauernden Jugendfrische. Die Heldin der Anekdote heißt Aspasia. Es handelt sich aber nicht um die Aspasia des Perikles, sondern um eine andere, die wunderschöne Geliebte des persischen Königssohns Cyrus. Als Cyrus sich gegen seinen Bruder Artaxerxes auflehnte und in der Schlacht bei Cunaxa den Tod fand, geriet Aspasia als Kriegsbeute in die Hände des siegreichen Bruders. Der Wechsel in der Person verursachte keine Verwirrung in ihren Gefühlen, von nun an liebte sie ihren neuen Herrn. Die Liebe dauerte so lange, bis der König unter der großen Last des Herrschens zusammenbrach und seinem Sohn Darius den Thron abtreten wollte. Der undankbare Sohn begnügte sich nicht mit der Krone, er wollte auch Aspasia als Zubehör zum Thron haben. Aspasia wäre durchaus geneigt gewesen, einen weiteren Personenwechsel zu dulden, aber der alte König wollte sich nicht damit abfinden, daß die geliebte Frau einem anderen Mann gehören sollte. Er griff zu einer List. In aller Eile ließ er das Mädchen zur Priesterin der Diana machen und sie das Keuschheitsgelübde ablegen. Nachträglich. Das Rad der Geschichte kam wieder einmal ins Holpern, ein Frauenkörper stand im Wege. Darius wurde nie König. Er wollte sich rächen und griff den Vater an, der ihn umbringen ließ. Die Familiengeliebte aber wurde aus dem Verkehr gezogen, sie blieb Priesterin der Diana.

Nun folgt die Moral der antiken Geschichte: Der französische Gelehrte Pierre Bayle interessierte sich mehr für die persönlichen Daten der Aspasia als für die Unruhen um den persischen Thron und berechnete, wie alt Aspasia gewesen sein muß, als sie aufhörte, zum Inventar der königlichen Familie zu zählen: fünfundsiebzig Jahre...

Aber sehen wir weiter.

Maria von Aragonien war die Schwester der Giovanna, des Niphusschen Schönheitsideals. Von ihrer Schönheit berichtet ein anderer Augenzeuge, nämlich Brantôme. Als er sie zum ersten Male sah, war Maria sechzig Jahre alt. Die französische Flotte machte einen Besuch im Golf von Neapel. Es ging hoch her, selbst den Galeerensklaven zog man scharlachrote Sammetkleider an, die ihnen ihr sonst so bitteres Schicksal erleichtern sollten. Die französischen Herren suchten alle das gastfreundliche Haus der Maria von Aragonien auf. Und Brantôme behauptet steif und fest, daß die Dame des Hauses schöner war als ihre beiden Fräulein Töchter, obwohl auch diese schön waren und noch dazu jung. »In diesem Fall«, sagte der Kommandeur der Flotte mit äußerster Höflichkeit, »triumphiert der Herbst über Sommer und Frühling«. — Nach sechs Jahren kam Brantôme wieder nach Neapel und stattete Maria seinen Besuch ab. »Sie hat sich in der Zwischenzeit kaum verändert«, schrieb er, »und ist immer noch so schön, daß man gern mit ihr sündigen würde...«

Der große Klatschbruder Brantôme gedachte noch einer Schönheit, der Diane de Poitiers, der Geliebten Franz' I. und später Heinrichs II., also ebenfalls eines Familienkleinodes, das sich vom Vater auf den Sohn vererbt hatte. Brantôme vermerkte, daß Diane 70 Jahre alt war, als er sie zum ersten Male sah, aber sie war noch so schön und frisch wie eine Frau von 30 Jahren.

Heinrich II. war 18 Jahre alt, als er sich in Diane vernarrte. Diane war zwar älter als er, immerhin erst 38 Jahre und in der vollen Pracht ihrer weiblichen Reife, so daß man noch nicht von einem Wunder sprechen kann. Das Wunder kam erst später, bei der Fortsetzung der Liebe, die 22 Jahre hindurch nicht nachließ und bis zum Tode des Königs dauerte. Zu dieser Zeit war Diane 60 Jahre alt. (Brantôme irrt, wenn er von 70 Jahren spricht, Diane starb 1566, also mit 67 Jahren.)

Vom Feuer dieser Liebe zeugen viele Beweise. An den Wänden der königlichen Paläste sieht man noch heute überall die Buchstaben D und H und das Zeichen der Göttin Diana, die zunehmende Mondsichel. Auch auf sein Hochzeitsgewand ließ Heinrich den Halbmond sticken. Hier soll auch ein offizielles Dokument erwähnt werden,

kraft dessen Heinrich Diane zur Herzogin ernannte und ihr das dazugehörige Herzogtum schenkte. Das Dokument stammt vom Oktober 1548, aus dem neunundvierzigsten Lebensjahr der Diane.

Und auch seitens des Königs konnte das durchaus nicht das Symptom irgendeiner calf-love sein, denn Heinrich war damals schon neunundzwanzig und wahrscheinlich den Kinderschuhen entwachsen.

Brantôme schmückt seine Betrachtungen über die ewig-jungen Frauen noch mit mehreren Beispielen aus. Läßt er sich auch manchmal zu Übertreibungen verleiten, im großen ganzen scheinen seine Daten doch glaubwürdig zu sein. So stimmen zum Beispiel seine Angaben mit den Berichten über Belle Paule überein. Er schreibt, unlängst habe man ihm erzählt, das Weltwunder von Toulouse sei nun schon achtzig Jahre alt und Paules Figur sei noch immer so gertenschlank und das Gesicht noch immer so schön wie in ihrer Jugend.

Sicher kann man noch viele solche Daten finden, wenn man sich Mühe gibt. Athenaios, das Klatschmaul der Antike, zitiert zum Beispiel einen Vierzeiler von Platon, in dem der große Grieche offen und ehrlich zugibt, in eine alte Hetäre verliebt zu sein. »Archeanassa ist meine Geliebte, ein Mädchen aus Kolophon; in den Falten ihres Gesichts glüht noch immer Eros' Feuer.«

Das Resultat: Nach sorgfältiger Sichtung des Nachrichtenmaterials können wir feststellen, daß es durchaus nicht unmöglich ist, daß eine Frau um die Fünfzig die Männer in Liebesraserei versetzt.

Nun müssen wir noch feststellen, ob bei den heutigen, unter dem Trommelwirbel der Reklame zelebrierten Schönheitswettbewerben ebensolche im Weltmaßstab gemessen hervorragende Schönheiten entdeckt werden, wie sie in der Vergangenheit vorkamen.

Bei dieser Einrichtung handelt es sich um keine neue Erfindung, die erste Schönheitskonkurrenz — mit Paris als Schiedsrichter — fand ja schon vor langen Zeiten statt. Bekannt is auch, daß die Griechen an mehreren Orten, wie z. B. in Tenedos, Schönheitswettbewerbe veranstalteten und den Siegerinnen Preise überreichten. Eine Aufzählung derselben finden wir bei dem schon erwähnten Athenaios.

Das *Alte Testament* erzählt vom Schönheitswettbewerb des Königs Ahasver und — dem Erfolg Esthers.

Eine detaillierte Beschreibung eines Schönheitswettbewerbes finden wir dort, wo wir sie am wenigsten erwarten, nämlich in der Lebensbeschreibung des Heiligen Philaretes. Kaiser Konstantin VI. von Byzanz gedachte zu heiraten. Kaiserin-Mutter Irene beschloß, das schönste Mädchen des Reiches auf den Thron zu erheben. Ihre Beauftragten ritten kreuz und quer durch das Reich. Wo sie von schönen Mädchen hörten, machten sie halt und nahmen Maß von der Kandidatin. Das ist im wahrsten Sinne des Wortes zu verstehen, denn alle Sendboten hatten das kaiserlich geeichte Maß bei sich, das »Metron Basilikon«. Diesem Maß mußte das Mädchen genau entsprechen, vom Scheitel bis zur Sohle. Siegerin wurde die Enkelin des heiligen Mannes Philaretes, und die heiteren Details dieses Wettbewerbs kamen in die ernste Heiligenbiographie.

Aus diesem Beispiel ist ersichtlich, daß schon im achten Jahrhundert die Schönheiten anhand unglücklich gewählter Kanons klassifiziert wurden. Auch bei den Wettbewerben unserer Tage ertragen die Teilnehmerinnen mit glückseliger Geduld, daß man sie in aller Öffentlichkeit mit dem Zentimetermaß vermißt, abtastet und mit neugierigen Augen begafft. Aber das ist ihre Sache.

Hier geht es auch gar nicht um echte Schönheit. Unter den vielen Miss Europas, Miss Amerikas usw. fand sich keine einzige, die man mit Recht als Schönheit hätte bezeichnen können. Die Mädchen waren ohne Zweifel schön, aber sobald sie die Tribüne verließen und sich unter die mit den Regeln weniger vertraute Menge mischten, begannen sie den offiziellen Glanz zu verlieren. Eine Zeitlang

wurden ihre Bilder noch auf Seifen-, Streichholz- und Puderschachteln gedruckt, dann verklang ihr Ruhm, und man hörte nichts mehr von ihnen. Einige wurden vom Film aufgeschnappt, andere heirateten, den meisten aber erging es schlimmer.

Die Miss Hungaria von 1930 wurde nach ihrem erfolglosen Auftreten in Cannes von ihrem ganzen Hof im Stich gelassen, sie hatte nicht einmal Geld für die Rückreise. Die Prager Schönheitskönigin aus dem Jahr 1932 verschwand in Paris in der Gosse. Die Siegerin eines anderen Wettbewerbs in der Tschechoslowakei, »die schöne Borenka«, beschloß ihre Laufbahn in Nachtlokalen, wo sie Kokain verkaufte. Die Siegerin der im Jahre 1935 in Spanien abgehaltenen Konkurrenz heiratete einen Mann, der ihr ganzes Geld durchbrachte. Sie beging Selbstmord und wurde auf dem Armenfriedhof verscharrt. Die Pariser Schönheitskönigin des Jahres 1929 wurde in eine Erpressungs- und Mordaffäre verwickelt und endete im Kerker.

Arme Mädchen! Ihre Schönheit ist vergänglich wie das Glitzern des Schnees, es fehlt ihnen das »je ne sais quoi...«

Das Lob der Häßlichkeit

Schön ist, was ohne Interesse gefällt — hieß es vor Zeiten.

Ich muß diesen volkstümlichen Satz ergänzen:

Schön ist auch, was ohne zu gefallen interessiert...

Wollte man jemanden, der in eine häßliche Frau verliebt ist, fragen, was er eigentlich Liebenswertes an ihr findet, würde er ungefähr diese Antwort geben:

»Es hat mich angenehm überrascht, welche verborgene Schönheit bei einer auf den ersten Blick so häßlichen Frau an den Tag tritt.«

Das ist die Überraschungstheorie von *Montesquieu*. Bei einer schönen Frau kommt es selten vor, daß sie nach dem Erlebnis der ersten Begegnung noch Überraschungen zu bieten hat. Tut sie das doch, sind diese selten günstig. Und dann: schöne Frauen geben sich kaum Mühe, den Männern zu gefallen. Sie räkeln sich im lauen Bad ihrer Schönheit und lassen sich anbeten. Um so mehr strengt sich eine häßliche Frau an, und hat sie das »je ne sais quoi«, dann kann sie dem Mann eine angenehme Überraschung nach der anderen bereiten.

Die Schönheit hat noch einen schweren Ballast mit sich zu schleppen, nämlich die Gewohnheit. Der fremde Reisende schreit auf vor Entzücken, wenn er in Venedig unter den Arkaden hervortritt und ihm die Markuskirche in ihrem orientalischen Glanz entgegenstrahlt. Wer immer dort wohnt, der geht gleichgültig an ihr vorbei und liest dabei seine Zeitung, die Farbenpracht des ersten Eindrucks ist verblaßt. Bei einer häßlichen Frau sind nur die ersten Eindrücke grau, die Augen gewöhnen sich bald daran. Die Gewohnheit gleicht den Unterschied zwischen schön und nicht schön aus.

Das schöpfte ich nicht nur aus meiner eigenen Weisheit. Das Volk hat dank seiner in unzähligen Generationen angesammelten Erfahrungen den Wert der Häßlichkeit längst erkannt. Unter den Sprichwörtern fast aller Nationen findet sich mindestens ein tröstlicher Satz für die Häßlichen.

»Wer das Häßliche liebt, dem scheint es schön«, sagt der Deutsche.

Ebenso meint der Franzose: »Il n'y a point de laides amours.« (Es gibt keine häßliche Liebe.)

Das ungarische Sprichwort sagt: »Auch das Häßliche ist schön, wenn es einem gefällt.«

Am bildhaftesten hört es sich in der lateinischen Sprache an: »Quisquis amat ranam, ranam putat esse Dianam.« Wer in eine Unke verliebt ist, hält sie für eine Diana. (Es handelt sich hier um Diana Limnatis, die Göttin des Sumpfes.)

Oder *Molière* im zweiten Akt des Misanthrope:

»C'est ainsi qu'un amant dont l'ardeur est extrême
Aime jusqu'aux défauts des personnes qu'il aime.«*

Horatius (Serm. I. 3) erwähnt einen Verliebten namens Balbinus, der eine besondere Schönheit in einem Polypen entdeckte, der aus der Nase seiner Geliebten herauswuchs.

Zum Schluß einen zum Nachdenken anregenden chinesischen Satz: »Die Häßlichkeit befreit die junge Frau von allen Fehlern der Schönen und stattet sie mit Tugenden aus, die diese nie besaß.«

Und noch eins. Männer sind gar nicht so wählerisch. Die häßlichste Frau auf Erden war ohne Zweifel Margarete, Gräfin von Tirol. Ihr Porträt hängt in der Bildergalerie von Versailles. Sorgsame französische Ehemänner schützen ihre schwangeren Frauen vor diesem Anblick. Eine wirkliche Vogelscheuche grinst uns von der Wand entgegen. Wer dieses Bild sieht, versteht, warum das Volk der hohen Dame den Namen »Maultasch« gab; sie hatte im wahrsten Sinne des Wortes erschreckende, herabhängende Maultaschen. Und selbst dieses Scheusal von einer Frau bekam einen Mann, den Sohn des deutschen Kaisers. Und auch das oft erwähnte mächtige Dritte kam zur Welt. War es diesmal die Grafschaft Tirol, die den unwiderstehlichen Drang des Dritten, geboren zu werden, inspirierte?...

Es gab einen noch delikateren Fall. Gegen Mitte des vorigen Jahrhunderts produzierte sich in ganz Europa mit großem Erfolg Miss Pastrana, die Dame mit dem Vollbart. Diese Frau litt an einem seltenen Fall von Hypertrichose. Ihr ganzer Körper war dicht mit Haaren bewachsen, das Gesicht von einem schwarzen Vollbart und einem buschigen Schnurrbart umrahmt. Das war aber bei weitem nicht alles, sie hatte auch eine unförmige Nase, ihr breiter Mund trat hervor wie eine Geschwulst, die vom Scheitel bis zum Hals

* Der größte Mangel selbst wird zur Vollkommenheit,
Die schönsten Namen hat, wer liebt, dafür bereit.

reichenden Ohren spotteten jedes Kanons und machten das unglückliche Mädchen vollends zu einem Scheusal. Als ich nach ihren biographischen Daten forschte, geriet mir ihr Bild in die Hände, und ich schrak zurück. Aber die Massen wollten gerade diese ausnehmende Häßlichkeit sehen. Sie strömten herbei, die arme Mißgeburt hatte bald ein hübsches Vermögen verdient. Und dann trat die große Wendung in ihrem Leben ein: der Unternehmer, der ihren Triumphzug durch Europa organisiert hatte, hielt um ihre Hand an. Das arme Geschöpf sagte natürlich ja. Ihr Biograph* traf sie gerade zu dieser Zeit; sie berichtete ihm glückstrahlend die Neuigkeit: »He loves me for my own sake.« Er liebt mich um meiner selbst willen...

Die Legende vom »Schleier von Sais« besagt: wer den Schleier lüftet und einen Blick darunter wirft, vergißt das Lächeln für immer. Ein besonderer Schleier von Sais muß dieses Eheleben verhüllt haben. Aber es währte nicht lange. Die junge Frau bekam ein Kind, und Mutter und Kind starben bei der Geburt.

Die Geschichte ist noch nicht zu Ende. Der verwitwete Ehemann hütete das Andenken der Verstorbenen liebevoll. Er ließ sie und das Kind einbalsamieren, aber nicht nur, um das ewige Licht der Pietät über ihnen brennen zu lassen. Er konnte das Gefühl nicht ertragen, daß das Publikum auf seinen Liebling verzichten müsse, er schleppte die beiden Mumien durch ganz Europa und stellte sie für entsprechendes Eintrittsgeld zur Schau.

* *Signor Saltarino* (Pseudonym von H. W. Otto): »Fahrend Volk.« (Leipzig, 1895.)

Noch abenteuerlicher war die Geschichte des »Fräuleins mit dem Schweinerüssel«, von der ein altes englisches Groschenheft* berichtet. Im Jahre 1815 griff ein an Themenschwund leidender Verfasser von Kolportageromanen die alte Geschichte wieder auf und servierte sie als wahre Begebenheit. Bei ihm war die betreffende Dame zwanzig Jahre alt und stammte aus einer sehr vermögenden Familie. Sie war von schönem Wuchs und äußerst lieblich, nur einen Fehler hatte sie: ihre Nase sah aus wie der Rüssel eines Schweines, und wenn sie Hunger hatte, grunzte sie. Zum Schluß berichtete der Poet, die Dame wohne auf dem Manchester Square und hege den dringlichen Wunsch, zu heiraten.

Daraufhin erschien im Morning Herald vom 16. Februar 1815 eine Annonce: Ein durchaus ehrenwerter Gentleman von 32 Jahren aus guter Familie bittet die Angehörigen der betreffenden Dame, ihm die erwünschten Details mitzuteilen. Die Absichten des Gentlemans seien seriös und überlegt. Auskunft da und da, genaue Adresse.

Das Angebot kommt einem noch haarsträubender vor, wenn man das dem Heft beigegebene Bild kennt, das die »Hog-faced lady« mit dem silbernen Eimer darstellt, aus dem sie zu essen pflegte.

Die Vorteile der Häßlichkeit und die Schönheitskonkurrenz der Häßlichen

Johannes Thurmayr oder mit lateinischem Namen Aventinus, ein bayrischer Historiker aus dem 16. Jahrhundert, widmete sein langes Junggesellenleben unter anderen dem eingehenden Studium der lateinischen Klassiker. Mit sechzig Jahren kam er auf den Gedanken, sein eigenes Leben zu korrigieren. Er beschloß zu heiraten. Wen sollte er aber wählen? Eine Schöne oder eine Häßliche? Eine Reiche oder eine Arme? Zum Glück versorgten ihn seine geliebten Lateiner reichlich mit Ratschlägen:

> »Rara est adeo concordia formae atque pudicitiae.« (Juvenalis)
> »Magno periculo custoditur quod multis placet.«
> (Publius Syrus)

* »A Certain Relation of the Hog-faced Gentlewoman.« (London, 1641.)

»Casta est, quam nemo rogavit.« (Sprichwort)
»Quae indotata est, ea in potestate est viri,
Dotatae mactant et malo et damno viros.« (Plautus)*

Dementsprechend ging der Gelehrte vor. Er heiratete ein häßliches, dafür aber armes Dienstmädchen. Er brauchte sich auch nicht wegen ihrer Sitten oder ihrer Verschwendungssucht zu beklagen. Aber die klassisch-lateinischen Ratgeber hatten nicht alle kleinen Geheimnisse der Frauenseele in Betracht gezogen. Die nach klassischer Auswahl erkorene Frau entpuppte sich als eine unverträgliche, zänkische Hexe und machte dem frommen Opfer klassischer Aphorismen das Leben zur Hölle.

Dieser bedauerliche Fall setzt natürlich den Wert der Grundprinzipien nicht herab. Die Häßlichen verdienen durchaus nicht die vielen Sticheleien, denen sie ausgesetzt sind. Ein launiger ungarischer Dichter aus dem 18. Jahrhundert namens *Samuel Andrád* gab ein Buch mit dem Titel »Geistreiche und unterhaltsame kurze Anekdoten«** heraus, dessen zweiten Band er »den ungarischen Frauenzimmern« widmete. Aber die geistreichen Witzeleien auf Kosten der Häßlichen mögen wohl kaum von allen Frauenzimmern freundlich aufgenommen worden sein. Da wird zum Beispiel jemand gefragt, ob eine Dame, von der gerade die Rede ist, schön sei, worauf er die Antwort gibt: »Schön ist sie schon, nur sitzt die Schönheit nicht an der richtigen Stelle. Die Röte, die auf den Lippen sein sollte, hat sie an den Augen, die Schwärze, die in den Augen ihren Platz hätte, sitzt auf ihren Zähnen, die Magerkeit, die vorn hingehört, rutschte nach hinten, während die Fülle, die hinten sein sollte, vorn hängt.«

Den hämischsten Spott hat sich der Stadtrat von Lille 1468 beim Einzug Karls des Kühnen erlaubt. Die Stadt war damals flämisch. Die Vorliebe der flämischen Maler für das Häßliche ist bekannt, also veranstaltete man dem hohen Gast zu Ehren einen umgekehrten Schönheitswettbewerb. Der Titel der Produktion hieß: »Das Urteil des Paris.«*** Man hatte die drei abscheulichsten Mißgeburten der

* Selten paart sich Schönheit mit Keuschheit. — Wer vielen gefällt, kommt in große Gefahr. — Unberührt ist die, die niemand haben will. — Die Frau ohne Mitgift befindet sich in der Macht ihres Mannes. Die vermögende Frau ist für den Mann eine Qual und Verdammnis.

** Elmés és mulatságos rövid anekdoták. (Wien, 1790.)

*** Mitgeteilt von *Dreux du Radier:* »Récréations historiques etc.« (A la Haye, 1768, Bd. I, S. 240.)

ganzen Umgebung zusammengesucht. Venus wurde von einem aufgedunsenen Frauenzimmer mit schreckenerregenden quellenden Fettmassen dargestellt. Dabei zeigten sich die Teilnehmerinnen des Wettbewerbes dem Herzog, entsprechend dem alten Mythos, *in puris naturalibus*. Juno war hochgewachsen, aber hager wie ein Skelett, nichts als Haut und Knochen. Die Pallas Athene wurde um des Kontrasts willen von einem verwachsenen, vorn und hinten buckligen Mädchen vertreten.

Anders arrangierten die Franzosen den Einzug Ludwigs XI. in Paris. Drei bildschöne junge Mädchen standen an einem Springbrunnen und warteten als Sirenen auf den König. Der Chronist der Festlichkeit widmet der mit rückhaltloser Offenherzigkeit offenbarten jungfräulichen Schönheit begeisterte Worte und endet »qui était chose bien plaisante« (das war sehr angenehm).

Das Panoptikum der häßlichen Männer

Wir haben schon erwähnt, daß Männerschönheit keine besondere Rolle in der Liebe spielt. Ich muß hinzusetzen: die Häßlichkeit aber auch nicht.

Anstatt über dieses Thema fruchtlos zu meditieren, eröffne ich hiermit das Panoptikum der häßlichsten Männer der Welt.

Die häßlichsten Männer der griechischen Antike waren Sokrates und Thersites. Sie brauchen nicht erst vorgestellt zu werden, ihre Geschichte ist weit und breit bekannt. Auf den dritten häßlichen Mann, auf Krates von Theben, komme ich noch zu sprechen.

In der Neuzeit finden wir im 17. Jahrhundert, sonderbarerweise gerade im galanten Glanz des französischen Hofes, die drei abschreckendsten Beispiele männlicher Häßlichkeit.

Die Palme gebührt *Scarron*. Über seine garstige Erscheinung wurden so viele übertriebene Anekdoten verbreitet, daß es ihm doch zu bunt wurde und er es auf sich nahm, sein Äußeres für seine Leser selbst zu beschreiben. Er gibt eine nach außen scherzhafte, nach innen aber grausame Selbstdarstellung folgenden Inhalts:

»Meine Gestalt wäre ordentlich, aber leider ist sie zusammengeschrumpft. Mein Kopf ist zu groß für meine Figur. Hier und da fehlen mir Zähne, diejenigen, die noch da sind, sind schieferfarben. Meine Beine liefen anfangs in einem stumpfen Winkel zusammen,

aber dieser entartete später zu einem spitzen. Meine Schenkel und mein Rumpf bilden einen anderen Winkel, so daß ich — wenn ich den Kopf auf den Magen beuge — dem Buchstaben »Z« vollkommen ähnlich sehe. Meine Arme sind ebenfalls zusammengeschrumpft wie die Beine, die Finger richten sich nach den Armen.«

Und doch fand sich ein blühend schönes junges Mädchen, das diesen abscheulichen Krüppel heiratete. Allerdings war sie bettelarm. Als man sie fragte, wie sie sich zu dieser Ehe entschließen konnte, antwortete sie: »Lieber einen Krüppel als das Kloster.« Bei der Eheschließung fragte der Notar pflichtgemäß, welche Mitgift die Braut in die Ehe bringe. Scarron antwortete für sie: »Ich bekomme ein paar schalkhafte Augen, eine herrliche Figur, ein paar schneeweiße Händchen und viel, viel Geist.« »Und was bringen Sie als Morgengabe?« »Die Unsterblichkeit«, lautete die stolze Antwort des Dichters. Der Frau fiel dann auch wirklich Unsterblichkeit zu, aber nicht durch ihren Mann. Sie wurde unter dem Namen Madame de Maintenon die allmächtige Geliebte und geheime Gattin König Ludwigs XIV.

Häßlich wie der Teufel — pflegt man zu sagen. Diesem Bild entsprach Paul Péllisson, ein Zeitgenosse und Kollege Scarrons. Mme. de Sévigné brachte ein Bonmot in Umlauf: »Péllisson treibt Mißbrauch mit dem Vorrecht des Mannes, häßlich sein zu dürfen.«

Eine seiner vornehmen Bekannten begleitete ihn einmal zu einem

Maler, der Péllisson für sie porträtieren sollte. Der Maler konnte das Geheimnis nicht für sich behalten und erzählte überall, daß es sich bei dem Bild durchaus nicht um ein Porträt, sondern um ein Altarbild handle. Es solle die Versuchung Christi in der Wüste darstellen, wobei der Dichter für den Teufel Modell sitzen solle.

Nebenbei: einer der tapfersten irdischen Kämpfer gegen den Teufel war der mutige holländische Pastor *Balthazar Bekker*. Er war der erste, der sich in seinem bahnbrechenden Buch »Die verzauberte Welt« gegen den veralteten Hexenglauben auflehnte. Dieses Werk wurde in viele Sprachen, darunter auch ins Französische, übersetzt. Die Franzosen begegneten Bekker mit großer Achtung, aber bekanntlich ist diesem Volk nichts heilig, nicht einmal der Teufel. Der große Teufelsbeschwörer war leider häßlich wie sein Widerpart. Darum drechselte *La Monnoye* einen Vierzeiler, der ungefähr so klingt:

Bekker hat dem Satan den Garaus gemacht,
Aber diese Tat nicht ganz vollbracht.
Solange Bekker sein Gesicht behält,
Ist noch ein Teufel in der Welt.

Der Häßliche kann das Gift des Spottes am besten neutralisieren, wenn er als Gegengift Selbstironie anwendet.

Das dritte Schreckensbild am Hofe des Sonnenkönigs war der Herzog von *Roquelaure*. Einmal meldete er sich beim König zur Audienz und stellte dabei einen seiner Landsleute vor. Er sei diesem Herrn sehr verpflichtet, darum empfehle er die Bitte des Betreffenden dem allerhöchsten Wohlwollen des Königs. Der König erfüllte die Bitte des Fremden, erkundigte sich aber, wo die Verpflichtung Roquelaures seinem Landsmann gegenüber herrühre. »Nichts ist einfacher«, war die Antwort. »Ich muß ihm dankbar sein, denn gäbe es nicht diesen garstigen Affen, so wäre ich der häßlichste Mann im Reiche Eurer Majestät.«

Zur Zeit Georgs II. ließ sich in London ein Schweizer Abenteurer namens *J. J. Heidegger* nieder. Die öffentliche Meinung stellte fest, daß er »häßlich wie die Sünde« sei. Doch dieser Mann machte sein Glück auf eine Art, die ihm niemand zugetraut hätte. Er kämpfte sich bis zum königlichen Hof durch, wo er das Amt des »Master of the revels«, des obersten Arrangeurs der Hoffestlichkeiten, erhielt. Die Aristokratie beanspruchte ebenfalls die Hilfe und Mitwirkung dieses außerordentlichen Mannes. Kein Ball konnte ohne ihn vor sich gehen, er war sozusagen das Haupt einer Clique, die über alle Bälle der Hauptstadt herrschte. Aber dieses Haupt, das an sich schon häßlich war, wirkte im blendenden Licht der Öffentlichkeit besonders erschreckend. Das heißt, das Publikum war wohl zurückgeschreckt, aber nicht erschrocken; Witzbolde übten ihren Geist auf seine Kosten, Karikaturisten versuchten Heideggers Häßlichkeit zu verewigen, selbst Hogarth porträtierte ihn. Aber das verfolgte Wild setzte sich geschickt zur Wehr. »Bin ich häßlich«, sagte er in einer Gesellschaft, »dann will ich wenigstens die Genugtuung und den Ruhm haben, das häßlichste menschliche Wesen in London zu sein. Was gilt die Wette, daß ich es bin?«

Lord Chesterfield ging auf die Wette ein. Er bedingte sich eine Woche aus, um den Gegenkandidaten aufzutreiben. Im dreckigsten Schlupfwinkel Londons fand er eine abscheuliche Greisin, die so häßlich war wie ein Krokodil. Nach kurzer Besichtigung war die Jury gewillt, die Alte für die Siegerin zu erklären, aber Heidegger erhob Einspruch. »So kann man nicht entscheiden!« rief er aus. »Es fehlen die gemeinsamen Grundlagen!« Damit riß er der Alten die mottenzerfressene Perücke vom Kopf und setzte sie sich auf. Der Lord wartete den Schiedsspruch nicht ab, er gab sich besiegt und zahlte.

Ob es wahr ist, daß der Historiker Gibbon nur wegen des väterlichen Verbots auf seine erste und einzige Liebe verzichtete und die Pastorentochter von Lausanne deshalb nicht heiratete? Ob er nicht eher wegen der Häßlichkeit seines Gesichts Junggeselle blieb? Mme. de Genlis schrieb von Gibbon, daß sein breites Gesicht völlig verschwommen gewesen sei, mit aufgedunsenen Wangen wie zwei gewaltige Bettkissen. Einmal nahmen ihn Freunde zu der blinden Mme. du Deffand mit. Diese Dame hatte die Gewohnheit, das Gesicht der ihr vorgestellten Berühmtheiten abzutasten, um sich eine Art Bild von ihrem Aussehen zu machen. Sie betastete eine Zeitlang Gibbons Gesicht, dann rief sie empört aus: »Schämen sich die Herren nicht, einer armen Blinden einen so unschicklichen Streich zu spielen?!«

Die häßlichsten Männer der Welt und die Liebe

Krates von Theben, ein Schüler von Diogenes, war wegen seiner Weisheit, aber auch seines häßlichen Gesichtes wegen der berühmteste Mann in ganz Griechenland. Das Grundprinzip der diogenischen Schule der Zyniker war, wie bekannt: auf alles verzichten und sich keiner natürlichen Tatsache und Regung zu schämen. Selbst ihr Name rührte von diesem ihrem letzten Grundsatz her, daß ihr Leben in jeder Beziehung öffentlich sein solle, öffentlich wie das der Hunde. Krates führte das Leben eines zynischen Weisen. Barfuß, in Lumpen gekleidet, mit zottligen Kopf- und Barthaaren, den Bettelsack umgehängt, irrte er durch die Straßen Athens. Er hungerte, fror, ernährte sich mühsam von milden Gaben.

Allein schon seine Lebensweise als Hundephilosoph muß ihm ein erschreckendes Äußeres verliehen haben. Dazu kam noch sein abscheuliches Gesicht. Aber in seiner Lehre leuchtete ein nicht alltäglicher Geist, der auch eine Schar von Schülern heranzog. Unter diesen Schülern befand sich auch eine schöne und reiche junge Athenerin von vornehmer Herkunft namens Hipparchia. Dieses an Wohlstand, Bequemlichkeit und ein sauberes, geordnetes Heim gewöhnte Mädchen verliebte sich wahnsinnig in den Dreckspatz. Sie wollte ihn um jeden Preis heiraten. Die erschrockenen Eltern wandten sich direkt an Krates und baten ihn, das außer Rand und Band geratene Mädchen eines Besseren zu belehren. Der Weise trat vor das Mädchen, zeigte auf seinen Buckel, auf sein Gesicht, dann legte er seinen Bettelstab, Ranzen und Mantel vor sich hin: »Siehe da, das wäre dein Auserwählter, das wäre dein Hausgerät. Kommst du zu uns, mußt du dich unseren Gesetzen unterwerfen.« Aber mit Hipparchia konnte man nicht klug reden. Daraufhin beschloß der Weise, klug zu handeln. Er nahm das unerwartete Geschenk des Schicksals an und heiratete das Mädchen. Hipparchia wurde also die Frau des Krates und lief barfuß, schmutzig in Lumpen als Zynikergattin neben ihm her.

Die stolzeste aller von Hoffart verkrampften Marionetten des französischen Königshofes war ohne Zweifel die Herzogin von Berry, die Tochter des Prinzregenten. Sie hielt aufs strengste und bis ins kleinste Detail an allen ihren Vorrechten fest, so durfte zum Beispiel kein anderer als ein Prinz oder eine Prinzessin an ihrem Tisch Platz nehmen. Herzöge durften nur um den Tisch herumstehen, von gewöhnlichen Grafen oder Marquis war gar nicht die Rede. Eines Tages wurde dieser adelsstolzen Dame ein junger Mann namens Riom vorgestellt. Es blieb uns eine authentische Beschreibung seiner verblüffend unvorteilhaften Eigenschaften erhalten; die Großmutter der Herzogin, die wegen ihrer verzweigten Korrespondenz, ihres nüchternen Urteils und unverblümten Stils berühmte Liselotte, schrieb in einem Brief vom 22. August 1719:

»Ich kann nicht begreifen, welche liebenswerten Eigenschaften man an diesem Kerl findet; er hat weder eine annehmbare Figur noch ein Antlitz, das man so nennen darf; das Gesicht ist grün und gelb wie das eines Wasserungeheuers; Maul, Augen, Nase sehen aus wie die eines Chinesen; er ist tolpatschig und dumm; zwischen den breiten Schultern sitzt ein Strubbelkopf wie bei einem Wechselbag; zu alledem sieht er auch schlecht.«

Auch der Herzog von Saint-Simon beschäftigte sich mit diesem berühmten jungen Mann. Er beschreibt ihn als außen häßlich und innen leer, untersetzt, grobschlächtig, mit einem aufgedunsenen fahlen Gesicht voll von Pickeln, das wie ein einziges Geschwür aussieht.

Die entzückende und kluge Herzogin von Berry vernarrte sich in diese Mißgestalt. Die Strahlen der herzöglichen Liebe ließen den unbedeutenden, grünen Jüngling zu einem bedeutenden Herrn avancieren. Er wurde plötzlich reich, wie das so damals üblich war, wenn jemand mit der königlichen Familie in Berührung kam. Aber die Pointe dieser sonderbaren Geschichte kommt erst. Der abscheuliche Frosch erkannte seine unbeschränkte Macht über das liebestolle Mädchen und begann sie so zu behandeln, wie im allgemeinen launische weibliche Vampire ihre hörigen Opfer zu behandeln pflegen. Der Herzog von Saint-Simon berichtet mit allem Ernst und aller Glaubwürdigkeit eines Historikers über mehrere Seiten von den sonderbaren Peinigungen, die sich dieser zum Adonis ernannte Frosch für seine Sklavin ausdachte. Wollte sie ins Theater gehen, verbot er es, wollte sie nicht gehen, befahl er es, und sie mußte folgen. Er zwang sie, mit Frauen zu verkehren, die sie nicht ausstehen konnte, die aber Herrn Riom gut gefielen. Er mischte sich in ihre Toilettenfragen ein. Oft mußte sie sich schön für ihn machen und dann, wenn ihm das zauberhafte Abendkleid nicht gefiel, noch einmal mit der Toilette beginnen. Er setzte ihr Tagesprogramm fest, das er, wenn es ihm beliebte, ohne jeden Grund umwarf. Sie mußte sich Anweisungen in bezug auf ihre Frisur und die Bänder holen, die sie im Haar trug. Wagte es die Enkelin königlicher Ahnen zu widersprechen, schrie sie der Jüngling an wie ein Dienstmädchen, und die Unglückliche weinte Tage und Nächte. Eines Tages verlangte er, daß sie ihn heiraten solle. Die stolze Herzogin gehorchte, die morganatische Ehe wurde geschlossen. Wer weiß, wie weit diese beispiellose Liebessklaverei noch gegangen wäre, wäre die Herzogin nicht schon mit vierundzwanzig Jahren gestorben.

Hier bleibt wirklich nichts anderes, als auf die unergründlichen Abgründe hinzuweisen, die die Frauenseele in sich bergen soll.

Nun wollen wir zu einigen verständlicheren und weniger des guten Geschmacks spottenden Fällen übergehen.

Wir wissen, mit welcher Vorliebe Hogarth sich von grotesken und mißgestalteten Erscheinungen inspirieren ließ. Ein ausgezeichnetes Modell bot ihm die Person des berühmten Politikers John Wilkes. Wilkes war Mitglied des Parlaments, wurde aus politischen Gründen eingekerkert, dann wieder freigelassen und zum Lordmayor von London gewählt. Sein überaus häßliches Gesicht wurde nicht nur von Hogarth verewigt, sondern auch durch ein kleines Gedicht unvergeßlich gemacht. In diesem Gedichtchen fragt Wilkes eine Lady, wer der Hübscheste unter ihren Kavalieren sei. Die Antwort lautet: der, der Ihnen am wenigsten ähnelt.

»Says John Wilkes to a lady, pray name if you can,
Of all your acquaintance the handsomest man.
The lady replied, if you'd have me speak true,
He's the handsomest man that's most unlike you.«*

Und doch siegte der Häßliche über alle männlichen Schönheiten. Er wettete in seinem Klub, daß er den hübschesten Kavalier der schönsten Dame aus dem Sattel werfen würde, und das innerhalb einer Stunde. Die anderen gingen auf die für Wilkes aussichtslos erscheinende Wette ein und verloren. Wilkes hatte eine Gabe, die

* Sagt John Wilkes zu einer Dame, nennt mir einen Namen, wenn Ihr könnt,
Des nettesten Mannes unter Euren Bekannten.
Antwortet die Dame, wenn ich die Wahrheit sagen soll,
Ist derjenige der netteste, der Euch am wenigsten gleicht!

ich als Magie des Wortes bezeichnen möchte. Der mitreißende Glanz seiner Sprache, die Überzeugungskraft seiner Rede scheinen den alten Aberglauben zu bestätigen, daß Worte Zauberkraft in sich bergen und Macht über die Mitmenschen verleihen können.

Auch zwei glänzende Redner der großen Französischen Revolution waren Prachtexemplare männlicher Häßlichkeit.

Der eine war *Danton.*

Als Kind hatte er so lange um die Rinderherde herumgelungert, bis ihn ein Stier überrannt und auf die Hörner gespießt hatte. Danton war weiter nichts passiert aber die Hörner des Stiers hatten ihm die Lippen aufgerissen. Die Spuren mußte er sein Leben lang tragen. Man pflegt zu sagen, daß die Züge nicht zweimal an derselben Eisenbahnstation zusammenstoßen, aber Dantons Kindheit straft diese Erfahrung Lügen. Er hatte noch eine Kontroverse mit einem Stier. Diesmal wurde er nur getreten, aber so grob, daß seine Nase plattgedrückt blieb. Eine dritte Begegnung mit der Mißgunst der Tierwelt hatte er in seinem Schweinestall; infolge irgendeines Mißverständnisse liefen die Schweine Sturm gegen ihn, sie warfen ihn um und verunstalteten sein Gesicht durch ihre Bisse. Was nach alldem noch unversehrt geblieben war, wurde von den Pocken mit Narben übersät.

Aber der Zauber der Worte ließ die Häßlichkeit dieses Gesichts schwinden, zwei Frauen verliebten sich in Danton. Die eine war Gabrielle Charpentier, seine erste Ehefrau und sein guter Engel. Noch auf dem Totenbett dachte sie nur an das Wohlergehen ihres Mannes und bereitete seine zweite Ehe vor. Als sie starb, war Danton in Belgien. Er kehrte erst nach einer Woche zurück. In seiner Verzweiflung ließ er das Grab öffnen und die ohne Abschied von ihm gegangene Tote aus dem Sarg nehmen, um ihr ungeachtet der beginnenden Verwesung ein letztes Lebewohl zu sagen... Dann ging der Wille der Toten in Erfüllung. Louise Gély, die zweite Gattin Dantons, war sechzehn Jahre alt, als sie sich mit dem seinem Verhängnis entgegenrasenden Volkstribun verband. Die Einzelheiten aus dieser Ehe gehen uns in diesem Rahmen nichts an, es genügt, was Danton selbst über seine zweite Frau sagte: »Ich liebte sie, weil sie an mich glaubte wie niemand sonst.«

Der andere Staatsmann war *Mirabeau.*

Die Natur beschenkte ihn zwar mit genialem Geist, aber gleichzeitig beraubte sie ihn jeder Spur männlicher Schönheit und machte ihn zu einem der häßlichsten Menschen seiner Zeit. Auf seinem untersetzten Körper thronte ein unförmiger Kopf mit einer zottigen Mähne, die dem eines Löwen ähnelte. Auch Mirabeau war von den Pocken heimgesucht worden, die sein ohnehin erschreckend häßliches Gesicht noch mehr verunstaltet hatten. Als Marie-Antoinette ihm zum ersten Male begegnete, fiel sie beinahe in Ohnmacht; später nannte sie ihn nur noch »das Ungeheuer«. Das Ungeheuer hatte eine Löwenstimme, aber er schien auch zärtlich knurren zu können. Den Frauen jedenfalls erschien er dank der Wirkung seiner Worte und der Flamme seines Genies durchaus nicht als Ungeheuer. Stendhal schrieb über ihn: hätte er Hörner gehabt, hätten die Frauen auch diese schön gefunden.

Der große Verteidiger der Menschenrechte scheint in seiner Jugend wenig Rechtsgefühl an den Tag gelegt zu haben. Er machte so ungeheure Schulden, daß es sein Vater satt bekam und ihn in die Burg Yf einsperren ließ. Da seine erste Tat darin bestand, die Frau des Kantinenwirts zu verführen, wurde er bald in eine andere Burg gebracht. Dort waren die Regeln milde genug; den Gefangenen aus besseren Familien wurde sogar erlaubt, in den vornehmen Häusern der Nachbarschaft Besuche zu machen. Der Erfolg dieser Milde und der häufigen Besuche außerhalb der Burg war die Flucht des Häftlings Mirabeau nach Holland. Als Reisegefährtin nahm er die junge Frau eines alten Marquis mit, bei dem er oft zu Besuch gewesen war. Sophie Monnier hatte sich den Kopf gründlich verdrehen lassen, sie nahm alle Folgen des Skandals auf sich, auch das bittere Elend, das sie in Holland zu erleiden hatte. Die holländische Regierung lieferte später beide an Frankreich aus; die Frau wurde in ein Kloster gegeben, der Mann in die Burg von Vincennes gesperrt. Dort schrieb er seine berühmten Liebesbriefe an Sophie, in denen eine verfeinerte Stilkunst brodelnde Leidenschaft zur Meisterschaft bändigte.

Nun noch einen kurzen Blick in die Welt der Illusion, deren trügerisch flimmerndes Licht die Frauen betört, in die Welt des Films.

Ich las unlängst von der Umfrage einer amerikanischen Zeitschrift, bei der die Leserinnen angeben sollten, welchen Filmschauspieler sie am meisten liebten. Außerdem sollten sie diese Bevorzugung begründen. Die erdrückende Mehrheit der Tausenden von Befragten stimmte für einen Schauspieler, dessen Name hier nebensächlich ist; ich jedenfalls hätte nicht für ihn gestimmt. Wesentlich ist die Begründung, die fast überall gleich lautete und aus Ergüssen über die besondere Männlichkeit dieses Menschen bestand. »Er gefällt mir, weil er ein ganzer Mann ist, heldenhaft, mutig und unerschrocken. Außerdem gibt er sich so offen und aufrichtig, wie er ist, er ist der einzige Mann, in den ich mich wirklich verlieben könnte.« Den Verehrerinnen fiel dabei gar nicht ein, daß der Heros männlich und unerschrocken war, weil es das Drehbuch vorschrieb. Und auch der Wert seiner Tollkühnheit wurde stark durch die Tatsache herabgesetzt, daß der Ausgang der Wagnisse ja von vornherein feststand.

Jedermann weiß, daß die Rolle für einen Schauspieler nichts anderes ist als ein Rock, den er nach Belieben an- und wieder ausziehen kann.

Auch das Theater bietet unzählige Beispiele für die verhüllende Wirkung der Illusion.

Alle Chronisten des französischen Theaters im 18. Jahrhundert stimmen darin überein, daß Lekain der größte Schauspieler und der häßlichste Mann seiner Zeit war. Sein Wuchs war untersetzt und gedrungen, sein Gesicht kupferrot und von grober Haut. Sein Mund war furchterregend groß, das Kinn an beiden Seiten von Narben verunstaltet, die Nase hatten die Pocken halb zerfressen. Lekains Zeitgenosse Collé charakterisierte ihn kurz und bündig: eine Fratze, die nach dem Galgen schreit (visage patibulaire).

Wenn Lekain aber auf die Bühne trat und seine Gestaltungskraft den Worten des Dichters Flügel verlieh, berückte er die Herzen aller Zuschauer, und die Frauen flüsterten ihres nüchternen Verstandes beraubt und verzaubert: »Welch schöner Mann!«

Die restlichen Pforten der Liebe

Da ich die Einteilung von *Havelock Ellis* nun einmal akzeptiert habe, muß ich auch die restlichen drei der vier Pforten aufsuchen. Wir müssen dabei natürlich außer acht lassen, daß es noch viele andere Pforten gibt und die Liebe hundert Wege findet, um in uns einzudringen, so wie man einst durch hundert Tore in die schöne Stadt Theben gelangen konnte.

Untersuchen wir den Wert der Töne im Liebesleben — schreibt Ellis — so kommen wir zu dem Resultat, daß die erotische Anziehungskraft der weiblichen Stimme auf den Mann unbedeutend ist. Den Beweis dafür liefert der bekannte biologische Vorgang, daß die Kehle des Mannes im Verlauf der sexuellen Reife eine große Änderung erfährt und die Stimme um eine Oktave tiefer sinkt, während dieser Stimmwechsel bei der Frau viel geringer ist, und die Stimmbänder kaum etwas dicker werden. Die Natur aber tut nichts ohne Ursache, die tiefe, volle Männerstimme ist eine Waffe im Kampf der Geschlechter, eine gewaltige Hilfe für das angreifende Männchen. Das läßt sich auch in der Tierwelt beobachten, in der Brüllen, Wiehern und Ähnliches dem liebenden Werben der Männerstimme entsprechen. Wenn die Stimme musikalisch ausgebildet ist, tritt diese Ähnlichkeit noch deutlicher zutage, was man an der Amsel, der Nachtigall und den Opernsängern erkennen kann.

Selbst die instrumentale Musik — fährt Ellis fort — ist nicht imstande, die schlummernde Sinnlichkeit des Mannes so schnell zu wekken wie die der Frau. Zur Kontrolle machte er einen interessanten Versuch, bei dem der für das Experiment auserwählte Mann in einen hypnotischen Zustand versetzt wurde. Dann wurde ihm Musik aus Wagners Tristan und Isolde vorgespielt. Es ist bekannt, welche Wirkung diese Musik auf die meisten Frauen ausübt, aber das männliche Versuchsobjekt zuckte bei den Klängen nicht einmal mit den Wimpern.

Der Einfall ist ohne Zweifel geschickt, nur hätte man genau Bescheid über das musikalische Gehör des betreffenden Mannes wissen müssen. Außerdem ist nicht klar, inwieweit der Untersuchte Wagner-empfindlich war.

Die alten Griechen wußten, was sie taten, als sie den männerbetörenden Gesang der Sirenen in ihre Mythologie aufnahmen. Schriftsteller früherer Zeiten verwenden stereotyp den Ausdruck »Sirenenstimme«, wenn sie von einer Frauenstimme mit bezaubernder, berükkender Wirkung sprechen wollen. Älianus, der die Schönheit der persischen Aspasia beschreibt, erwähnt besonders ihre süße und zärtliche Stimme, »die einen glauben ließ, die Sirenen zu hören«.

Aber es ist überflüssig, so weit zurückliegende Dinge in Erinnerung zu bringen. Der Ausdruck »einschmeichelnde Stimme« ist ein Gemeinplatz in unserer Alltagssprache, und hinter Gemeinplätzen steckt meist eine Wahrheit. Täglich hören wir auf der Bühne, im Konzertsaal, im Radio und im Film Stimmen, die nicht anders als »einschmeichelnd« genannt werden können, und immer finden sich Odysseusse, die die Ohren nicht mit Wachs verkleben, sondern die Segel einziehen und sogar vor Anker gehen.

Hätte man zur Zeit der Angélique Paulet die Hypnose gekannt und das männliche Versuchsobjekt in hypnotischen Schlaf versenkt, hätte es sich selbst dann noch in die milde Stimme der »Belle lionne« verliebt. Nun, die Leute des 17. Jahrhunderts verstanden zwar nichts von Hypnose, aber um so mehr von der Liebe. Sie waren sich darüber klar, daß der für Männer so verderbliche Zauber der schönen Angélique nicht nur in ihren kupfernen Haaren, sondern auch in ihrer silberklaren klingenden Stimme saß. Es entstand die Legende von den beiden toten Nachtigallen, die man am Morgen unter dem Fenster der Schönen fand. »Belle lionne« hatte des Abends an diesem Fenster gestanden und gesungen, und die Vögel waren vor Scham gestorben, weil die Dame sie so weit übertroffen hatte.

Voiture machte ein Gedicht über die kleine Geschichte:

»Dans le fond d'un bois antique
Un rossignol disputa
Sur ut, ré, mi, fa, sol, la
Avec la belle Angélique;
Mais le rossignol perdit
Aux doux sons qu'elle épandit.«*

* In der Tiefe eines alten Waldes, / Sang eine Nachtigall um die Wette Do, re, mi, fa, sol, la / Mit der schönen Angelika, / Doch die Nachtigall unterlag Gegenüber den herrlichen Lauten, / Die das Mädchen von sich gab.

Unlängst las man, daß die Stimme einer Radiosprecherin den Ohren eines Hörers so einschmeichelnd klang, daß er sich ungesehen in die Dame verliebte, sie nach weiter Reise aufsuchte und um ihre Hand anhielt. Die Mikrophonliebe rührte die Sprecherin; sie sagte ja.

Die im Vergleich zum Mann größere Musikempfindlichkeit der Frau muß natürlich anerkannt werden. Dennoch wage ich es nicht, das tiefe Tönen der Männerstimme zu den unwiderstehlichen Mitteln der Eroberung zu zählen. Unlängst sagte mir eine Frau von außerordentlich hoher Bildung, daß sie derartige »Sonntagsstimmen« nur nervös machen. Wichtig ist, was der Mann spricht und nicht, wie er spricht. Wir sollten uns also nicht so sehr an die Analogie zum Wiehern halten.

Manchmal ist das musikalische Echo stärker als erwünscht und umstrickt die Frau wie der große Verführer Galeotto. Ein Beispiel dafür ist die Liebesidylle der belgischen Prinzessin mit dem ungarischen Zigeunerprimas. Auch aus früheren Zeiten ist ein ähnlicher Fall bekannt. Der Novelle »Die Tochter des Farkas Petki« des großen ungarischen Erzählers *Jókai* liegt ein wahrer Vorfall zugrunde. *Mihály Cserei* hat das Buch seines Zeitgenossen *Péter Apor* »Metamorphosis Transsilvaniae« vom Anfang des 18. Jahrhunderts mit Randbemerkungen versehen. Hier findet sich auch eine Darstellung dieses Falles, den dann die große Erzählerkunst Jókais ausbaute und mit farbigen Einzelheiten versah.

»Der alte Farkas Petki«, heißt es in der alten Aufzeichnung, »hatte eine schöne Tochter in heiratsfähigem Alter. Ein junger Herr aus Ungarn wollte sie freien, es kam zur Verlobung, der Tag der Hochzeit war schon festgesetzt. Farkas Petki lebte zu jener Zeit im Komitat Csík in seinem Hause zu Csicsa, woselbst unweit des herrschaftlichen Hauses eine große umfriedete Wiese lag. Den Schafen des Petki war ein junger Schäfer zugeordert, der allabendlich die Herde heimführte und mit Flötenspiel den Schafen voranging. Er schloß dieselben in die Hürde ein; dann spielte er noch weiter auf der Flöte. Das Fräulein, welches von ihrem Fenster aus dem jungen walachischen Schäfer oft zuhörte und zusah, verliebte sich sehr in ihn. Petki aber wußte nichts davon, auch war er Witwer und das Fräulein mutterlos.

Am Vorabend des für die Hochzeit bestimmten Tages kamen die Gäste zum Polterabend; zur selben Zeit aber verließ das Mädchen das Haus und durchquerte mit dem Schäfer den großen Wald.

Die Gäste wollten sich zu Tisch setzen. Das Fräulein wurde überall gesucht, doch nicht gefunden, weder im Haus noch im Dorf; denn wem wäre eingefallen, daß sie mit dem Schäfer durchgegangen war? Am anderen Tag kamen die Hochzeitsgäste, man lud sie zu Tisch, bewirtete sie, jedoch ohne Braut war nichts zu machen, man ließ sie wieder ziehen.

Viele Jahre wußte der arme Petki nicht, wo seine Tochter war; man nahm an, daß sie sich in den Fluß gestürzt habe.

Einmal fuhr Petki zum Landtag, und als er den großen Wald durchquerte, sah er einen Walachen mit seiner Frau kommen. Die Frau hatte statt des Rockes einen langen Mantel an und ging barfuß hinter dem Mann her. Keiner der Diener des Petki erkannte die Frau, aber Petki selbst, der in der Kutsche saß, erkannte seine Tochter.

Er sagte kein Wort zu ihr, nahm zwei Gulden aus der Tasche und sagte einem Diener:

»Lauf, gib das Geld der Walachenfrau, sie soll sich dafür Stiefel kaufen.«

Interessant ist auch die Fortsetzung der Geschichte. Farkas Petki, der strenge Siebenbürger Edelmann, wollte nichts mehr von seiner Tochter wissen, die ihm mit ihrer Flucht so große Schande zugefügt hatte. Nach seinem Tod aber erfuhr sein Sohn István, daß die mittlerweile ebenfalls verstorbene »Walachin« einen Sohn hinterlassen hatte. Er befreite ihn aus der Leibeigenschaft und ließ ihn adeln. Er erhielt den Namen János Székely, und die Familie Petki erkannte den Sproß der sonderbaren Liebe als Verwandten an.

Dichter der Düfte

»Der Duft des weiblichen Körpers ist nichts anderes als eine List der Natur, mit der sie den Mann im Interesse der Sicherung der nächsten Generation einfängt. Die künstlichen Düfte sind ebenso wie die anderen Bestandteile des weiblichen Putzes zusätzliche Mittel, den Mann zu betören.«

Diesmal ist es nicht Schopenhauer, der sich so über die heimliche Tücke der Natur äußert, sondern *Émile Zola*, einer der größten Sachverständigen auf dem Gebiet der Düfte, wie unzählige Stellen seiner Bücher beweisen. Genau genommen sind diese Geruchshymnen nicht unzählig, da sich doch jemand fand, der sie zählte, sammelte und eine Studie über sie verfaßte. Dieser gelehrte Herr war Professor der Philosophie an der Universität von Montpellier*.

Er erklärt die übertriebene Geruchsempfindlichkeit Zolas mit einer »Hypertrophie des lobus olfactorius«, auf die auch die dicke, breite Nase Zolas mit den gewaltigen, witternden Nüstern hinweisen soll. Im allgemeinen glaubte Zola, daß die Nase, dieser aus dem Gesicht herausragende, sozusagen selbständige Körperteil, eigentlich Vorpostendienste leistet. Die Nase stellt fest, ob etwas, was herannaht, von Nutzen oder Schaden für den Körper ist. Ihren Signalen entsprechend steigert sich der Appetit oder er läßt nach... Ebenso ist es mit der Liebe.

Wäre Zola ein römischer Kaiser gewesen, dann hätte er der Göttin der Gerüche Tempel errichten lassen. Den Modesalon Worms', des großen Schneiders des zweiten Kaiserreichs, beschrieb er folgendermaßen:

»Das milde Aroma von Seide, Atlas, Samt und Spitzen vermischt sich mit den nach Ambra duftenden Ausdünstungen der Damenschultern. Diese wohlriechende laue Wärme, dieser Weihrauchduft der Körper und des Luxus verwandelt das Zimmer in die Kapelle einer geheimen Gottheit.«

In Zolas Geruchsphilosophie fiel dem Mann als Träger der Ak-

* *Léopold Bernard*: »Les odeurs dans les romans de Zola.« (Montpellier, 1889.)

tivität nicht viel Raum zu. Die beiden *Goncourt* befaßten sich schon mehr mit diesem Problem. Eine Heldin aus »Renée Mauperin« wühlt nach jedem Rendezvous mit der Hand in den Haaren des Mannes und zieht dann schnell die Handschuhe an. Zu Hause wäscht sie sich nicht die Hände, damit sie auch am anderen Tag noch die genußvollen Geruchserinnerungen an das Schäferstündchen einatmen kann. Noch kühner ist die Darstellung des Fechtsaales im »Faustin«: »In diesem Saal, in dem sich schon eine Reihe von Assauts abgespielt hatten, in dem man Muskelkraft verschwendete, wie es Wahnsinnige tun, in dem die Schweißperlen des Kampfes auf die Bretter des Fußbodens fielen — in diesem, von der Ausdunstung der Männerkraft durchtränkten Saal strömte selbst das Leder der durchschwitzten Plastrons jenes wilde Männeraroma aus, welches die Frauen in den zweideutigen Stunden der Liebessehnsucht zu Fall bringt.« Diese Darstellung entbehrt nicht einer gewissen Übertreibung, aber es ist wahr, daß auch der Mann einen bestimmten Duft ausströmen kann, wenn auch nicht so verschwenderisch wie die Frau. Die Bestandteile dieses Duftes pflegen auch weniger edel zu sein, Tabak, Rasierseife, Haarwasser, einst Bartwichse — und jetzt Benzin.

Damit beschließe ich die Würdigung der männlichen Geruchseffekte. Wer sich für weitere Einzelheiten interessiert, möge die unter dem Stichwort Osphresiologie aufgezählten Bücher durchblättern, neben denen es noch viele andere, das gesamte Gebiet des Geruchsproblems behandelnde, bezaubernd wissenschaftliche Beobachtungen gibt. Der »Vorposten« in meinem Gesicht sträubt sich, sie zur Kenntnis zu nehmen.*

Ein anderer Liebhaber der Gerüche war *Baudelaire*.

Einige seiner Gedichte sind wahre Altargebete, in welchen der berauschende Zauber der Düfte in der Umgebung der Frauen besungen wird. (»Parfum exotique.« »Le flacon.« »La chevelure.« Das zweite Gedicht des Zyklus, »*Un fantôme*«: »Le parfum.«) Manche Düfte findet er frisch wie das Fleisch der kleinen Kinder, süß wie die Musik der Oboe oder grün wie eine Wiese, andere sind bestechend, üppig oder triumphierend. Dazu gehören die Gerüche der Ambra, des Moschus, der Benzoe und des Weihrauchs. *(Corres-*

* Als gründliches und auch vom kulturhistorischen Gesichtspunkt aus wertvolles Werk ist hervorzuheben: *Dr. Albert Hagen*: »Die sexuelle Osphresiologie«. (Charlottenburg, 1901.) Am Ende des Buches befindet sich eine sehr gute Bibliographie der Bücher dieses Themenkreises.

pondances.) Von diesen Düften sagt der Dichter, daß sie wie Gold und Purpur leuchteten, wenn man sie in die Sphäre der Farben umsetzen könnte.

Bei Dichtern ist ein derartiger Umtausch der Werte nicht selten. Bei einem machen die Farben Musik, der andere sieht Farben, wenn er Töne hört. Für *Baudelaire* bedeuten Düfte soviel wie für andere Musik:

> Comme d'autres esprits voguent sur la musique,
> Le mien, ô mon amour! nage sur ton parfum.
>
> (La chevelure)*

Und siehe da: die Worte des Dichters wurden von dem berühmten englischen Chemiker Piesse bestätigt. Sein Lehrsatz lautet: Gerüche wirken genauso wie Musik auf die menschlichen Sinne; jeder Art Geruch entspricht ein Ton.** Der Gelehrte stellte selbst einige harmonische Geruchskompositionen zusammen, die man auch auf dem Klavier spielen kann.

C-Dur Akkord:

C: Sandel
C: Geranium
E: Akazienblume
G: Orangenblüte
C: Kampfer

f-Moll Akkord:

F: Bisam
C: Rose
F: Tuberose
A: Tonkabohne *(dipterix odorata)*
C: Kampfer

Huysmans wagt sich noch weiter vor. In seinem Roman »A rebours« komponiert ein Held mit zerrüttetem Nervensystem aus den in die Lüfte gesendeten Gerüchen eine ganze »Duftsymphonie« und kann

* So wie andere Seelen auf der Musik schweben,
Schwebt meine Seele auf Deinem Duft, o meine Liebste!

** »Intermédiaire des chercheurs et curieux.« (20. Juli 1912) mit Hilfe einer gewissen Mischung eine Stimmung erwecken, die der Anwesenheit einer gepuderten und geschminkten Dame entspricht.

Dieser Einfall war aber nicht originell, denn schon im Jahre 1846 konstruierte ein bretonischer Bauer mit viel Geschicklichkeit eine Art »Duftorgel«. Er verstreute verschiedene Düfte, die er so zu mischen verstand, daß gewisse Zusammensetzungen immer dieselbe Stimmung hervorriefen. Der Erfinder reiste nach Paris und wollte dort Geruchskonzerte veranstalten, aber man hielt ihn für verrückt und jagte ihn wieder nach Hause.*

Es gibt kaum einen Lyriker, der dem Duft der geliebten Frau nicht wenigstens einige Zeilen widmet. Mancher Liebhaber bewahrt eine Blume oder ein Band als Reliquie auf, deren Duft ihm das einst erlebte Glücksgefühl wieder lebendig machen soll, anderen nagt die Erinnerung am Herzen; sie wollen sich von ihr befreien und werfen das duftende Andenken ins Feuer. Der große ungarische Lyriker des 20. Jahrhunderts, *Endre Ady*, sagt, als er im kleinen Hotelzimmer allein bleibt: »Noch atme ich ihr Parfüm, das ihre Küsse trägt...«

Die Dichter des Orients verherrlichen die schweren Düfte so maßlos, daß das Papier beinahe nach Rosenöl zu duften beginnt. Aber am weitesten geht ein alter chinesischer Dichter. Er findet, daß sogar »der Schatten der Geliebten voll Duft und Wohlgeruch ist...«

Das ist das Äußerste, weiter geht es nicht.

Die Theorie von der »Atmosphäre« der Frauen

Die Geruchsträumereien der Dichter sind ungenau, sie kümmern sich nicht um den Unterschied zwischen dem Duft, den die Natur selbst den Frauen mitgab, und dem, den der Chemiker braute.

Erst im Jahre 1821 prägte der Franzose *Cadet-Devaux* die Formel von der Atmosphäre der Frau. Er setzte dann noch hinzu: und deren Macht.**

Die Theorie war neu und geistreich, aber die Wissenschaft griff sie nicht auf. Dem Erfinder erging es so wie seinen großen Vorgän-

* Veröffentlicht in den von *A. N. Didron* gegründeten »Annales archéologiques«. (1846, Bd. V, S. 234—235.)

** »De l'atmosphère de la femme et de sa puissance.« Im IX. Band der Revue Encyclopédique. (1821.)

gern auf anderen Gebieten. Seine Zeitgenossen verstanden ihn nicht, erst die Nachwelt erkannte seine unsterblichen Verdienste. Heute ist seine Theorie der Ausgangspunkt für jeden *Osphresiologen*, wobei besagte Atmosphäre so sorgfältig auf ihre Bestandteile hin untersucht wird, daß einem der Spaß an der ganzen Sache vergehen kann.

Cadet-Devaux hatte zwar schon früher einen Anhänger, aber dieser wurde kurz abgefertigt und als Pseudowissenschaftler verschrieen. Allerdings ist das Buch des französischen Professors *Augustin Galopin* in einem sehr eleganten Stil geschrieben, während die Fachwissenschaft, wie bekannt, nur die Werke für wissenschaftlich wertvoll hält, vor deren Schwerfälligkeit der Leser ehrfurchtsvoll zusammenbricht. In diesem Buch finden sich interessante Kuriosa, die man der Vergessenheit entreißen sollte.

Vor allem fordert der gelehrte Professor den Leser auf, seine Nase zu erziehen. Die Nase ist ein wunderbar feines Instrument, wenn ihre Fähigkeiten entwickelt werden, sie bleibt aber ein grobes Riechorgan, wenn sie vernachlässigt wird. In der Liebe muß man Menschen, deren Geruchssinn zurückgeblieben ist, als geruchsblind bezeichnen (cécité olfactive en amour). Sie können die feinen Nuancen der Düfte nicht unterscheiden. Es macht nichts, daß man die Liebe blind nennt, diese Blindheit kann ihr nichts anhaben, wenn die Nase die Führung übernimmt und die Augen entbehrlich macht. So kann sie z. B. die Frauen auf folgende Weise unterscheiden (die künstlichen Düfte der Parfüms werden hier außer acht gelassen. Nach Meinung des Autors sind sie nur da, um die Aufmerksamkeit von den weniger angenehmen Gegebenheiten abzulenken.):

Die Frau mit dem Bisamduft: Dieser Duft entströmt manchen Frauenkörpern in solcher Menge, daß das Badewasser in einer knappen Stunde den Bisamgeruch angenommen hat. Diese Frauen können Interesse erwecken, aber nicht für längere Zeit fesseln. Außerdem neigen sie zu Untreue.

Die Frau mit dem Ambraduft: Die Liebe zu solchen Frauen pflegt von längerer Dauer zu sein, sie haben mehr Chancen bei den Männern als die vorigen. Sie sind meist blond, am häufigsten aschblond. Manche haben die Gewohnheit, eine Prise Weihrauch im Zimmer zu verbrennen, der die Wirkung ihres Duftes steigert. Aber ein Mann mit geschulter Nase merkt diesen Trick, nur die Eleven der Düfte überlassen sich der Stimmung, ohne die Herkunft derselben zu untersuchen.

Die Frau, die nach Veilchen riecht: Das ist eine häufige Eigenschaft von Frauen mit kastanienbraunem Haar. Wenn sie sich erhitzen, entströmt ihnen der Veilchengeruch noch berauschender. Die koketten Braunen wissen das wohl, sie vermehren die Duftausstrahlung künstlich und stellen sich ahnungslos in bezug auf Verheerungen, die ihre »Duftmoleküle» in den Gehirnzellen der Männer anrichten.

Die nach Ebenholz duftenden Frauen: Finden sich auch meist unter den Brünetten, besonders unter denen mit weißer Gesichtshaut. Sie sind sehr beliebt. Manchmal mischt sich in den Geruch ein wenig Bisam und macht den Eindruck noch angenehmer.

Das dürften die Haupttypen sein. Geübte Nasen können natürlich weitere unzählige Nuancen unterscheiden. Die Welt der künstlichen Düfte ist ärmlich im Vergleich zum Reichtum der natürlichen Feinheiten der Dufteindrücke. Und eine Frau, die überhaupt keine »Atmosphäre« hat, ist immer noch viel mehr wert als eine, die sich künstlich eine verschaffen will.

Allerdings gibt sich der erfahrene Professor nicht mit der Analyse unangenehmer Atmosphären ab. Er erwähnt nur ein einziges abschreckendes Beispiel, die Frau mit dem Rizinusölgeruch. Dieser Geruch läßt in einem Umkreis von zehn Metern alle Fliegen tot zu Boden fallen und das liebesdurstige Herz des Mannes zum Rückzug blasen.

Nach sorgfältiger und umsichtiger Untersuchung kann man auch die verliebten Männer nach dem Duft einteilen, von dem sie sich fesseln lassen. Männer, die den Ambrageruch bevorzugen, pflegen zärtliche, treue Liebende zu sein. Daher kommt es, daß Blondinen dauerhaftere Liebe erreichen als brünette Frauen. Ähnlich ist die Wirkung des Veilchenduftes. Bisam und Ebenholz erwecken stürmische Leidenschaften, die aber bald erlöschen. Hier ergreift der Gelehrte die Gelegenheit und spricht eine Warnung aus: braune Frauen vergehen nicht so vor Liebe wie die blonden, sie sind aber gefährlicher in ihren eifersüchtigen Launen. Die Blonde leidet und verzeiht, sie liebt den Mann um des Mannes willen, die Brünette will in der Liebe die eigene Freude genießen.

Ob dem wirklich so ist, wage ich nicht zu beurteilen. Die neueste Literatur zeigt, wie bekannt, größtenteils eine antiblonde Einstellung. Aber vielleicht ist das nur eine Gegenbewegung, die durch den allgemeinen Triumph der Blondinen ausgelöst wurde.

Professor Galopin hat als echter Franzose auch für diejenigen

Ratschläge bereit, die auf verbotenen Pfaden der Liebe wandeln. Er stellte eine Skala der einzelnen Farben zusammen, geordnet nach ihrer Fähigkeit, Düfte aufzunehmen. Am längsten werden Gerüche von einem schwarzen Kleid behalten, dann folgen nacheinander blaue, grüne, rote und gelbe Stoffe. Am wenigsten saugt die Düfte ein weißes Kleid ein, und das wenige, das es doch aufnimmt, verdunstet bald. Die praktischen Schlußfolgerungen überläßt der Verfasser den Lesern und Leserinnen.

So sonderbar sich diese Beobachtungen und Daten auch anhören mögen, ich möchte sie doch nicht in Bausch und Bogen verdammen oder verspotten. Galopin führt unter anderem einen Prager Mönch an, der die sonderbare Eigenschaft besaß, Personen mit geschlossenen Augen, nur nach dem Geruch, voneinander zu unterscheiden. Seine ausgebildete Nase konnte sogar mit Sicherheit bestimmen — ohne Rücksicht auf die standesamtliche Seite der Frage —, ob ein weibliches Wesen Jungfrau oder Frau war.

Bis auf dieses letzte Detail gleiche Eigenschaften entdeckte der Ungar *József Aszalay** bei einem seiner Bekannten. Er schrieb:

»Von Kardinal Alberoni wird berichtet, daß er in seinem Alter, als er sein Sehvermögen schon völlig verloren hatte, allein nach dem Geruch die jungen Frauen von den alten unterscheiden konnte. Als ich in meiner Jugend in Wien in der königlich-ungarischen Kanzlei diente, hatte ich dort einen jungen Kameraden, der viele Wetten dadurch gewann, daß er es mit verbundenen Augen auf der Burgpromenade in einer Entfernung von dreißig Schritten sofort am Geruch erkannte, wenn sich eine Frau näherte.«

Aszalays Buch hätte Professor Galopin bestimmt zur Zufriedenheit gereicht. Die Fähigkeit des Kardinals Alberoni stimmt mit seinen Beobachtungen überein, nach denen der Duft älterer Damen an getrocknete Rosenblätter oder an welke Lindenblüten erinnert.

Viel Wahrheit steckt auch in seiner Meinung über die olfaktorischen Einflüsse des Wetters. Vor dem Sturm, während der gesteigerten elektrischen Spannung ist das »parfum de la femme« viel stärker; nach Ausbruch des Gewitters büßt es an Wirkung ein. Die Wissenschaft bezweifelt diese Beobachtung nicht, nur Galopins Folgerungen lehnt sie würdevoll ab, wenn er ausplaudert, daß die Zeit vor

* »Szellemi omnibus kéjutazásra az élet utain.« (Geistiger Omnibus für Lustreisende auf den Wegen des Lebens.) (Pest, 1861, Bd. I, S. 323.)

dem Gewitter die »psychologische Stunde« der Frauen ist. In dieser Stunde muß der Mann den letzten Sturm gegen die belagerte Burg führen, der Erfolg bleibt nur in den seltensten Fällen aus...

Seinen Verrat an den Leserinnen scheint der kluge Professor wiedergutmachen zu wollen, indem er ihnen den Rat gibt, vor einem Rendezvous das Weinen zu meiden, weil es einen Mäusegeruch hervorruft.

Auch in einer anderen Beziehung gab die Wissenschaft unserem Gelehrten recht. Haller lieferte Angaben, aus denen hervorgeht, daß ein gewisser chemischer Prozeß unter Umständen dem Schweiß einen Bisamgeruch verleihen kann. Galopins Beobachtungen scheinen also durchaus nicht so unsinnig.

Irgendwo in der Nähe muß auch die Erklärung für die oft geschilderte Episode gesucht werden, die 1572, als der spätere König Heinrich III. noch Dauphin war, auf der Hochzeit des Herzogs von Condé vorgefallen sein soll. Die Braut hatte sich während der Hochzeitstänze allzusehr erhitzt, sie schlüpfte in das Garderobenzimmer, wo sie mit einer Hofdame die Wäsche wechselte. Dann kehrte sie in den Tanzsaal zurück. Nach einiger Zeit zog sich auch Heinrich in das Umkleidekabinett zurück, um sich zu trocknen und die Haare zu ordnen. Er nahm etwas, was ein herumliegendes Handtuch hätte sein können, trocknete damit den Schweiß vom Gesicht und kämmte sich. Plötzlich überkam ihn ein sonderbares Gefühl. Er blickte auf das vermeintliche Handtuch und sah, daß es ein Frauenhemd war. Von der Hofdame erfuhr er, daß es Marie de Clèves, der Braut, gehörte. Heinrich kannte die Braut schon seit einer Woche, hatte sich aber überhaupt nicht um sie gekümmert. Nun ging er in den Saal zurück, führte die junge Frau zum Tanz und verliebte sich sterblich in sie.

Von der Fortsetzung der Geschichte wissen wir nur, daß sich Heinrich, als er ihr aus dem Kriegslager Liebesbriefe schrieb, in den Daumen ritzte und die Briefe mit seinem eigenen Blut unterzeichnete. Das mag als ausreichender Beweis für die Leidenschaftlichkeit dieser Liebe gelten. Marie de Clèves starb nach zwei Jahren am Kindbettfieber. Heinrich beweinte sie bitterlich; drei Tage lang nahm er weder Speise noch Trank zu sich. Welche Rolle der Ehemann bei der ganzen Sache spielte, wissen wir nicht, auf Grund der damaligen Sitten ist anzunehmen, daß ihm in dieser Ehe neben dem Dauphin überhaupt keine Rolle zufiel.

(Für die Authentizität der Geschichte kann ich natürlich nicht die

Hand ins Feuer legen. Ein Bearbeiter verweist auf den anderen, die Angabe der ursprünglichen Quelle vermeiden sie alle. Auch ich konnte die Originalgeschichte nirgends finden.)

Die künstlichen Düfte

Die Philosophie der Düfte weist nicht zu Unrecht darauf hin, daß uns die Grundstoffe der künstlichen Parfüms zu unserer Freude und Glückseligkeit von der Tierwelt geschenkt wurden. Pottwal, Zibetkatze, Bisam, Biber tragen das Rohmaterial für diese Wohlgerüche in ihren Drüsen. Schon die ältesten Duftmacher verwendeten diese Materialien. Das beweist eigentlich, daß die Frauen diese tierischen Gerüche benutzten, weil sie der eigenen Atmosphäre ähnlich waren und also eine Art Fortsetzung, Erweiterung des eigenen natürlichen Duftes bildeten.

Ein anonymes Genie der Düfte entdeckte einen seit Millionen Jahren verborgen schlummernden Sinn des menschlichen Bewußtseins, der auf den zur Zeit des tierischen Daseins aus der Haut des Partners ausströmenden, zur Paarung auffordernden Duft reagierte. Er beizte ein Stückchen tierischer Haut mit Ambra und Bisamöl, mischte den Duft von Sandelholz, Verbena, Lavendel, Nelkenpfeffer,

Zitronenöl und anderen Bestandteilen bei, und fertig war das Peau d'Espagne, einer der betäubendsten und würzigsten Düfte.

Heutzutage weiß jede Frau, daß der künstliche Duft die eigene Persönlichkeit unterstreichen muß. Ein zartes, junges Mädchen sollte sich nie mit schweren Parfümen begießen. Sie sind für die reife, dämonische Schönheit da, die dafür den leichten Duft des Kölnischwassers der jüngeren Altersklasse überlassen sollte.

»Ich berieche dich und sage dir, wer du bist«, behauptet der Amerikaner *Harry Thurston Peck*.

Peau d'Espagne, Chypre, weiße Rose, Patschuli sind schwere, süße, berauschende Düfte, sie verraten Sinnlichkeit, körperliche und seelische Trägheit, Schwatzsucht und Neigung zum Fettwerden.

Veilchenduft beweist Bildung, Feingefühl, Liebe zum Schönen.

Kölnischwasser: die höchste Bildung, verfeinerten Geschmack, Scharfsinn, sauberen Charakter.

Bisamgeruch ist das Zeichen einer rohen Durchschnittsseele.

Corylopsisduft beweist, daß seine Trägerin eine sonderbare Natur ist, daß sie Launen hat und das Außergewöhnliche liebt.

Diese Duft-Charakterologie könnte noch durch die Beobachtungen des Franzosen *René Fleury* ergänzt werden, nach denen Opoponax sinnlich schmachtende Naturen verrät, Heliotrop von sehnsuchtsvoller Träumerei zeugt, während der Duft des frischen Heus Schlichtheit und Offenheit des Charakters garantiert.

Das sind keine unwichtigen Dinge für einen, der da auszieht, eine Lebensgefährtin zu suchen!

Den Duft-Chemikern kam die Entdeckung der Individualität zupaß. Sie brauten und mischten in ihren Retorten neuartige Duftträume, Duftgedichte, Duftvisionen, versahen sie mit den erlesensten Namen und füllten sie in verführerische Kristallfläschchen. So bekam jede Frau die Möglichkeit, sich in individuelle Duftwolken zu hüllen und die einsamen Stunden des verliebten Mannes mit individuellen Dufterinnerungen zu versüßen oder zu verleiden.

Die Erfindungsgabe eines richtigen Parfümiers ist grenzenlos. Genauso wie unsere Komponisten das Klappern von Schreibmaschinen, Surren von Nähmaschinen, Poltern von Eisenbahnzügen in ihrer Musik ertönen lassen, locken die modernen Duft-Fachleute verführerische Düfte aus Stoffen hervor, die sich in ihrem Urzustand nie hätten träumen lassen, daß sie in die vornehme Gesellschaft der klassischen Wohlgerüche aufgenommen würden.

Von reichlicher Erfahrung und hochgradiger Ausbildung des Geruchssinnes zeugt die Dufttheorie eines modernen Chemikers, von dem ich aber weder Namen noch Arbeitsplatz angeben kann, weil meine Quelle* diese Daten nicht anführt. Alle Produkte, klärt uns der Fachmann auf, spenden ihre Düfte in drei nacheinander folgenden Abschnitten. Zuerst steigt ein leichtes Aroma auf, das aber schnell verweht. Diesem folgt die Seele des Parfüms, der eigentliche charakteristische Duft. Zum Schluß bleibt der Grund, der tagelang nachwirken muß. Von diesem Prinzip ausgehend nimmt sich der Duftmeister drei weibliche Typen vor und stellt die Bestandteile des zu ihnen passenden Duftblockes fest.

Schwarzhaarige Frau. Der erste Duft: Orangenschale, Jasminblüte, Aprikosen, Korianderkerne, Bergamotte-Zitrone. Die Seele: Sandelholz, Veilchen, Tuberose, Eichenmoos, Scheuerwurzel. Grund: Patschuli, Vanille, Zimt, Bisam, Ziegenhaar.

Die Blondinen kommen ein wenig besser weg. Ihr Parfüm wird mit etwas vornehmeren Ingredienzen als Ziegenhaar und Scheuerwurzel zusammengestellt. Erster Duft: Maiglöckchen, Rosmarin, Zitrone, Lavendel, Eukalyptus. Seele: Rose, Flieder, Orangenblüte, Lindenblüte, Zyklamen. Grund: Zibetkatze, Erika, Fichtennadel, Waldmeister, Birkenharz.

Im Duftblock der Rothaarigen vereinigen sich die sonderbarsten und entgegengesetztesten Materialien zu einem einheitlichen Zaubermittel. Erster Duft: Walderdbeeren, Geißblatt, bittere Orangen, Mandarinen, frisch gewaschene Leinenwäsche. Seele: Nelken, Magnolie, Salbei, gelbe Rüben, Bleistiftspäne. Grund: Ambra, Castoreum, Pfeffer, Tabakblätter, Käse. Diese letzte Zutat scheint einem Laien noch weniger notwendig als die Ziegenhaare oder die gewaschene Wäsche, aber wir müssen uns mit ihr als einem würdigen Abschluß des Geruchsmenüs abfinden.

Das Parfümverbot

Hier ersteht ein Problem. Begeht die Frau nicht vielleicht eine Sünde, wenn sie, um den Mann zu betören, die Natur verfälscht und die eigene Atmosphäre durch künstliche Düfte verdichtet oder tarnt?

* Koralle. (27. Oktober, 1940.)

Ein Verbot der Parfüme fand schon immer seine Anhänger, genauso wie das Schmink- und Putzverbot im allgemeinen. Es heißt, daß die Parfümgegner einmal einen Sieg errangen. Das war im Jahre 1770 im englischen Parlament, als der berühmte Beschluß entstand, der der Frauenwelt seitdem so oft unter die Nase gerieben wird.

»Jede Frau«, heißt es im Gesetz, »gleich welchen Alters, Standes, Berufs, ob Jungfer oder verheiratet, die nach Veröffentlichung dieses Gesetzes dabei ertappt wird, daß sie einen beliebigen Untertan Seiner Majestät durch Anwendung von künstlichen Düften, falschen Haaren, Gesichtsröte und anderem Schminkzeug sowie durch Mieder mit Stahlschienen, Reifröcke, hohe Schuhabsätze oder falsche Hüften betört, in die Falle lockt oder zur Ehe verführt, soll mit derselben Strafe belegt werden, die von unseren zur Zeit gültigen Gesetzen für Hexerei bestimmt wird, die also entstandene Ehe aber soll für ungültig erklärt werden.«

Doch keine Bange! In Großbritannien wurde der Himmel nie von lodernden Scheiterhaufen gerötet, auf denen die Parfümbenützerinnen und Reifrockträgerinnen schmorten. Auch dieses Gesetz schrieb einer vom anderen ab, ohne daß sein Ursprung nachgewiesen wurde. Der Text selbst allerdings ist authentisch, aber er wurde nie zum Gesetz erhoben, er war nicht mehr als ein von einem Parlamentsmitglied mit besonders puritanischer Nase eingereichter Vorschlag. Alle Wälder Albions hätte man fällen müssen, um genügend Holz für die Scheiterhaufen zu haben, wenn man alle Engländerinnen, die sich schminkten und parfümierten, hätte verbrennen wollen!

Das puritanische Parlamentsmitglied hatte es diesmal versäumt, in der Bibel nachzuschlagen. Dort hätte er lesen können, daß Esther volle zwölf Monate mit allerhand Wohlgerüchen behandelt wurde, ehe man sie für würdig hielt, der verwöhnten Nase des Königs Ahasverus nahe zu kommen. »Sechs Monate mit Balsam und Myrrhe und sechs Monate mit guter Spezerei, so waren denn die Weiber geschmückt«, heißt es im Buche Esther.

Eins der ältesten Bücher der Welt ist das Buch des ägyptischen Prinzen Ptahhotep über die Lebensweisheit. Dort rät er: »Bist du ein weiser Mann, so mußt du um dein Haus Sorge tragen, deine Frau lieben, nicht mit ihr zanken. Du mußt sie wohl ernähren und putzen, da das doch der Prunk ihres Leibes ist; laß sie immer wohlriechend sein, dann wirst du deine Freude an ihr haben, so lange du lebst.«

Obwohl eine zwölfmonatige Behandlung vielleicht etwas übertrie-

ben ist, möchte ich den König Ahasverus mit seiner verwöhnten Nase doch nicht verurteilen. Schließlich war es die Natur selbst, die — den raffiniertesten Parfümfabrikanten weit übertreffend — die Kelche der Blumen mit tausend verschiedenen verführerischen Düften füllte. Ich lese in einem Roman über die Machenschaften der Natur:

»An diesem Nachmittag im Mai arbeitete die Natur, diese abgefeimte Gelegenheitsmacherin, mit bestrickender Tücke: ihre Mittel waren Sonnenschein, Farbenpracht und Blumenduft, mit denen sie jeden, der in ihren Zauberbann geriet, auf den Höhepunkt seiner Sinnlichkeit steigerte. Die Duftwolke, die sich über dem Akazienwäldchen ausbreitete, wurde von einem noch sinnlicheren, prickelnden und die Sinne verwirrenden Etwas überlagert. Ein blühender Olivenbaum war in der Nähe, dessen winzige Trichter ihren südlichen Duft nicht nur zerstreuten, sondern förmlich aus sich heraus schleuderten, als hätte eine Weltdame den Inhalt ihres Kristallfläschchens verspritzt.

Das konnten die Nerven des Mädchens nicht mehr ertragen...«

Dem ist nichts hinzuzufügen.

Zwei Gläser stoßen zusammen, zwei kleine Finger berühren sich...

Auch die Knie haben sich etwas zu sagen...

Beim Abschied drückt die Dame die Hand des Herrn leicht mit dem Daumen...

Ein französischer König — ich weiß nicht mehr, welcher — versteckte seinen Hofzwerg unter dem Tisch, der dort die Wechselsprache der Füße beobachten mußte...

Unschuldige Zeichensprache — noch außerhalb der Pforte. Es wäre eine Übertreibung, wollte man sie unter die »taktilen Reize« einordnen. Küsse, Umarmungen gehören dagegen schon zu der Pforte, durch die sich die Liebe in uns einschleicht, um sich häuslich niederzulassen.

So bleibt hier nur noch der Tanz, der aber auch ein armes Aschenbrödel wäre, gäbe es nicht die anderen Versuchungen einer Ballnacht.

Der Ball... Leise gleiten die tanzenden Paare auf den Flügeln bezaubernder Musik. Mit lachendem Liebeswerben ruft die Gitarre, das Saxophon gurrt wie ein schmachtender Tauberich. Süße Düfte steigen aus dem Haar, dem Kleid, den Schultern der Dame, und wenn in der Hitze des Tanzes Schweißperlen auf ihrer Haut erscheinen, dann sind das lauter dufterfüllte Edelsteine, die, wie wir schon wissen, Bisamduft ausstrahlen. Welche Leckerbissen für die gierigen Männer! Die Augen der Damen lachen ihnen vor Lust und Laune strahlend entgegen, ein selbstvergessenes Lächeln verschönert die Lippen, weiße Arme, weiße Schultern mit mild-hügeligen Übergängen zu den gewagt zur Schau getragenen Formen, das alles zu der aufs äußerste ausgenutzten Freiheit des Balls...

Ein 1686 anonym erschienenes Traktat, das schon durch den Titel »Dass die blosse Brüste seyn ein gross Gelüste viel böser Lüste, wird dem züchtigen Frauen-Zimmer zu Ehren, und den unverschämten Weibs-Stücken zur Schande, erwiesen«, sein Programm verrät, spricht von den bösen Trieben, die in den Männerherzen hausen und vom höllischen Schmied, der darauf hinzielt, das Feuer der Leidenschaften möglichst anzufachen. Als Werkzeug für seine fluchwürdige Arbeit benutzt er die Frauenzimmer mit ausgeschnittenen Kleidern, weil ihm bei der Anfeuerung des Brandes die steigenden und sinkenden Frauenbrüste als Blasebalg dienen...

Als der anonyme Verfasser diesen wirkungsvollen Vergleich fand, scheint er sich darüber im klaren gewesen zu sein, daß die Hitze, die durch die Handschuhe und die Seide der Kleider hindurchstrahlt, allein nicht genügt, die als böse bezeichneten Leidenschaften anzufeuern. Damit kann sich der Satan nicht zufriedengeben, das Feuer soll lodern, her mit den Blasebälgen.

Ball und Tanz sind wie siamesische Zwillinge, an einer künstlichen Trennung sterben beide. Man sieht zwar die Jugend auch im Sand eines Seebadeortes zur Musik eines wild gewordenen Grammophons tanzen, aber das ist, soweit ich es beobachten konnte, mehr Sport, Mode, der die innere Überzeugung fehlt, ohne jeden »taktilen« Zweck. Am Meeresstrande und bei vollem Sonnenschein bleiben die Tücken des Satans wirkungslos, seine Blasebälge werden den Männeraugen in solchen Mengen und mit einer solchen offenen Aufrichtigkeit vorgeführt, daß die Inflation eine rapide Senkung der Werte verursacht.

Auch der Tanz selbst leidet unter einer Inflation. Die Schranken des Faschings sind gefallen, es wird im Frühling, im Sommer, im Herbst getanzt, zu jeder Zeit und überall. Was ist der tägliche Tanz in den Lokalen im Vergleich mit dem feierlichen Rausch, mit dem berückenden Trubel eines richtigen Balles? Er bleibt ein Zeitvertreib, wertlos geworden durch Gewöhnung, höchstens noch geeignet, die Langeweile zu vertilgen, soweit die ständige Wiederholung von Rhythmus, Melodie und Text noch vor Langeweile schützen kann.

Diese tägliche Fronarbeit, die man Tanz nennt, ist kaum mehr geeignet, die elektrischen Funken der Liebe sprühen zu lassen. Es ist schon lange her, daß der fromme ungarische Pater *János Taxonyi* den Ballsaal mit heiliger Entrüstung das Ackerland des Teufels nannte:

»Hier erntet er unzüchtige Reden, garstige Liebeslieder, abscheuliche Umarmungen, schändliche Küsse, unreine Gedanken, Wünsche, die die unkeusche Liebe hoch auflodern lassen und schamlose Berührungen. Die Zeit des Tanzes ist eine böse Zeit, weil sie auch die Zeit vieler Verführungen zum Bösen ist. In dieser bösen Zeit fängt der höllische Fischer die meisten Menschenseelen.«*

Heutzutage dürfte der höllische Fischer nur geringe Beute von einem Tanztee heimbringen. Seine Blasebälge sind normalisierte Massenware geworden, sachverständige Augen finden nichts Bemer-

* »Az emberek erköltseinek és az Isten igazságának tükörei stb.« (Kassa, 1759.)

kenswertes an ihnen. Die Wirkung der »garstigen Liebeslieder« und der »unzüchtigen Reden« wurde durch Gewöhnung neutralisiert, durch den täglichen Gebrauch abgenützt. Die mit frommer Übertreibung »schändlich« genannten Küsse und die »schamlosen Berührungen« können bestenfalls auf dem Heimweg nach dem Tanz den lodernden Wünschen Ausdruck verleihen.

Der Tanz als Kleingeld der Liebe wird nicht nur durch die Inflation entwertet, er büßt seinen Wert auch durch unmäßige Wiederholung ein.

Eine alte ungarische Zeitung, die »Regélő« vom 19. Januar 1837, bringt einen Ballbericht. Der Autor des griesgrämigen kleinen Referats zürnt folgenderweise:

»Nachdem ich den Ball angeschaut hatte, hatte ich nicht übel Lust, eine der Jungfern zu fragen, wieviel sie wohl für die Stunde bezahlt bekäme? Was sie da treiben, kann ich nicht Tanz nennen, es ist viel eher ein Wüten, eine Arbeit, eine Fron, eine Plackerei, eine Verkrampfung der Glieder, Epilepsie, galvanische Zuckungen nach dem Rhythmus der Musik usf. Das Mädchen hört auf, ein Mädchen zu sein, die Schönheit verläßt sie, die Grazie schwindet, jedes Wohl-

gefallen weicht von ihr, sie steht vor uns mit triefenden Haarlocken, mit rotgesottenem Antlitz und schweißbedecktem Hals, mit zitternden Brüsten, pustend und schnaufend, unfähig, auch nur ein klares Wort zu sprechen. Und diese Geschöpfe glauben, zum zarten, lieblichen und schönen Geschlecht zu gehören! Meine Lieben, sagt mir aufrichtig, wozu diese übermäßige, lästige Arbeit, diese außerordentliche Anstrengung? Nur los, ihr Engel, trommelt ruhig vier Monate vor dem Ball alle Tänzer zusammen, zertrampelt eure Schönheit im wütenden Walzer, zerfetzt die Blüte eurer Gesundheit im rasenden Kotillon, vernichtet die Rechte der Schicklichkeit und der Anmut in dem nicht gerade anständigen Galopp; tut all dies, meine Lieben, und zieht hinterher mit einem Katarrh, mit Kopfschmerzen, mit der Schwindsucht, mit Gliederreißen, Halsstarre, mit Wadenkrämpfen, mit heiseren Hälsen und mit geröteten Augen von dannen; zu alledem könnt ihr noch überzeugt sein, euch keinen Freier ertanzt zu haben! Bedenket, daß die Männer eine Lebensgefährtin suchen und keine Tanzpartnerin; eine Helferin im Dasein und keine mit modischem Putz überladene Zierpuppe; eine Kameradin auf den mit Rosen und Dornen besäten Pfaden des Lebens, keine leichtfüßige, leichtsinnig denkende, ihr Herz verschwendende Lufttänzerin für die sechsstündige Dauer einer Unterhaltung.«

So wurden unsere Urgroßmütter heruntergeputzt. Auch die Urenkelinnen könnten sich diese Grobheiten zu Herzen nehmen.

Die Stimme der Seele

Klopfen wir nun nicht weiter an den Pforten, die zur Liebe führen.

Lassen wir die Seele zu Wort kommen.

Die Wissenschaft des Sex widmet ihr wenige Worte, sie hat eine Vorliebe für andere Begriffe wie Zelle, Drüse, Gehirnlappen, Nervenknoten, chemischer Prozeß... Dabei hätte es die Seele verdient, in der Lehre der Liebe eine Rolle zu spielen, denn sie beinhaltet alles, was man unter Vernunft, Klugheit, Verständnis, Denken, Begabung, Bildung, Charakter, Gefühl, Gemüt und Empfindsamkeit für Schönheit versteht.

Paolo schloß das Buch, sah Francesca in die Augen, »und an dem Tag lasen sie nicht weiter«. Ich will den beiden sündigen Liebenden nicht in die von ewigen Stürmen durchtoste Hölle Dantes folgen. Ich bleibe auf Erden und spreche von denjenigen, die weiter lasen, und nicht nur ein Buch, sondern hunderte.

Das Buch und die silbernen Sporen

Ferenc Páriz-Pápai, der hervorragende ungarische Arzt und Sprachgelehrte, Verfasser des »Lateinisch-Ungarischen Wörterbuches« und des »Pax Corporis«, besuchte verschiedene ausländische Universitäten. Irgendwo traf er einen jungen ungarischen Studenten, der sich, wo es nur möglich war, bemühte, mit Pápai zusammen zu sein, und seinen Worten lauschte. Der geniale Gelehrte hatte nichts dagegen, wenn der Junge die wissenschaftlichen Krumen, die von seinem geistigen Reichtum abfielen, aufsammelte. Er gewöhnte sich an diese Anhänglichkeit, und es störte ihn nicht, daß ihm der kleine Student von einer Universität auf die andere folgte. Schließlich schlug doch die Stunde der Trennung, Páriz-Pápai hatte seine Lorbeeren und den Doktorhut erworben; es war Zeit für die Heimkehr nach Siebenbürgen. Der Abschied fiel ihm schwer, aber dem Jungen schien er noch näherzugehen; er weinte bitterlich. Doktor Franciscus meinte, daß es nun genug des Guten sei und wollte Schluß mit dem Abschiednehmen machen. Er war gerade dabei, sein Quartier zu verlassen, als verschämt und lächelnd ein bildschönes junges Mädchen eintrat. Páriz-Pápai erkannte seinen Schüler; sein Herz begann zu sprechen. Er beschloß, den »Kollegen« nicht zu verlassen und nahm ihn mit in die Heimat — als seine Frau.

Eine Anekdote? Kann sein, aber es ist durchaus möglich, daß sich in einer Zeit, in der Frauen an den Universitäten nicht geduldet wurden, wissensdurstige Mädchen in Verkleidung unter die Studenten schmuggelten. Jedenfalls steht fest, daß Páriz-Pápais Gattin nicht nur Gattin, sondern auch die Helferin und Mitarbeiterin ihres genialen Mannes war.

Auf dem Titelblatt des Wörterbuches ist eine Frau mit Lorbeerkranz abgebildet, die in der einen Hand eine Feder hält, mit der sie in ein großes Buch schreibt, und in der anderen Sporen. Da wir keine andere Erklärung für diese Abbildung besitzen, müssen wir der Überlieferung Glauben schenken: Páriz-Pápai verlor im hohen Alter das Augenlicht und mußte das große Werk seiner Frau diktieren. War die Frau fertig mit dem Abschnitt über ein Wort, das sie ohne Fachkenntnisse nicht einmal hätte richtig schreiben können, klingelte sie an silbernen Sporen und gab so das Zeichen, daß ihr Mann fortfahren könne. So entstand das unsterbliche Werk in ewiger Finsternis, aber beim Lichte der nie verlöschenden Liebe und bei lustigem Sporenklirren...

Es gibt auch aus der ungarischen Vergangenheit noch mehrere Beispiele für die Liebe kluger Frauen, aber ein schöneres kaum: Mitten unter gelehrten Büchern erweckt der Lenz die junge Liebe, die unverändert weiterlebt, immer unter Büchern und bis in den Winter hinein.

Abälard und Heloïse

Auf dem Pariser Friedhof Père-Lachaise legen am Allerheiligentag empfindsame Mädchen und Frauen noch heute eine Blume auf das Grab, in dem seit achthundert Jahren ein Liebespaar ruht, Abälard und Heloïse. (Genau weiß man nicht, ob die beiden wirklich dort liegen und ihre irdischen Überreste nicht im Verlaufe der stürmischen Jahrhunderte anderswohin verschlagen wurden.)

Wird auch die Authentizität ihres romantischen Grabmals angezweifelt, die Briefe der Liebenden blieben uns erhalten. Sie korrespondierten in lateinischer Sprache, und es ist bewunderungswürdig, wie lebendig, von welchen leidenschaftlichen Gefühlen erfüllt Heloïse in dieser toten Sprache schreiben konnte:

»Für ihren Herrn, oh, eher für ihren Vater, ihren Gatten, ihren Bruder von seiner Magd, nein, seiner Tochter, seiner Gattin, seiner Schwester; für ihren Abälard von Heloïse.«

Ein Satz des langen Briefes soll genügen:

»Gott ist mein Zeuge, und wenn mich der Herr der Welt, der Kaiser, würdigte, sein eheliches Bett mit ihm zu teilen und mich zur Gebieterin der Welt erheben wollte — ich hielte es für lieber und meiner würdiger, nicht Kaiserin, sondern nur Deine Geliebte genannt zu werden.« (»... charius mihi et dignius mihi videretur tua dici meretrix, quam illius Imperatrix.«)

Diese Zeilen schrieb nicht ein siebzehnjähriges Mädchen im Rausch der ersten Leidenschaft, sondern eine dreißigjährige Frau, viele Jahre nachdem ihr gemeinsames Liebesleben mit dem Mann durch eine schwere Katastrophe zerstört wurde.

Heloïse war ein schönes Mädchen, aber den berühmten, reifen Mann bezauberte nicht nur ihr hübsches Gesicht. Er schreibt selbst: »Sicher ist sie nicht die Letzte in bezug auf Schönheit, aber vor allem ist sie die Erste in der Fülle des Wissens.« (»Cum per jaciem non esset infima, per abundantiam literarum erat suprema.«) Als er es auf sich nahm, Heloïse zu unterrichten, kannte sie schon die lateinische, griechische und hebräische Sprache. Sie vertieften sich gemeinsam in die abstrakte, den Verstand übende, aber auch abstumpfende Wissenschaft der Scholastik und merkten nicht, daß, während sie die Thesen des Aristoteles zerpflückten, hinter ihnen ein anderer Grieche stand, der kleine Eros, der seinen Bogen spannte.

Im unfreundlichen mittelalterlichen Studierzimmer, unter schwer riechenden, in Leder gebundenen Folianten und beim Kratzen der Gänsefedern begann die unsterbliche, seit achthundert Jahren so oft besungene Liebe. Ich wollte nur von diesem Anfang erzählen, der weitere Verlauf der Geschichte ist ja bekannt.

An den Briefen kann man eine interessante Beobachtung machen. Die Flammen der Liebe schlugen bei den beiden Partnern durchaus nicht gleich hoch. In den Briefen des Abälard ist weniger von Leidenschaft, dafür aber mehr von frommer Meditation zu finden. Vielleicht nahm ihn der wissenschaftliche Ruhm mit den vielen Verpflichtungen und der Kampf um seine Prinzipien zu sehr in Anspruch? Oder wurde er durch das seine Männlichkeit beeinträchtigende böse Attentat auch in der Seele kühler? Jedenfalls fand Heloïse in der Zeit der endgültigen Hoffnungslosigkeit, der vollen Entsagung Worte der ungebrochenen, ungeschwächten Leidenschaft, die ein Beweis mehr dafür sind, daß die Liebe der Frau beständiger und treuer ist.

Die sterblichen Überreste des Abälard wurden im Kloster von Paraclet begraben, dessen Priorin Heloïse war. Zweiundzwanzig Jahre lang stieg sie jeden Tag in die Gruft hinab, um am Grab des toten Geliebten zu beten. Als man ihre Hände im Sarg zum letzten Gebet faltete, hatte ihre Liebe schon einen legendären Ruf. Die rührende Legende, daß man sie in das gleiche Grab gelegt habe, in dem schon Abälard ruhte, der sie mit ausgebreiteten Armen empfing und umarmte, wanderte um die Welt...*

Eine schöne Legende, aber nur eine Legende. Eine Liebe, die den Tod überlebt, beschäftigte schon immer die Phantasie der Menschen. Die Königin Margarete von Schottland lag in der Gruft der Abtei von Dunfermline neben ihrem Gatten, dem König Malcolm. Nachdem sie heiliggesprochen worden war, wollte man sie an einen für Reliquien bestimmten Ort überführen. Aber die Mönche versuchten vergeblich, den Sarg zu heben, er war plötzlich so schwer geworden, daß ihn Menschenkraft nicht von der Stelle bewegen konnte. Mit frommer Bestürzung begriffen die Väter, daß die Frau ihren Mann nicht verlassen wollte. Man überführte also zuerst König Malcolms Überreste. Daraufhin ließ das Gewicht nach; die tote Frau ließ es nunmehr friedlich zu, daß man sie ihrem Mann nachtrug.

Wie *Bayle* erzählt, bewies ein Ehepaar von Clermont auf ähnliche Weise seine über den Tod hinaus dauernde Liebe. Der Sarg des Mannes wurde nahe dem Grab der früher verstorbenen Frau der Erde überantwortet. Aber als man am Tag nach dem Begräbnis noch einmal in die Gruft hinabstieg, um die Arbeit zu vollenden, fand man das Grab leer, der Sarg hatte sich in die unmittelbare Nachbarschaft der Frau begeben. Bayle sagt nicht direkt, was er über die Legende denkt, aber auf gut französische Art gibt er seinem Zweifel Ausdruck, indem er aus einer alten Chronik zitiert, was vorher, beim Begräbnis der Frau, vorgefallen sein soll: Das Ehepaar soll — infolge irgendeines Gelübdes — in voller Enthaltsamkeit gelebt haben. Als die Frau starb und in den Sarg gelegt wurde, rief der verwitwete Ehe-

* »Elevatis brachiis illam recepit et ita eam amplexatus brachia sua strinxit.« Zitiert aus einer alten Chronik von *Don Augustin Calmet:* »Traité sur les apparitions des esprits etc.« (Paris, 1751, II. ch. XXVI.)

mann: »Siehe, mein Schöpfer, ich gebe dir dieses Kleinod in dem reinen Zustand zurück, in dem ich es von dir übernommen habe!« Worauf die Frau die Augen geöffnet und gesagt haben soll: »Warum redest du von Dingen, nach denen dich niemand gefragt hat?«*

Venus Newton

Friedrich II. von Preußen gab diesen Namen einer sonderbaren Frau, die wegen ihres fünfzehn Jahre währenden Liebesverhältnisses mit Voltaire und ihrer mathematischen Begabung berühmt wurde. Gabrielle-Émilie de Breteuil, die Gattin des Marquis de Châtelet, gefiel der Königin wegen ihrer Schönheit und ihres Geistes so sehr, daß sie sie als Hofdame zu sich nahm. Beim Hof erfreute sie sich großer Beliebtheit, weil man sich mit jeder komplizierten Rechenaufgabe an sie wenden konnte. Einmal multiplizierte sie zwei neunstellige Zahlen im Kopf. In ihrem Gefühlsleben würde man sich heute nicht auskennen, sie war so gütig, daß sie einmal einer Hofdame den Mund mit der Hand zuhielt, als diese ihr die Urheberin eines bösen Klatsches verraten wollte, den man über sie verbreitet hatte. Aber der Geist des Hofes hatte auch sie durchdrungen, sie betrog ihren Mann ohne Gewissensbisse bald mit dem einen, bald mit dem anderen. Den damaligen Sitten entsprechend nahm der Mann das ruhig zur Kenntnis und verfuhr ähnlich.

Mit siebenundzwanzig Jahren wies sie dem berühmten Verführer Herzog von Richelieu die Tür. Als der abgedankte Liebhaber in seiner Kutsche mit den sechs Pferden und den purpurnen Decken davonfuhr, ließ er es sich nicht träumen, daß sein Nachfolger die Pforte des Palastes zu Fuß betreten würde. Dieser graue Fußgänger hieß Voltaire.

Die Liebenden verließen Paris. Sie zogen sich nach Cirey, auf das Gut der Frau und in die Einsamkeit, zurück. Es war eine durchaus herrschaftliche Einsamkeit; Bekannte berichteten staunend von der prunkvollen Einrichtung des Schlosses, von allem Guten und Schönen, das diesem Paradies der Liebe einen noch würzigeren Geschmack verleihen sollte, von Luxus, Rosenduft, Vogelgesang, Newton und Leibniz.

* Aus dem *Dictionnaire*. Stichwort: Héloïse (Fußnote Z).

Der Durst nach Küssen kann mehr oder weniger gestillt werden, aber der Wissensdurst dauert an. In diesem Falle dauerte er volle fünfzehn Jahre. Die Liebenden versuchten diesen Durst zu löschen: Émilie vertiefte sich in die Lehren Newtons, Voltaire kommentierte die Werke von Leibniz. Zu Émiliens großem zweibändigem Werk (Traduction des principes de Newton) lieferte Voltaire das Vorwort. Sie hatten sogar ein gemeinsames Kind: eine Preisschrift über die Natur des Feuers. Mit ihr wollten sie den Preis der Akademie gewinnen, blieben aber hinter dem großen Akademiker Euler zurück.

Voltaire kränkelte sein Leben lang. Seine Krankheiten scheinen allerdings von gesunder Art gewesen zu sein, denn er wurde 84 Jahre alt. Mußte er in Cirey das Bett hüten, saß Émilie Tag für Tag bei ihm und las vor, Cicero in lateinischer und die Essays von Pope in englischer Sprache.

Man sagt, daß auch bei Verliebten der Himmel nicht durchwegs heiter zu sein pflegt. Manchmal ist er trüb, von Gewittern überzogen. Auch im Paradies von Cirey gab es derartige Stürme, aber nur wegen literarischer Probleme. Die beiden verzankten sich meistens wegen der Gedichte der Frau, die nicht umhin konnte, im Schatten des großen Dichters selbst Verse zu versuchen.

Doch schwebten die Liebenden nicht immer in den Wolken, es verband sie auch eine echte und tiefe irdische Liebe, von der die fünfzehn Jahre währende Treue der Frau und noch klarer vielleicht ihre Untreue gegen Ende der Liebe zeugen. Ich will versuchen, dieses scheinbare Paradoxon zu erklären.

Voltaire war in seinem fünfundfünfzigsten Lebensjahr. Er schilderte die Stimmung dieses Alters in einem Émilie gewidmeten Gedicht »Amour«, das die französische Literaturgeschichte für eines der schönsten Gedichte hält, die jemals in französischer Sprache geschrieben wurden. Eine Prosaübersetzung kann nur einen Begriff vom Inhalt geben, die Schönheit der Form kann sie nicht einmal andeuten.

»Du willst, daß ich noch lieben kann? Gib also die Jahre der Liebe zurück, wenn du kannst, zur Zeit der Abenddämmerung die Morgenröte. Zweimal klopft der Tod an unserer Tür; einmal, wenn wir nicht mehr lieben und nicht mehr geliebt werden. Das ist der grausamste Tod; wenn das Leben verlorengeht, ist das im Vergleich dazu nichts.«

Dann spricht der Dichter von der Freundschaft. Auch sie hat ihre Schönheit, auch sie lockt ihn: »Ich folge ihr, aber meine Tränen fließen, da ich nur noch ihr folgen kann.«

»Je la suivis, mais je pleurai
De ne pouvoir plus suivre qu'elle.«

Émilie nahm die gebotene Freundschaft an, aber die Newtonsche Gravitationstheorie allein konnte sie nicht befriedigen. Sie war noch jung, ihre Sinne sträubten sich gegen die friedliche Eintönigkeit der Freundschaft. Die verlassenen Kampfstellungen wurden von einem anderen besetzt. Wer war der andere? Ein Mathematiker. Émilie wurde der Wissenschaft nicht untreu. Clairaut unterrichtete die Frau in der Astronomie und schien sich mit ihr in den späten Nachtstunden allzusehr in den Sternenhimmel zu vergucken. Voltaire schöpfte Verdacht und wählte den direkten Weg, er wandte sich an den Ehemann. Dieser zuckte nur mit den Achseln, woraus der große Satiriker den charakteristischsten Satz des Jahrhunderts prägte: »Enfin, da steht der verantwortliche Ehemann, ich wasche meine Hände...«

Die Geschichte eilt dem Ende zu. Émilie verließ auch den Mathematiker; sie wechselte den Geliebten und die Wissenschaft. Der Astronom wurde von Saint-Lambert abgelöst, einem Dichter und Philosophen aus dem Kreis der Enzyklopädisten, der dabei auch ein schneidiger Soldat und vor allem erst etwas über dreißig Jahre alt war. Émilie starb am 10. August 1749 am Kindbettfieber...

Diese Treubrüche erfolgten in der Periode, in der Voltaire begonnen hatte, von Freundschaft zu meditieren. Die Untreue war also nur ein Beweis dafür, daß zur Zeit der Treue auch die Sinne ihr Recht bekommen hatten und zufrieden waren.

Der Liebesreigen

Das Idyll von Cirey war nur eine Figur aus einem sonderbaren Liebesreigen.

Im 18. Jahrhundert entstand die große Enzyklopädie, die Schatzkammer der gesamten menschlichen Kenntnisse und das wirkungsvollste Sprachrohr der philosophischen Richtung, die die Weltanschauung ganz Europas neu gestalten und die Französische Revolution vorbereiten sollte.

Um das große Werk gruppierten sich die glänzendsten Namen des geistigen Lebens, die der Enzyklopädisten. Uns interessiert im Zusammenhang mit ihrer Geschichte hier nur, daß sie ihre Kenntnisse nicht nur in den Bibliotheken, sondern auch in den Salons erwarben, in denen auch die Frauen mitzureden hatten. Und wo es Frauen gibt, gibt es auch Liebe. In diesen weltlichen Bildungszentren entstanden interessante und schöne Liebesverhältnisse.

Mit heutigen Augen wird man vielleicht wenig Schönheit in ihnen erkennen, denn damals waren nicht nur die üblichen Dreiecksverhältnisse in Mode, sondern oft auch Vierecke und sogar Fünfecke. Unsere Moral hat sicher recht, wenn sie das nicht gerade schön findet, aber wir wollen hier nicht moralisieren, sondern nur feststellen, daß das Pflänzchen der Liebe auch in solchen geistigen Höhen erblühen kann, die man zu Unrecht als allzu kühl verschreit.

Die ersten Schritte im Liebesreigen tat die Gruppe Voltaire—Châtelet—Saint-Lambert. Nach dem Tod der Marquise verfiel Saint-Lambert in eine bis zu seinem Tod dauernde Liebe zu der Gräfin de Houdetot. Dieses Verhältnis war von gegenseitiger Treue gekennzeichnet, so daß die solcher Erscheinung ungewohnte gute Gesellschaft schon von Heroismus redete. Rousseau wurde mit der Gräfin bekannt, als er gerade seinen neuen Roman vorbereitete, und sah in ihr die Verkörperung seiner Julie. Er vernarrte sich so in die Gräfin,

daß er zu taumeln begann und ihm die Knie zitterten, wenn er nur an sie dachte. Aber alles Schmachten und Betteln war vergebens. Saint-Lamberts Schatten stand zwischen ihnen und hütete die Moral. Einmal verbrachten die beiden zwei einsame Stunden beim Mondschein, aber das Resultat bestand alles in allem darin, daß der zukünftige Unsterbliche »die Knie der Frau mit bitteren Tränen benetzte«. Dabei war dieses Ideal nicht einmal schön. Sie schielte ein wenig, und die oft erwähnten Pocken hatten ihre Spuren auch auf ihrem Gesicht hinterlassen. Aber sie soll von blendendem Geist und sehr klug gewesen sein, was übrigens durch die Tatsache bestätigt wird, daß sie keine Verse machte.

Daraufhin nahm Rousseau mit der Liebe der Mme. Épinay vorlieb. Er tat wohl daran, weil diese Frau — selbst Schriftstellerin — sein Schutzengel und seine Wohltäterin wurde. Sie richtete ihm ein einsames Häuschen — für die Nachwelt unter dem Namen Ermitage bekannt — neben ihrem Park ein. Hier lebte Rousseau volle sechs Jahre in Ruhe und Frieden, hier beendete er die Julie und fand sich mit dem Verlust des Vorbildes ab.

Dann endete auch diese Liebe. Der Schriftsteller orientierte sich anderweitig, die Dame ebenfalls. Von zweien ihrer Beziehungen sind uns authentische Beweise erhalten geblieben, zu Grimm, einem französischen Schriftsteller deutscher Abstammung und ebenfalls Mitglied des Enzyklopädisten-Kreises, und zu Duclos, dem strengen Richter über die verderbten Sitten der Zeit, dem ständigen Generalsekretär der Akademie.

Die volle Choreographie dieses Reigens sieht also so aus:

Voltaire — Châtelet
Châtelet — Saint-Lambert

Saint-Lambert — Houdetot
Houdetot — Rousseau
Rousseau — Épinay
Épinay — Grimm — Duclos

Nach der düsteren Tragödie von Abälard und Heloïse wird dieser spielerische Kreislauf vielleicht grotesk anmuten, aber der Geist des 18. Jahrhunderts war im allgemeinen so, die ernstesten Gefühle wurden scherzhaft behandelt.

Ich hätte übrigens an einem anderen Ort nicht so viele gute Beispiele auf einmal vorgefunden. Der Kreis der Enzyklopädisten war die repräsentative erste Garnitur der Zeit, die noch dazu in Hülle und Fülle schriftliche Dokumente hinterließ: Korrespondenzen, Memoiren, Aufzeichnungen, Tagebücher und eine Unmenge von Episoden, die in historischen und anderen Werken versteckt sind.

Ich fühle wohl, daß noch weitere Beispiele notwendig wären, um die Rolle der »Seele« in der Liebe ausführlich darstellen zu können. Und ich will meinen Lesern damit auch dienen, aber in einer anderen Reihenfolge. Ich werde nicht mit eigenen Worten sprechen, sondern den Interessierten das Wort erteilen. Mit anderen Worten: Die Liebesbriefe und ihre Verfasser mögen für sich reden.

Ihre Beichten sollen den Abschluß dieses Buches bilden. Hier würden sie mich nur aufhalten und mich daran hindern, nach den Betrachtungen über die Liebe belesener Liebhaber gleich zur Liebe derjenigen überzugehen, die den Büchern feindlich gesinnt sind.

Die hausbackene Ehefrau

Eine Zeitlang vertrat die von Männern gelenkte öffentliche Meinung den Standpunkt, daß für ein Mädchen Lesen und Schreiben überflüssig sind. Begründung: Wenn die Mädchen das Alphabet lernen, gebrauchen sie diese ihre Wissenschaft zu nichts anderem als zum Schreiben von Liebesbriefen. Wie verbreitet diese Meinung war, geht aus den Schriften des Kardinals *Péter Pázmány* hervor. Dieser in den ersten Jahrzehnten des 17. Jahrhunderts in Ungarn gesellschaftlich und politisch so bedeutende Mann schloß sich der öffentlichen Meinung nicht an.

»Ich weiß es wohl«, schrieb er, »ein großer Teil der Öffentlichkeit meint, ein Mädchen solle nicht lesen und schreiben lernen, auf daß sie nicht Gefahr laufe, Schlimmes zu lesen und Schädliches zu lernen sowie solches zu schreiben, was für sie nicht von Nutzen sein kann. Aber ich halte es für heilsam, wenn christliche Mädchen lesen lernen.«

Die Ermahnung Péter Pázmánys hat wenig genützt. Mehr als ein Jahrhundert verging, aber die mißtrauische Verdächtigung der schriftkundigen Mädchen blieb modern. Auch *Kelemen Mikes,* der Sekretär und Freund des siebenbürgischen Fürsten Ferenc Rákóczi II., der den nationalen Befreiungskampf gegen die Habsburger anführte, hielt es für notwendig, seine Meinung zu äußern. Er faßte sie kurz und bündig in diesem Satz zusammen:

»Ob die Hand schreiben kann oder nicht, das Herz tut doch, was es will.«

Später aber erhoben sich so hervorragende Frauen über den Alltag des feudalen Lebens in Ungarn und Siebenbürgen, daß es schon lächerlich gewesen wäre, über Lesen und Schreiben zu diskutieren. Das seine geistige Übermacht eifersüchtig hütende Lager der Männer wechselte also die Parole. Jetzt hieß es, das weibliche Gehirn sei nicht geeignet, die Wissenschaften aufzunehmen.

Viele Frauen quälten ihr Gehirn so lange mit Philosophie, Mathematik und anderen Wissenschaften, bis sie Meister in diesen Wissenschaften wurden und Männern mit den für so hohes Wissen angeblich mehr empfänglichen Gehirnen Unterricht erteilen konnten.

So vertrat z. B. Maria Gaetana Agnesi ihren Vater an der Universität von Bologna, bis ihr dann Papst Benedikt XIV. erlaubte, selbständig Mathematik zu lesen. Eine andere bolognesische Jungfrau Novella, die Tochter Giovanni D'Andreas, des Meisters von Petrarca, vertrat ihren Vater am Lehrstuhl der Jurisprudenz. Dabei war sie gefährlich schön, und es gab leichtsinnig denkende Männer, die geneigt waren, wegen ihrer Schönheit ihre Wissenschaft gnädigst zu verzeihen. Um den verderblichen Nebenwirkungen ihrer Schönheit vorzubeugen, beschlossen die Gelehrten der Universität, daß das Mädchen seine Vorlesungen hinter einem Vorhang sitzend halten solle... Die dritte gelehrte Bologneserin, Laura Bassi, war zweiundzwanzig Jahre alt, als sie den Lehrstuhl für Philosophie und Mathematik erhielt. Das hinderte sie nicht, zu heiraten und drei Kinder zur Welt zu bringen. So widerlegte sie die damals moderne These: Wenn eine Frau schon den Ranzen der Wissenschaften auf den Buckel nimmt, dann soll sie die Last gefälligst allein tragen. Denn man glaubte, daß sie mit einer solchen Belastung nicht imstande sei, sich auch am häuslichen Herd nützlich zu machen und eine tüchtige Hausfrau zu sein.

Zum Abschluß des historischen Rückblicks will ich noch einen Gerichtspathologen zitieren. Am Anfang des vorigen Jahrhunderts gab Dr. Möbius, Arzt aus Leipzig, ein Buch mit folgendem unhöflichen Titel heraus: »Von der biologischen Schwachsinnigkeit der Frau.« Damals glaubte man aus diesem Werk das Schmettern von Kriegstrompeten herauszuhören; heute klingt es uns nur wie das Krächzen einer abgespielten Grammophonplatte. Sein wichtigstes Argument lieh sich der kluge Mann übrigens auch noch von einem anderen aus. Möbius glaubte, die Resultate bestimmter Messungen, die der Münchener Anatom Bischoff an verschiedenen Gehirnen durchgeführt hatte, gegen die Frauen verwenden zu können. Bischoff hatte das Gewicht von 559 männlichen und 347 weiblichen Gehirnen bestimmt. Das Resultat: Das Durchschnittsgewicht des männlichen Gehirns betrug rund 1350 Gramm, wogegen das weibliche bedauernswert zurückblieb und nur einen Durchschnitt von etwa 1250 Gramm erreichte. Diesen Unterschied von etwa hundert Gramm — meinten die gelehrten Herren — kann eine Frau nie ausgleichen, woraus folgt, daß ihre geistige Leistungsfähigkeit nie die des Mannes erreichen kann.

Aber auch den hervorragenden Anatomen Bischoff ereilte sein Schicksal. Er starb und kam in das eigene anatomische Institut, in dem seine Kollegen sein Gehirn unvoreingenommen auf die Waage legten. Das Zünglein blieb aber weder bei dem männlichen Durchschnittsgewicht von 1350 noch bei dem weiblichen von 1250 Gramm stehen, es sank noch tiefer und zeigte nur 1245 Gramm. Dem professoralen Gehirn fehlten also immerhin 5 Gramm vom Durchschnitt eines weiblichen Gehirns.

Aber es gibt noch immer Männer, die sich mit dem Dilemma »Spindel oder Buch« abquälen und von einer Frau träumen, die nur von den Funken des häuslichen Herdes, aber nicht von denen des Geistes versengt werden kann.

Es mag sein, daß Leute, die nie ein Buch in die Hand nehmen, in einem glücklichen und beneidenswerten Zustand leben, denn sie sind den Attentaten unruhiger Schriftsteller nicht ausgesetzt, die die Ruhe und das gleichmäßige Funktionieren des Gehirns roh zu stören wagen. Und der Magen lebt in engster, brüderlicher Verbindung mit dem Gehirn. Wird das Gehirn beunruhigt, fühlt sich auch die Verdauung gestört. Schiller sagt, daß die Welt von zwei Mächten regiert wird: vom Hunger und von der Liebe. Für die Erhaltung unseres eigenen Daseins essen wir, für das der späteren Generationen lieben wir. Und manche versuchen eben, das Objekt ihrer Liebe so zu wählen, daß die Liebe der späteren Generation und ihrem Magen zugute kommt.

Auch eine große Zahl von Dichtern und Philosophen sagte der Welt der schöngeistigen Damen bald Lebewohl und suchte sich für den Rest des Lebens eine hausbackene Frau.

Goethe führte so lange über den Wolken schwebende ätherische Gespräche mit Frau von Stein, bis er es satt bekam und auf die Erde zurückkehrte, auf der er die untersetzte, stämmige Mamsell Vulpius mit ihren rundlichen Formen und gesunden Pausbacken fand. Bettina von Arnim ist sicher zu weit gegangen, als sie Goethes Gattin eine dicke Blutwurst nannte. Objektiver wird die Beschreibung sein, die von der Frau des französischen Gesandten in Weimar stammt, wonach ihre Erscheinung schlicht, um nicht zu sagen, gewöhnlich gewesen sei. Am meisten sah sie einer Kammerzofe ähnlich; ihre Bildung, ihre Manieren waren ebenfalls die einer Kammerzofe. Und nachdem Christiane Frau von Goethe geworden war, besoff sie sich alle Tage und ging noch mehr in die Breite.

Mathilde Mirat war Schuhverkäuferin und arbeitete im Laden ihrer Tante. Heinrich Heine pflegte an diesem Laden vorbeizuspazieren und sich am Anblick des Mädchens zu ergötzen. Das Mädchen kam zu ihm heraus, sie begannen zu plaudern, das übrige ist bekannt. Was wir uns nicht vorstellen können, ist nur der Gegenstand ihrer Gespräche, denn die kleine Pariser Grisette war hoffnungslos ungebildet. Sie wußte nicht, daß der geliebte Mann ein Dichter war, nie im Leben las sie eine Zeile von ihm, sie wußte nicht einmal, was das Wort Dichter bedeutet. Auch von ihr sind uns Beschreibungen aus der Zeit erhalten, als sie Heines Frau war: »Sie war ganz unglaub-

lich unwissend, und alle Anstrengungen, bei ihr Interesse für irgendeine geistige Frage zu erwecken, blieben fruchtlos. Wenn sie sprach, ahmte sie das Lallen eines fünf- bis sechsjährigen Mädchens nach, einer damaligen Grisette-Mode zufolge. Das hörte sich ganz lieblich an, solange sie jung und hübsch war, aber einer verfetteten und einfältigen Frau in den dreißiger Jahren stand es nicht mehr.«

Rousseau nahm in einem Pariser Wirtshaus Quartier. Die Wäsche besorgte ein hübsches, junges Mädchen namens Thérèse Levasseur. Sie war zweiundzwanzig Jahre alt und so ungeschult, daß sie nicht einmal die Zahlen auf der Uhr lesen konnte, das mußte ihr erst Rousseau nach und nach eintrichtern. Sie war nicht nur unwissend, sondern auch dumm; kein Unterricht nutzte etwas. Man kann glauben, daß Rousseau ihre gemeinsamen Kinder nur deshalb ins Findelhaus schickte, damit sie nicht sehen sollten, wie dumm ihre Mutter war. Auch diese Beziehung mündete in der Ehe, wenn auch einer ganz individuellen. Die beiden gingen zusammen spazieren, irgendwo machten sie halt und dort erklärte Rousseau unter Gottes freiem Himmel und in Anwesenheit von zwei Zeugen, daß er Thérèse als seine Gemahlin anerkenne. Die beiden Zeugen waren vornehme Bürger, vornehmer als der Dompfaff aus dem Zigeunerbaron.

Drei Genies, und ihre Frauen drei Strohköpfe. Wie mögen sich diese Paare verstanden haben? Überhaupt nicht, und das war auch nicht nötig. Ein genialer Mann hat soviel mit sich selbst zu diskutieren, daß er sich nicht noch in seiner Ehe in geistigen Regionen aufhalten will. Er braucht Entspannung eine andere Umgebung, je simpler, desto besser, damit sich der Geist ausruhen kann wie der übermüdete Körper in einem lauwarmen Bad. Die ungebildete Lebensgefährtin ist für das Genie nichts anderes als eine Bequemlichkeit.

Von einigen wissen wir, wie sie sich diese Bequemlichkeit verschafften. Wie viele andere werden dabei die aufmerksamen Augen der Welt gemieden haben!

Betrüger in der Liebe

Wollte man an einer geheimen Universität einen Lehrstuhl für Schwindelei in der Liebe errichten, dann müßte das Buch *Ovids* als Grundlage für das Lehrmaterial dienen. Der Titel *Ars amandi* wird offiziell mit »Die Kunst der Liebe« übersetzt. Eine passendere Übersetzung wäre: Die Kunst der Verführung, oder noch genauer: die Strategie der Liebesschwindelei. Der Autor selbst erkennt das an und verteidigt sich damit, daß sein Lehrbuch nicht für ehrbare Liebende, sondern für die Liebhaber der Hetären geschrieben wurde. »Non nisi lascivi a me discuntur amores.« Der Vers klingt schön, er wird aber wenig beachtet, vielleicht deshalb, weil er auch nicht ganz ernst gemeint ist.

An einer Stelle verrät sich Ovid: Er gibt Ratschläge für die Eroberung verheirateter Frauen. »Schließe Freundschaft mit dem Gatten, lasse ihn in Gesellschaft zur Geltung kommen, auch wenn du ihm weit überlegen bist. Suche ihn durch kleine Gefälligkeiten zu gewinnen, auch wenn du ihn innerlich zum Teufel wünschst.«

Das Lehrgedicht besteht aus drei Büchern. Das erste will die Männer in den Grundlagen der Verführung unterrichten. Das zweite klärt darüber auf, was man tun muß, um die Eroberte zu behalten, das geht uns also in diesem Kapitel nichts an. Auch den dritten Teil lassen wir beiseite, denn er informiert die Frauen über die Kunst des Männerfangs. Einerseits braucht man die Katze nicht mausen zu lehren, andererseits bin ich nicht gewillt, Männern Ratschläge in bezug auf ihre Verteidigung gegen die Liebesraubzüge der Frauen zu geben. Sie sollen auf der Hut sein. (Wie abgegriffen der Vergleich mit der Katze und der Maus ist, ist mir bekannt. Aber kein Geringerer als Nietzsche bediente sich seiner. Nach ihm gibt es drei Frauentypen: die Katze, die Kuh und die Äffin. Darauf antwortete Ellen Key, daß man auch die Männer in drei Gruppen einteilen könne, nämlich in Füchse, Auerochsen und Pfauen; vielleicht solle man auch zweckmäßigerweise noch zwei Gruppen hinzunehmen, die der Schlangen und der Esel.)

Auch das erste Buch behandle ich nicht in der Absicht, den Angreifer zu belehren, sondern um denen, die sich verteidigen wollen die Waffen des Aggressors vorzuführen.

Manche von Ovids Vorschlägen sind heute unzeitgemäß. Es gibt keine Triumphzüge mehr, keinen feierlichen Einzug der siegreichen Heerführer mit gefangenen feindlichen Königen und symbolischen Verkörperungen der eroberten Provinzen. Damals waren diese Feiern ausgezeichnete Gelegenheiten, um anzugeben. »Zähle die gefangenen Fürsten und Heerführer einzeln auf, selbst wenn du keine Ahnung hast, wer sie sind und wie sie heißen. Sage Namen, die dir gerade einfallen. Erzähle von den eroberten Ländern, auch wenn du nicht einmal weißt, wo sie liegen.« Nun, in unserer Zeit müßten die Männer andere öffentliche Gelegenheiten suchen, um so angeben zu können. Aber das tun sie nicht, heute steht ein Mann für alle seine Worte ein.

Zeitgemäß ist die Ermunterung: Sei kühn, habe Vertrauen zu dir selbst! Beginnst du den Angriff mit dem Bewußtsein, daß alle Frauen zu erobern sind, dann ist dein Sieg sicher. Merke dir, daß eine Frau von Natur aus gewöhnt ist, ihre Gefühle zu verheimlichen; sie widersteht dir, aber das ist nicht ernst zu nehmen. Sie wehrt sich, aber im geheimen will sie besiegt werden.

Ein zweckmäßiges Mittel für eine Annäherung ist der Liebesbrief — meint Ovid. Schmeichle, bettle, schwöre und versprich. Mache möglichst große Versprechungen. Sie kosten nichts. Glaubt sie dir, hast du gewonnen. Und höre auf mich, junger Römer, lies die Dichter, lerne die Kunst der schönen Rede. Genauso wie die Richter lassen sich die Frauen von schönen Worten rühren. Antwortet sie nicht, hat auch das nichts zu sagen. Schreibe ihr immer wieder, später wird sie anfangen, auf deine Briefe zu warten und sie beantworten. Wenn sie dich in ihrer Antwort abweist und verlangt, du sollst sie in Ruhe lassen, kümmere dich nicht darum; sie fürchtet sich selbst am meisten davor, daß du ihre Worte vielleicht ernst nehmen könntest.

Es ist wichtig, daß du ihr immer auf den Fersen bleibst. Läßt sie sich in der Sänfte tragen, nähere dich ihr wie rein zufällig. Siehst du sie in einer Säulenhalle lustwandeln, folge ihr von weitem, beschleunige deine Schritte und hole sie ein. Hast du Gelegenheit, im Theater oder im Zirkus neben ihr zu sitzen, überschütte sie mit Aufmerksamkeiten, schiebe ihr Kissen in den Rücken, bringe ihr einen Schemel für die Füße, fächele ihr kühle Luft zu. Solche Kleinigkeiten sind am meisten geeignet, dir diese leichtsinnigen Geschöpfe geneigt zu machen. Siehst du ein Stäubchen auf ihrer Brust, nimm es höflich

ab. Noch besser ist, wenn du das tust, obwohl nichts zum Wegnehmen da ist.

Beim Plaudern lobe ihre Liebenswürdigkeit und ihre Schönheit; auch die häßlichste Frau glaubt, sie sei schön, wenn es ihr ins Gesicht gesagt wird. Lobe ihr Gesicht, ihre Haare, ihre Füße, ihre kleinen Nägelchen. Schmeichle und schwöre, was du kannst. Rufe die Götter als Zeugen an, fürchte sie nicht, Jupiter lacht nur über solche Schwüre. Schließlich legte er selbst unendlich viele Meineide ab, wenn er vor Juno seine Treue beschwor. Schöpfe Mut aus diesem Beispiel.

Auch bei Gastmählern schwingt Cupido gern seine weingetränkten Flügel. Das Trinken bereitet die Gemüter auf zarte Gefühle vor, man beginnt zu lächeln, die Sorgen schwinden, die Runzeln der Stirn glätten sich, das Herz öffnet sich. Venus im Wein, Feuer im Feuer. In solchen Fällen genügt es, wenn du ihr tief in die Augen schaust. Trinke aus ihrem Becher und laß deine Lippen die Stelle berühren, an der die Spuren ihrer Lippen zu sehen sind. Wenn die Schüsseln herumgereicht werden, versuche mit deinen Fingern die ihren zu berühren. Dasselbe sollst du tun, wenn die Tafel aufgehoben wird; schmiege dich an sie, berühre ihre Hüften. Aber bei neuen Bekanntschaften mußt du auf der Hut sein; das trügerische Licht der Fackeln verwandelt eine häßliche Frau oft in eine schöne; Edelsteine und Purpur wählt man bei Tageslicht aus.

In der Liebe sind Tränen sehr nützlich, sie lassen selbst Diamanten schmelzen. Sorge dafür, daß die geliebte Frau dein in Tränen gebadetes Gesicht zu sehen bekommt. Kannst du gerade nicht weinen, mußt du dir kräftig die Augen reiben.

Im allgemeinen scheue vor keinem Betrug zurück. Betrüge sie, Weiber sind selbst betrügerische Geschöpfe; sie sollen selbst in die Falle gehen, die sie dem Mann stellen. Betrug gegen Betrug, so verlangt es das Gesetz der Gleichheit; die Betrogene kann nur sich selbst Vorwürfe machen, denn sie ging mit schlechtem Beispiel voran.

Eine Abfuhr soll dich nicht abschrecken, aber du darfst sie auch nicht mit deiner Liebe verfolgen, damit du ihr nicht lästig wirst. Dann mußt du Freundschaft heucheln und unter diesem Vorwand in ihrer Nähe bleiben. Freundschaft ist ein ausgezeichneter Deckmantel; viele Frauen durchschauen den Trick nicht und merken kaum, wie sie aus der Freundin zu Geliebten werden.

Noch viele weitere Ratschläge gibt unser mit allen Wassern gewaschener Laureat der Liebeskunde. Nicht ohne Interesse sind seine Ausführungen über die Verschwiegenheit. Mit großem Nachdruck empfiehlt er den Männern, sich ja in acht zu nehmen und selbst dem besten Freund nichts auszuplaudern. Diese ritterliche Haltung ist besonders deshalb zu empfehlen, weil der Freund, aufgeklärt über die Schönheit und die sonstigen Vorzüge des geliebten Wesens, vielleicht auch einen Versuch unternehmen wird und wir uns so selbst einen Rivalen auf den Hals laden.

Und ein Ratschlag, der an Wichtigkeit alle anderen übertrifft: jede Frau hat einen anderen Charakter, also müssen bei einer jeden andere Mittel angewendet werden. Den einen Fisch jagt man mit der Harpune, den anderen fängt man mit der Angel, den dritten aber im Netz. Ein weiser Mann folgt dem Beispiel des Proteus und ändert sein Äußeres von Fall zu Fall.

Der Zauber der Worte

Ovid traf ins Schwarze, als er den jungen Römern zuredete, sich die Kunst der Rede anzueignen.

Wir haben den Zauber der Worte schon im Zusammenhang mit den Erfolgen der häßlichen Männer erwähnt, er tritt in den verschiedensten Epochen immer wieder als das effektvollste Mittel der Verführung auf. Nur der Schauplatz ändert sich und die Art des Kampfes. Einmal sind es die flammenden Worte eines Mirabeau, die die vornehme Dame entzücken, ein andermal verdreht ein gewöhnlicher Heiratsschwindler mit seinen geschwollenen Reden einem armen Dienstmädchen den Kopf. Nur in einer Beziehung sind sie einander gleich: beide lügen. Der Typ Mirabeau lügt manchmal unbewußt, der Hintertreppen-Kavalier immer bewußt und wohlbedacht.

Auch über diese Herren muß ich einiges sagen, sind doch die Liebe, die Leichtgläubigkeit und die Enttäuschung im Dienstmädchenzimmer nicht weniger schmerzhaft als im Salon. Der Don Juan der armen Mädchen ist meistens schauspielerisch begabt, so kann er seine Rolle erleben. Das macht sein Auftreten sicher, er strahlt die gleiche magische Kraft aus, durch die der Schauspieler seine Zuschauer fesselt. Dazu kommt eine fast unbegrenzte Redefähigkeit. Ich las einmal im Gutachten eines Gerichtspathologen, daß die Sprechorgane derartiger Menschen besonders geartete Muskeln haben sollen, die sie durch einen ständigen Reiz zwingen, die Redeorgane ununterbrochen in Bewegung zu halten, d. h. unentwegt zu sprechen. Ist das Mundwerk eines solchen Mannes einmal in Schwung geraten, reißt es ihn mit, er redet und redet, häuft Schmeicheleien auf Schmeicheleien, improvisiert die größten Lügen, bis endlich das Opfer in magnetische Betäubung verfälllt.

Auch das geschriebene Wort kann diesen Zauber ausstrahlen. Mehr als einmal ist es vorgekommen, daß sich Dichter und Dichterin ungesehen, nur unter der Wirkung ihrer Gedichte, ineinander verliebten; Reime bauten die Brücke zwischen den Paaren. Der bekannteste Fall ist der des Ehepaares Browning.

Balzacs Schriften lockten Frau Hanska aus Polen nach Paris, Maria Baschkirtschew flüchtete aus ihrer eintönigen Umgebung in Maupassants Zauberkreis.

Hier muß ich an eine Episode aus Mirabeaus Leben erinnern. Er war in der Festung von Vincennes eingesperrt und korrespondierte von da aus mit einem gewissen Fräulein Julie Dauvers. Mirabeaus Briefen entströmte so viel Leidenschaft, daß sich das Mädchen unter der Einwirkung der Worte in ihn verliebte und ihrem früheren Liebhaber untreu wurde.*

Die Mauern eines anderen französischen Gefängnisses, der Bastille, hüten ebenfalls die Erinnerung an eine durch Korrespondenz ent-

* *Meunier et Leloir:* »Lettres de Mirabeau à Julie« écrites du donjon de Vincennes, publiées et commentées. (Paris, 1903.)

standene Liebe. Der Held dieser Historie ist der Marquis de Sade, ein berüchtigter Häftling im berüchtigten Kerker. Die nicht allzustrengen Gefängnisregeln ermöglichten den Briefwechsel; der Marquis schrieb fleißig Briefe und bekam viel Post, unter der sich die Briefe der Mlle. Rousset befanden. Das Fräulein war eng mit der Marquise befreundet und half ihr bei der Erledigung verschiedener Familien- und Wirtschaftsangelegenheiten, während der Marquis in der Bastille saß. Der von der Welt abgeschlossene Weltmann tat ihr leid, aus purem Mitleid schrieb sie ihm spielerische, heitere Briefe. (Nebenbei: Das Mädchen war schön, schlank, mit einem schalkhaften Gesicht.) Die Briefe übten eine sonderbare Wirkung auf den einsamen Gefangenen aus. Seine Phantasie flammte auf, er verfiel in Träumereien, ein sonderbares, mit seiner bisherigen Lebensform nicht übereinstimmendes Gefühl überwältigte ihn. Der Marquis de Sade war verliebt.

Das allein ist noch nichts Außergewöhnliches. Aber seine immer leidenschaftlicher werdenden Antworten brachten auch das Herz des Mädchens zum Glühen. Aus dem Spiel wurde Ernst, die Trostbriefe verwandelten sich immer mehr in Liebesbriefe. Schließlich verdrehten die leidenschaftlichen Episteln dem Mädchen ganz und gar den Kopf, auch sie fand stürmische Töne:

»Mein lieber Sade, Du Wonne meiner Seele, ich sterbe, wenn ich Dich nicht sehen kann. Ach, könnte ich doch auf Deinen Knien sitzen, Deine Schultern umarmen! Und gäbest Du auch vor, nicht zu hören, jeder Schlag meines Herzens müßte Dein Herz fühlen lassen, wie sehr ich Dich liebe!«

Welch schönen Wortschatz doch verliebte Mädchen haben! Aber aus dem Sitzen auf des Marquis Knien und aus den Küssen wurde nichts. Die Marquise erwischte einen Brief der Freundin und teilte ihr vermutlich ihre Meinung über diese Korrespondenz mit. Von da an wurden die Briefe des Fräuleins Rousset vorsichtiger im Ton. Der Marquis verstand die Wendung nicht, seine heftige Natur geriet in Zorn, und statt der früheren Zärtlichkeiten strömten funkelnagelneue Grobheiten aus seiner Feder. Das fand wiederum das Mädchen beleidigend, der Briefwechsel entartete zur Feindschaft und fand ein schmähliches Ende.*

Noch ein Beispiel von der Zauberkraft der versifizierten Worte: 1732 versetzte ein literarisches Ereignis in Paris die öffentliche

* *Paul Ginisty:* »La marquise de Sade.« (Paris, 1901.)

Meinung in hochgradige Erregung. Ein neuer Stern leuchtete auf in den Spalten des »Mercure de France«, eine Dichterin ohnegleichen. Die schönen Gedichte waren mit dem Namen einer *Mlle Malcrais de la Vigne* unterzeichnet. In Paris kannte man sie nicht, die Verse kamen aus der Provinz. Die Begeisterung war außerordentlich, sogar Voltaire war Feuer und Flamme. Er sandte seinen Karl XII. mit einer Widmung in Versen an die angegebene Adresse der Dame. Die letzten Zeilen dieser Widmung jubelten: »Ich lege meine schwache Schrift, das Kind geruhsamer Stunden, Deiner göttlichen Muse zu Füßen. Karl war nur der Gegenstand meiner Arbeit, Heinrich IV. ist mein Held, Du aber wirst meine Heldin sein.«

> »J'ose envoyer aux pieds de la muse divine
> Quelques faibles écrits, enfants de mon repos.
> Charles fut seulement l'objet de mes travaux,
> Henri quatre fut mon héros,
> Et tu seras mon héroïne.«

Diese Widmung sieht einer Liebeserklärung nicht unähnlich. Aber es trafen auch offene Liebeserklärungen an die Adresse der »bretonischen Muse« ein. Der erste, der sich in sie verliebte, war der Redakteur der Zeitung selbst. Er hatte auch den Mut, es ihr mitzuteilen: »Ich liebe Dich, Du teures bretonisches Mädchen. Entschuldige, das Wort rutschte mir aus der Feder...«

Als die Lorbeeren für einige dicke Kränze reichten und ein Bündel Liebesbriefe beisammen war, lüftete das gefeierte Mädchen die Maske. Malcrais de la Vigne war nur ein Pseudonym; der echte Name war *Paul Desforges-Maillard.* Keine »Mademoiselle«, nur ein »Monsieur«. Der Dichter war zu diesem Schwindel gekommen, weil er seine Gedichte dem »Mercure de France« immer ohne Erfolg eingesandt hatte, der Redakteur hatte sie erbarmungslos in den Papierkorb geworfen. Der Trick bewährte sich, der Redakteur war der erste, der der vermeintlichen Dame seine Zeitung und sein Herz zur Verfügung stellte.

Paris lachte, Voltaire und die anderen Blamierten genierten sich, die Gefühle des Redakteurs sind uns nicht bekannt. Aber die Seifenblase des Ruhms zerplatzte, die Gedichte der männlichen Muse aus der Bretagne waren schwach, nur die Illusion, daß sie von einem jungen Mädchen stammten, hatten sie verschönt. Der bärtige Dichter war uninteressant und versank bald im Sumpf der Mittelmäßigkeit.

Eine der schönsten Zierden der Frauenseele ist das Mitleid. Wie viele Schiffbrüchige des Lebens verdanken ihre Rettung diesem Gefühl; wie oft verwandelte sich schon Mitleid in Liebe und wie oft lief dann das Schiff des rettenden Engels selbst auf eine Klippe!

Der Vergleich mit dem Schiffbruch erinnert mich an die Geschichte von einem wirklichen Schiffbruch. Der bereits erwähnte Sekretär und treue Freund des ungarischen Rervolutionärs Ferenc Rákóczi II., Kelemen Mikes, erzählt den interessanten Fall in einem seiner Briefe aus der Emigration, die er mit dem Fürsten teilte. »Unlängst las ich von einem Mann aus England«, beginnt er, ohne die Quelle zu nennen, die uns aber bekannt ist: »Spectator«, Jahrgang 1710—11, vom 13. März. (Der Fall wurde von Steele veröffentlicht.)

Der betreffende Mann aus England war der junge Londoner Kaufmann Thomas Inkle. Am 16. Juni 1647 schiffte er sich nach Westindien ein, um dort Geschäfte abzuschließen. Das Schiff überquerte den Ozean und ging irgendwo vor Anker; ein Teil der Mannschaft ging an Land, um Nahrung und Trinkwasser zu holen. Inkle gesellte sich zu ihnen. Zum Unglück gerieten sie in die Nähe eines feindlich gesinnten Indianerstammes, dessen Mitglieder sie aus dem Hinterhalt angriffen und fast alle niedermetzelten. Dem jungen Engländer gelang es, sich in den nahen Wald zu retten, wo er sich überlegen konnte, ob es besser sei, vor Hunger zu sterben oder von den wilden Tieren gefressen zu werden.

Da erschien der rettende Engel in Gestalt eines Indianermädchens, das Yarico hieß. Sie hatte das Gemetzel gesehen und die Flucht des jungen Mannes beobachtet, der ihre Aufmerksamkeit erweckt hatte, weil er — im Gegensatz zur Mode des Landes — von oben bis unten angekleidet war. Als sie nun den jammervollen Zustand des Mannes sah, bekam sie Mitleid mit ihm; an die Stelle der Neugier trat das Bedauern. Sie versteckte ihren Engländer in einer Höhle, versorgte ihn mit Speise und Trank, nachts nahm sie seinen Kopf in den Schoß und wachte über seine Träume. Der junge Engländer war gerührt von der zärtlichen Fürsorge und von der Mode der Indianer, die sich in einem gewissen Gegensatz zur europäischen Tracht befand und alles unverborgen ließ, was diese bedeckte. Auch in seinem Herzen erwachte die Liebe, und bald konnten sich die jungen Leute das sogar mitteilen, denn in wenigen Monaten lernte jeder die Sprache des anderen.

Der Engländer erzählte, wie reich seine Heimat sei, daß die Frauen Samt und Seide trügen, daß man Pferde und Wagen habe, daß Kälte und Hitze den Menschen nichts anhaben könne, die alle in Saus und Braus lebten. Und gelänge es ihm, sich von hier zu retten, dann wolle er Yarico in dieses Schlaraffenland mitnehmen. Das Mädchen willigte ein, beschloß, ihre Heimat zu verlassen und dem Geliebten in das gelobte Land zu folgen.

Ob auch der geheime Plan des jungen Mannes schon damals entstanden war, verschweigt die englische Quelle. Ich glaube allerdings, daß er durchaus schon damals darüber nachdachte, was man mit einer nackten Indianerin in England anfangen kann. Endlich landete an derselben Stelle ein anderes englisches Schiff, und es gelang den Flüchtlingen, sich unter dem Deckmantel der Nacht auf dieses Schiff zu retten.

Fröhlich durcheilte das Schiff mit dem glücklichen Liebespaar an Bord die blauen Wogen — würde es nun in einem Roman heißen. Aber Herr Thomas Inkle zerbrach sich den Kopf über eine andere Fortsetzung. Er zog sich in seine Kabine zurück und begann zu rechnen. Er rechnete und rechnete, bis er endlich zu dem Ergebnis, kam, daß er in den in Liebestrunkenheit verbrachten Monaten in der Höhle keinen Handel hatte treiben können, daß er eines bedeutenden Gewinns verlustig gegangen war und sich sein Umlaufskapital ein wenig verringert hatte.

Dieser Verlust mußte ersetzt werden.

Aber wie?

Das Schiff legte bei Barbados an. In diesem Hafen hatte man die Möglichkeit, Geschäfte abzuschließen, aber nur mit einer einzigen Ware. In Barbados herrschte reges Leben auf dem Sklavenmarkt. Mister Inkle zauderte nicht. Er teilte dem Mädchen mit, daß der Verlust ersetzt werden müsse, er hoffe also, daß sie nichts dagegen habe, wenn er sie als Sklavin verkaufe. Das unglückliche Mädchen weinte, jammerte und flehte ihn an — alles vergebens. Geschäft ist Geschäft. Sie waren auf englischem Territorium, hier war er nicht mehr der Liebhaber des Mädchens, sondern ihr Eigentümer. Er einigte sich mit einem Sklavenhändler. Da bat ihn das unglückliche Geschöpf, beiseite zu kommen. Sie warf sich vor dem jungen Mann auf die Knie und beichtete schluchzend, daß sie sich Mutter fühle

und er sich wenigstens ihres gemeinsamen Kindes erbarmen solle! »Das ist etwas anderes«, sprach Herr Thomas Inkle und kehrte zu dem Sklavenhändler zurück. »Soeben erfahre ich, daß das Mädchen ein Kind bekommt. Ich muß also einen Preisaufschlag verlangen.«

Das Liebesabenteuer endete zufriedenstellend, die Zinsverluste des jungen Kaufmannes kamen wieder ein.

Pygmalion

Was geht in einer Seele vor, die reif für die Liebe ist? Alles, was die Phantasie an Schönem, Gutem, Begehrenswertem aufgenommen hat, wird in einer nicht existierenden Gestalt zusammengefaßt. Diese Vorstellung wird geformt, korrigiert, verbessert bis zur Vollkommenheit: das Ideal entsteht.

Galatea steht vor Pygmalion.

Das Beispiel gilt nicht nur für Männer, charakteristischer ist es für Frauen, besonders für junge Mädchen. Wenn bei einem Mann ein einziger Zug mit dem Ideal übereinstimmt, genügt das schon, die ganze Statue gewinnt Leben.

Das ist die Pygmalion-Liebe.

Ein routinierter Verführer spürt sofort, welches Idealbild die Frau in sich trägt. Er nimmt die Maske dieses Ideals an und nähert sich so seinem Opfer. Die Methoden des Betrugs müssen nicht noch einmal aufgezählt werden, Ovid hat sie schon dargelegt. Oft ist nicht einmal eine sorgfältige Auswahl der Mittel notwendig. Meistens genügt es, wenn der Mann sich zeigt, die Frau erkennt in ihm sofort das Ideal und fängt Feuer. Sie hat Glück, wenn das Feuer irgendwie ausgeht. Staunend erkennt sie dann, daß sie in ihr eigenes Werk verliebt war; mit diesem fremden Menschen hat sie nichts zu schaffen. Die größte Gefahr droht dem kaum herangereiften Mädchen, einer Kinderseele in dem für die Liebe reifen Körper. Die Enttäuschung bedeutet für ein junges Mädchen oft einen Zusammenbruch.

Um das Ideal schwebt eine Glorie, wenn es die Bühne des Lebens betritt. Es braucht nicht der Heiligenschein des Ritters Bayard zu sein, Don Juans Purpurkranz genügt. Der immer gierige, nie zu befriedigende Don Juan tritt seine tausendundein Opfer erbarmungslos nieder, aber er ist kein herzloser Abenteurer, sondern ein verträumter Held, der immer nur eine, die Richtige, sucht. Sein Schicksal ist es, sie nie zu finden.

Don Juan erscheint, und das verborgenste Geheimfach der Frauenseele öffnet sich, die Frau sieht sich als Schutzengel. Sie weiß genau, daß sie von einem gewissenlosen, launischen Schürzenjäger bestürmt wird, aber mit unerhörtem Selbstbewußtsein will sie den Irrenden dem Pfuhl der Sünde entreißen und ihn auf den rechten Weg führen. Sie vergißt, wieviel Missionare schon von Kannibalen aufgefressen wurden. Sie weiß erst recht nicht, daß weder Don Juan noch die tausendunderste Frau je existierten und sie also nicht die tausendundzweite sein kann.

Das ist der typische Betrug in der Liebe.

Nicht der Mann ist es, der betrügt.

Die Frau will betrogen werden.

Und noch etwas von der Pygmalion-Liebe.

Das Pfauen-Männchen breitet seine herrlichen Federn aus, und das Weibchen ist von dieser Sehenswürdigkeit so beeindruckt, daß es das Krächzen der Stimme überhört. Das Männchen der modernen Zeit verzichtet auf die Vorteile, die ihm der Eindruck der Pfauenfedern bringen könnte. Heutzutage sind wir alle gleichmäßig grau angezogen, hohe Herren, Bürger und Soldaten. Höchstens die verschiedenen Uniformen haben noch in der verbürgerlichten Gesellschaft einen gewissen Zauber, weil sie das Individuum hinter dem Symbol einer

Kaste verschwinden lassen. Wie weit bleibt aber das bürgerliche Militär hinter der Farbenpracht der Edelleute oder Soldaten aus dem Feudalismus zurück! Jeder Musketier konnte den etwas umformulierten Satz Cäsars für sich beanspruchen: Ich kam, ich wurde gesehen, ich siegte. Und erst die Offiziere! Mit dem Farbenrausch eines Paradiesvogels betörten sie die Frauenherzen, die in den bunten Kleidern den Held ihrer Träume erkannten.

Später will ich ausführlich von einer solchen Pygmalion-Geschichte erzählen, hier soll nur der Anfang eingefügt werden, wie nämlich das Herz der *Maria Alcoforado* auf den ersten Blick Feuer fing. Sie ist die Verfasserin der Liebesbriefe, die unter dem Titel »Briefe einer portugiesischen Nonne« erschienen; in einem berichtet sie vom Erlebnis des ersten Blickes.

Aus den Fenstern des Klosters schauten die Nonnen dem Einzug der französischen Truppen zu. An der Spitze seiner Bataillone ließ der Marquis de Chamilly sein Roß tänzeln. Er war ein schöner Mann, ganz besonders prachtvoll muß er in den schmucken Offizierskleidern ausgesehen haben. Damals trugen die Offiziere auch über dem Küraß Spitzenkragen, auf den Hüten Straußenfedern von einem Meter Länge, der Stiefelschaft öffnete sich nach oben wie eine Tulpe, und die Farbenpracht der Kleider erinnerte an ein ganzes Blumenbeet.

»Mir war es«, heißt es im Brief, »als wolltest Du, ohne mich zu kennen, nur mir gefallen, und als hieltest Du Dein Roß unter meinem Fenster zurück, damit ich Dich besser sehen, Deine schneidige Geschicklichkeit bewundern konnte, als Du ihm wieder die Sporen gabst. Mein Herz stand still, als ich sah, wie Du auf dem sich bäumenden Pferd davonsprengtest. Gierig sog ich alle Deine Bewegungen ein, ich fühlte, daß ich Dir nicht gleichgültig war, ich glaubte, daß alles, was Du tatest, nur mir zuliebe geschah.«

Die bunten Federn des Pfaus entsprachen dem Pygmalion-Traum.

Der scharfsichtige Herzog von Saint-Simon bestätigte den schlanken Wuchs und die außerordentliche Schönheit des Marquis de Chamilly und daß ihm seine Kühnheit und Tapferkeit großes Ansehen in der Armee verschafften. »Erstaunlich ist nur«, fügt der Herzog hinzu, »wie ein dermaßen dummer und bornierter Mensch sich etwas von den militärischen Wissenschaften aneignen konnte.«

Das war die Stimme des Pfauen-Männchens…

Der heilige Wahn

Die Liebe nimmt an Umfang zu, sie vertieft sich, steigt an und schwillt, bis endlich alle Dämme brechen. Die Dichter poetisieren diesen Dammbruch und nennen ihn den »heiligen Wahn«. »Der Liebe Wahnsinn ist ein heiliger Wahnsinn«, sagt Herder. Die Alltagssprache neigt mehr zum Prosaischen und sagt von jeder maßlosen Liebe, daß er oder sie sich in jemanden vernarrt oder verknallt hat.

Man vergleicht die Liebe auch oft mit dem Feuer, der Flamme, mit unbändigem Lodern. Auch der Vergleich mit einem Vulkan ist nicht selten.

Besuchen wir also einen Vulkan. Der Tourist wird mit einer Zahnradbahn zum Vesuv hinaufgefahren, wo er in Sicherheit und mit aller Bequemlichkeit beobachten kann, wie der Krater raucht. Vielleicht kann er auch einige Schritte auf der erstarrten Lava tun, die so heiß ist, daß man Eier darauf braten kann. Dabei kann ihm nichts passieren, schlimmstenfalls werden ihm die Schuhsohlen ein wenig angesengt. Kommt er in einem Augenblick auf dem Gipfel an, in dem der Vulkan lebhafter von seinen inneren Flammen bestürmt wird, kann er sich an einer noch interessanteren Sehenswürdigkeit ergötzen: der Dampf schießt aus dem Krater in die Höhe und wirft rotglühende Steine heraus. Aber auch das tut dem Touristen nicht weh, die feurigen Steine lassen sich bewundern, dann fallen sie in den Krater zurück. — Wird aber der Vulkan verrückt, dann bricht er aus, dann schießt er glühende Asche in die Luft, speit brodelnde Lava aus, verbreitet Verderben und Verheerung um sich und vernichtet oft seinen eigenen Krater.

Das ist das Werk des Vulkans.

Die Schranken der nüchternen Vernunft, der Moral, der Pflicht, des Gesetzes zerbrechen, sich und andere in Gefahr bringen, vielleicht gar den Tod auf sich nehmen oder andere in den Tod jagen, das ist das Werk des »heiligen Wahns«.

Aber wenn wir es auch anders nennen, z. B. die große Leidenschaft, die alles überwältigende Liebe oder was immer wir uns ausdenken, die Frage bleibt die gleiche. Welche Rechte hat diese Leidenschaft eigentlich?

Keine.

Die Dichter begingen einen großen Fehler, als sie auf die Rechte der Leidenschaft schworen und besonders die verbotene Liebe mit dem Glanz der Poesie bedeckten. In ihrem Spiegel waren Phädra, Parisina, Francesca da Rimini, Isolde und wie sie alle hießen bedauernswerte Opfer der verhängnisvollen Leidenschaft. Mag der geliebte Mann auch der Sohn oder der Bruder sein, die Ärmsten können nichts dafür. Die Leidenschaft! Der heilige Wahnsinn!

Ganz besonders interessant ist die Verherrlichung der *Isolde*. Die neugebackene Gattin betrügt den Gatten mit dessen Freund; sie bricht das kaum erst abgelegte Gelöbnis, ihr Geliebter pfeift auf die Ehre des Ritters. Als Verdacht auf sie fällt und Isolde ihre Reinheit eidlich beteuern muß, erfinden die beiden Komplizen einen neuen Betrug. Isolde verläßt das Schiff, betritt das Ufer, strauchelt und wäre gefallen, hätte sie nicht ein gerade dort stehender Pilger in die Arme genommen und gestützt. Dann schwört sie mit ruhigem Gewissen: »Ich schwöre, nie einem Manne in den Armen gelegen zu haben, außer meinem Gatten und diesem heiligen Pilger.« Der Leser applaudiert; war das ein glänzender Einfall, Tristan als Pilger zu verkleiden!

Diese Häufung von Meineid und Verrat mußte irgendwie annehmbar gemacht werden, also wurde der Aberglaube des Zaubertrankes erfunden. Ein Schluck genügt, der heilige Wahn bricht aus. Die Liebenden sind nicht schuld, ach wo! Sie sind Opfer.

Ich weiß, daß wir es hier mit einer Sage zu tun haben; ich verstehe auch, daß die Dichter den Zaubertrank als Symbol verwendeten, um die plötzlich entstandene Liebe zu rechtfertigen. Es war etwa so gedacht wie Stendhals »Blitz«.

Aber auch von diesem Blitz ist kein Wort wahr. Mag sein, daß bei der ersten Begegnung irgendein noch nie dagewesenes Gefühl aufflammt, aber das ist nicht mehr als die Flamme eines Streichholzes. Man kann damit wohl die große Leidenschaft anzünden, wer aber weiß, wie verhängnisvoll sie werden kann, der sollte die Flamme noch rechtzeitig ausblasen! Schon die Erwiderung des ersten Blickes bedeutet den ersten Schritt auf dem Wege der verbotenen Liebe, dazu kommt ein ermunterndes Lächeln, das Dulden einer scheinbar zufälligen Berührung. Nachher gibt es freilich keinen Halt mehr; aber das ist weder die große Leidenschaft noch der heilige Wahn, sondern einfach sündige Liebe. Der Zaubertrank der Isolde ist kein feuriger Trank, sondern Waschwasser für die nachträgliche Mohrenwäsche.

Die Literatur hat noch mehr auf dem Kerbholz. Der Schuß aus Werthers Pistole hallte in ganz Europa wider; der Liebesselbstmord wurde zur Mode. *Goethe* selbst erklärt im Vorwort zu seinem Roman: »Ihr könnt seinem Geist und seinem Charakter Eure Bewunderung und Liebe, seinem Schicksale Eure Tränen nicht versagen.«

Nun, wir können sie ihm versagen und denken nicht daran, Werther zu beweinen. Man hat genug über ihn geschrieben und betont, ein derartiger Liebesselbstmord sei nichts anderes als feige Flucht vor dem Schicksal, ein Verstoß gegen die elementaren menschlichen Pflichten, ein ehrloses Attentat gegenüber den Angehörigen. Darauf will ich aber nicht eingehen, mich interessiert nur: Wer war jener Engel auf Erden, ohne den sich Werther sein Leben nicht vorstellen konnte? Das Wort »Engel« meine ich nicht ironisch, der Held des Romans nennt Lotte selbst so, er sagt sogar, er könne nur noch zu ihr beten. (Es ist bekannt, daß der Lotte des Romans eine Lotte im Leben des Verfassers entsprach, Charlotte Buff war das Modell.)

Lotte war ein hübsches, braves, verständiges Bürgermädchen. Sie leitete den Haushalt ihres Vaters und pflegte ihre kleinen Geschwister, sechs an der Zahl. Sie hatte Literatur gern, obwohl sie, wie sie selbst sagte, nur selten ein Buch in die Hände bekam. Ein bißchen konnte sie singen, ein bißchen Klavier spielen, und war sie betrübt, so spielte sie ein Tänzchen auf ihrem verstimmten Flügel, was sie beruhigte. Mit einem Wort: sie war der Typ des anständigen, tüchtigen Mädchens, von dem man mindestens hunderttausend Exemplare finden konnte.

So sieht der Leser die Heldin des Romans. Hätte Werther das Beten zu diesem Engel sein lassen und wäre in eine andere Stadt übersiedelt, hätte sich sein Blick auch geklärt, wie das dem wahren Helden des Romans — dem Verfasser — geschah.

Nach einiger Zeit pflegen sich derartige Engel in gewöhnliche irdische Frauen zu verwandeln. Dann wundert sich der todgeweihte Jüngling meistens darüber, was er da angebetet hat.

Wie Bode in seinem Buch über die Liebschaften Goethes schreibt, flammt die Liebe auf, glüht und erlischt. Das Erlöschen gehört ebenso zu ihrem Wesen wie das Aufflammen.

In romantischen Zeiten weinten die Liebenden maßlos viel. Angesichts einer wunderschönen Naturerscheinung gingen Lotte die Augen über, sie legte ihre Hand auf die Werthers und sagte: »Klopstock«. Unter der Wirkung dieses so viel bedeutenden Namens entquollen auch Werthers Augen die Tränen. Ein anderes Mal lasen sie zusammen Ossian; da entströmten die Tränen Lottes Augen, und Werther schluchzte sogar auf. Anschließend vereinten sie ihre Tränen, was sie sicher nicht getan hätten, hätten sie gewußt, daß es nie einen Ossian gab und ein schottischer Herr namens Macpherson seine Klagen nur gefälscht hatte.

Die Leiden des jungen Werthers hatten eine kolossale Wirkung und fanden viele Nachahmer, zu denen auch *Ugo Foscolo* gehörte, ein sonst hervorragender italienischer Lyriker, der Verfasser des Buches »Ultime lettere di Jacopo Ortis«. Der Dichter schien beweisen zu wollen, daß er über echte und keine erfundenen Gefühle schrieb, und schlug in seinem privaten Liebesleben den gleichen Ton an. Seine über alle Maßen leidenschaftlichen Liebesbriefe sind bekannt; einige Beispiele sollen genügen:

»Jeder verstrichene Tag hinterläßt in meiner Seele eine neue Wunde, einen neuen Zwang, ein beinahe wahnsinniges Verlangen, Dich anzu-

beten, nach Dir zu weinen. — Oh, wenn ich meine Tränen mit den Deinen vereinen könnte, wäre ich glücklich! Ich fürchte, Du kennst meine Liebe noch nicht in ihrer ganzen Wirklichkeit. Seit gestern morgen strömen meine Tränen ohne Unterlaß. Das ist keine Übertreibung, meine liebe Antoinetta. Ich habe nie so viel geweint, nicht einmal in der Zeit, als ich unglücklich verliebt war. Je mehr ich jetzt aber weine, desto mehr wünsche ich weiter zu weinen. Verlöre ich Dich, Antoinetta, würde das Herz, das Dein war, niemals einer anderen gehören; es bliebe Dein, auch wenn Du mich verließest. Das ist nicht das leere Wort eines Verliebten; es ist ein Schwur, bei meiner Männerehre und allem, was in meinem Leben heilig und teuer ist. Verzeih, ich kann nicht weiter, ich muß mich erst erholen. Wie viel hätte ich noch zu schreiben, aber die Gedanken eilen mir davon. Ich schließe. Das Papier ist durchnäßt von meinen Tränen, ich muß den Brief noch einmal abschreiben. Lebewohl!«

Ein anderer Brief ist voll von Beteuerungen der großen Liebe. Hier nur einige Sätze:

»Wenn möglich, schicke mir eine Locke, ich werde sie neben die legen, von der Du einmal sagtest, daß Du sie in deinen Tränen gebadet hast. Ich will sie mit meiner eigenen Strähne vereinen, und in der Zukunft soll keine Träne meine Augen verlassen, ohne diese teure Reliquie zu benetzen.«

Aus einem dritten Brief:

»Seit Mittwoch lese ich die Bibel. Meine Tränen benetzten das Buch zwei Tage lang, und jetzt fühle ich mich erleichtert. Aber seit Freitag habe ich keine Tränen mehr, alle sind versiegt, ich habe nur noch das Blut, welches aus meinem Herzen strömt.«

Die im ersten Brief genannte Antoinetta war eine Milaneser Schönheit, sie hieß Antoinetta Fagnani-Arese. Die Empfängerin des zweiten Briefes ist unbekannt, ihr Name ist mit L. angedeutet. Die Heldin des dritten ist eine Dame aus der Schweiz, Frau Pestalozza. Die Biographen des Dichters wollen wissen, daß er in mindestens zehn verschiedene Frauen sterblich verliebt war und allen ewige Treue schwor.

Heutzutage hört man ein in Tränen gebadetes Männerherz höchstens noch in Schlagern aufschluchzen.

Liest man (ich meine jetzt wirklich lesen, nicht hören) die Texte einiger solcher Kunstwerke, dann entfalten sich vor den erstaunten Augen des Lesers alle Schönheiten dieser vom Saxophon begleiteten

Liebe. In Mainächten, die nach Flieder duften, treffen sich die Herzen, sie schlagen sogar im selben Takt. Der Sommer läßt die Gefühle auflodern, dem Leser wird von fieberhaften Küssen berichtet. Hier und da werden zwar Tränen geweint, aber das sind Tränen des Glücks. Im Herbst dagegen welken die Blumen, fallen die Blätter; es ist die Saison der Untreue. Die Mädchen reichen einem anderen Mann die Hand, die Frauen verlassen ihren Liebhaber, den sie sich im Frühling angeschafft haben. Dann folgen schlaflos durchweinte Nächte, die Tränen rollen, strömen, bis das Kopfkissen klatschnaß ist. Aber das ist noch nicht genug, das Todesmotiv darf nicht fehlen. Der Treulosen wird eine fürchterliche Drohung entgegengeschleudert. Tief wird sie es bereuen, denn nirgends auf der Welt gibt es ein ähnlich treues Herz. Doch die Reue kommt zu spät, nur einige armselige Blumen kann sie noch auf das Grab des treulos Verlassenen legen.

Einige Worte an diese gebrochenen Herzen: Es ist bei Gott keine besondere Katastrophe, wenn eine Frau aufhört, einen Mann zu lieben. Sie hat nicht die Liebe satt, sondern nur den Geliebten, und das meist mit gutem Grund. Es ist undankbar, sich in einem solchen Fall wegen sogenannter Untreue zu beklagen, die Treulose zu verfluchen und das Gute, das man ihr verdankt, zu vergessen. Vielleicht beweist die neue Liebe durchaus keine Treulosigkeit, und die frühere war der Irrtum. Jedenfalls ist die Frau in diesem Augenblick schon fremd. Und kann man eine fremde Frau zur Liebe zwingen? Was ist das überhaupt für eine Liebe, die nur besitzen und nicht erwidert werden will? Ein richtiger Mann schlägt keinen Lärm, er beißt die Zähne zusammen und tut seine Arbeit, und Liebe wird sterben, wenn auch nach einem bitteren Todeskampf.

Was mir aber am wenigsten einleuchten will: Mein lieber Herr, was gibt es zu weinen, wenn die Dame ihren Mann nicht mehr mit Ihnen, sondern mit einem anderen zu betrügen wünscht? Es gibt musikalische Kunstwerke, die wegen derartiger Privatangelegenheiten einen Riesenlärm veranstalten. In einem der obengenannten Texte fand ich sogar die Behauptung, daß infolge der zur Diskussion stehenden Treulosigkeit die Sterne ihren Glanz verloren hätten. Hier muß ich mit Bestimmtheit annehmen, daß die astronomische Beobachtung auf Übertreibung beruht.

Ich erinnere mich nicht, wer, aber irgendein kluger Mann tat den Ausspruch, daß die Eifersucht ebenso eng mit der Liebe verwandt ist wie der Teufel mit den Engeln.

Wenn sich der Eifersüchtige in seinem Wahn selbst schadet, kann man das noch irgendwie hinnehmen. Aber leider verfällt ein von Eifersucht Besessener oft in Tobsucht und schreckt dann vor keinem Mord und Totschlag zurück. Er tötet den Nebenbuhler und sogar den Gegenstand seiner Liebe. Jules Lemaître nennt diese Leidenschaft mit bitterem Hohn die »Grand Amour«.

»Diese ›Große Liebe‹, die den Menschen verblödet, boshaft macht und zum Mord anstiftet, ist nichts anderes als eine widerliche, rasende Form des Egoismus. Sie verlangt daß ein gewisses anderes Wesen ausschließlich für uns da ist und uns unvergleichliche Wonnen bereitet. Der Liebende liebt den Gegenstand seiner Großen Liebe wie eine Beute, er lebt in ständiger quälender Angst, daß ihm diese Beute entrissen wird. Er verlangt, daß er für die Partnerin dasselbe bedeutet, wie sie für ihn, nämlich das ganze Weltall. Ist das nicht der Fall, beginnt er sie zu hassen, während er vor Sehnsucht nach ihr vergeht. Das ist die Große Liebe.«

Die Kriminalgeschichte berichtet von unzähligen Verbrechen, bei denen Eifersucht der Anstifter war. Es ist ein Jammer zu lesen, wie nichtsahnende Mädchen und Frauen von diesen tobenden Wahnsinnigen überfallen wurden, wie unschuldige Leben ausgelöscht, ganze Familien unglücklich gemacht wurden. Die Richter sollten Eifersucht aus der Reihe der mildernden Umstände streichen, sie sollten sie lieber durch das uralte Prinzip der *ius talionis* ersetzen, Auge um Auge, Leben um Leben. Vielleicht erkennt dann der Eifersüchtige bei seinem letzten Spaziergang im Morgengrauen, daß die wahre Große Liebe darin besteht: mehr zu geben als zu erhalten.

Mit dem theoretischen Teil der Angelegenheit haben sich schon viele bedeutende Männer beschäftigt, *Stendhal, Schopenhauer, Forel* usw. Stendhal macht in seinem Buch »De l'amour«, im Kapitel über die Eifersucht, eine überraschende Erklärung: »In der Liebe ist der Besitz nichts, der Genuß alles.« (Posséder n'est rien, c'est jouir qui fait tout.)

Ich weiß nicht, ob Stendhal die ähnliche Auffassung *Aristippos'*, des Begründers der griechischen hedonistischen Philosophie, kannte.

Damals zerbrachen sich die Philosophen nicht den ganzen Tag den Kopf im Studierzimmer, sie erforschten im Leben selbst, wie die Welt eingerichtet ist. Von ihren Studien nahmen sie auch die Hetären nicht aus. Einmal verwickelte sich der weise Aristippos eine Liebesaffäre zu der korinthischen Hetäre Lais. Jedermann hat Neider, sogar ein Philosoph. Man begann ihn zu foppen, er liebe Lais umsonst, sie denke nicht daran, seine Liebe zu erwidern. Bei dieser Gelegenheit prägte er den berühmten Ausspruch, den seine Schüler aufzeichneten: »Ich weiß wohl, daß mich weder der Fisch liebt noch der Wein, aber ich liebe dennoch sowohl den Fisch als auch den Wein.« — Ein andermal soll ihn der Diogenes mit dem »Hundeglauben« angefahren haben, was er sich dabei denke, ein Liebesverhältnis mit einer Frau einzugehen, die jedem gehöre. Aristippos antwortete mit einer Gegenfrage: »Kann ich ein Haus beziehen, in dem vor mir schon andere gewohnt haben?« »Gewiß kannst du das.« Kann ich ein Schiff besteigen, auf dem schon andere gefahren sind?« »Gewiß doch.« »Na also.«

Der Philosoph unter der Knute

Es wäre eine interessante, aber viel zu mühselige Arbeit, alle Wahnsinnstaten der von der Liebe befallenen Menschen zusammenzustellen. Da wir aber gerade von den griechischen Philosophen sprechen, will ich die Geschichte von Aristoteles und Phyllis erzählen. Es ist freilich eine erfundene Geschichte, die zum ersten Male im 13. Jahrhundert von einem Troubadour berichtet wird, der sie seinerseits einer arabischen Quelle entnahm. Aber sie charakterisiert den Heiligen Wahn so schön, daß sich schon eine ganze Reihe von Malern dem dankbaren Sujet zuwandte. Am bekanntesten ist der farbige Holzschnitt von Hans Baldung Grien. Ein bärtiger alter Mann steht auf allen vieren, die Trense im Mund; auf seinem Rücken reitet ein triumphierendes nacktes Weib mit der Peitsche in der Hand.

Einmal begegnete Alexander der Große einer Hetäre namens Phyllis und gab sich den Freuden der Liebe in einem solchen Maße hin, daß er sogar seinen Kriegsruhm vernachlässigte. Die Soldaten murrten, wagten aber kein lautes Wort. Schließlich nahm es *Aristoteles,* der Erzieher des jungen Königs, auf sich, seinen Zögling eines Besseren zu belehren. Er richtete weise Mahnungen an ihn und erklärte ihm, daß eine derartige Liebesraserei eines Heerführers nicht würdig sei. Sie sei etwas für unvernünftige Tiere, und sinke ein Mensch so zum Sklaven der Liebe herab, dann solle man ihn nur gleich auf die Weide schicken wie das liebe Vieh. Alexander hinterbrachte Phyllis diese Belehrung. Die Hetäre schwur Rache und probierte alle ihre Liebeswaffen an dem alten Weiberfeind aus. Das Mädchen war sehr schön und der alte Philosoph ließ sich immer mehr unterkriegen, bis er endlich ganz und gar in sie vernarrt war. Phyllis versprach, ihn zu erhören, aber nur unter einer Bedingung: »Daß du mich liebst, glaube ich nur, wenn du Beweise dafür lieferst. Herakles diente der Omphale, indem er ihr die Kunkel hielt, warum sollst du mir nicht auch einen Wunsch erfüllen? Ich will mit dir spielen, du bist das Pferd und ich die Reiterin.« Die große Leidenschaft hatte dem Alten die Vernunft geraubt, er ließ sich auf alle viere nieder und duldete, daß Phyllis ihm eine Trense anlegte, sich auf seinen Rücken schwang und ihn im Garten des Palastes herumjagte.

Bald kroch hinter einem Busch Alexander hervor: »Meister, bist du es, täuschen mich meine Augen nicht?« Da richtete sich der Philosoph auf und gewann seine Vernunft wieder. »Ja, ich bin es«, antwortete er. »An meinem Beispiel kannst du sehen, welche Gefahren die Liebe für dich jungen Mann in sich birgt, wenn sie einen Greis so närrisch machen konnte!«

Der nüchterne Teil der Menschheit stand der Liebesraserei immer verständnislos gegenüber. Es gab Zeiten, in denen das Wort Dämon wörtlich verstanden wurde, der rasend Verliebte galt als vom Dämon besessen.

Die Überreste des Dämonenglaubens spuken heute noch in unserer Sprache herum. Man spricht von zauberhaften Frauen, von der Zauberkraft mancher Augen, man gerät in den Bannkreis der Frau und wird von ihr behext... lauter Rudimente des alten Aberglaubens.

Eingehend beschäftigt sich mit dem Liebesdämon ein sonderbares Buch, genannt »Hexenhammer«.*

Eine interessante, aber ermüdende Lektüre. Der Leser muß sich durch ein Gewirr spitzfindiger scholastischer Gedankengänge hindurchkämpfen. Aber aus dem Durcheinander der Festellungen ergeben sich folgende Merkmale für eine vom Gesichtspunkt der Dämonologie aus verdächtige Liebe:

Erstens: Der Mann hat eine schöne und sittsame Ehefrau, vernarrt sich aber in eine andere, die genau das Gegenteil ist. (In diesem Zusammenhang will ich das zwar nicht zum Dämonenglauben gehörende, aber doch aufschlußreiche Urteil des Stadtrates von München vom 3. August 1554 erwähnen, in dem es heißt: Der Fleischermeister Veit Anheimer soll für zehn Tage in den Turm gesperrt und zur Lieferung von 10 000 Ziegelsteinen verurteilt werden, weil er Ehebruch mit einem Weibsbild begangen hat, obwohl seine Ehefrau viel hübscher ist als genanntes Weibsbild.)

Zweitens: Das Urteilsvermögen des Mannes ist dermaßen gelähmt, daß er von seiner Liebe weder durch gute Worte noch durch Schläge abgebracht werden kann.

Drittens: Weder schlechtes Wetter noch große Entfernungen und unwegsame Straßen können ihn davon abhalten, der geliebten Frau nachzulaufen. Diese Männer sind wie ein Schiff, das steuerlos auf dem stürmischen Meer treibt.

Solche Liebe ist ein Werk des Dämons. Der Dämon kann den Menschen auf zwei verschiedenen Wegen zu Fall bringen, erstens sichtbar, wie das im Paradies geschah, und zweitens unsichtbar. Dabei gibt es wieder zwei Möglichkeiten: Überredung und Zwang.

* »Malleus Maleficorum«, erschienen in Straßburg, 1487. Die beiden Autoren *Institoris* und *Sprenger* faßten alle Dummheiten des Hexenglaubens und der Hexenverfolgung systematisch zusammen.

Die Überredung besteht wieder aus drei verschiedenen Arten, je nachdem, ob der Dämon 1. auf die Vernunft, 2. auf die innere Gefühlswelt, 3. auf die Sinne einwirkt. Bei der inneren Gefühlswelt können fünf Möglichkeiten unterschieden werden... Und dann beginnen die Thesen ihren Hexentanz vor den flimmernden Augen des Lesers, weiter kennt er sich nicht mehr aus.

Es genügt, daß der Dämon den Verstand seines Opfers verwirrt, seine Phantasie mit Gaukelbildern anfeuert, manchmal sogar in den Leib des Menschen fährt und dort seine unheilbringenden Künste treibt. Er kann als Helferinnen Hexen mit heranziehen; deshalb ist es ratsam, in verdächtigen Fällen alle geheimen Winkel der Wohnung zu durchsuchen, ob nicht irgendwo, vor allem unter der Türschwelle, Schlangenhaut versteckt ist. Im Paradies verführte der Dämon nämlich unsere Ureltern in Gestalt einer Schlange, weshalb sich die Hexen bei ihren verderblichen Zauberkünsten oft der verschiedenen Körperteile der Schlange bedienen.

Die Liebe als Krankheit

Die Dichter des »Heiligen Wahns« wurden von einigen Irrenärzten beim Wort genommen. »Die Liebe ein Wahnsinn? Meinetwegen!« dachte der Pariser Psychiater *Maurice de Fleury*.* »Dann müssen wir sie eben behandeln, wie es bei einer Nervenkrankheit angebracht ist.« Diese blinde Leidenschaft ist ebenso verderblich wie die Gier nach Alkohol oder Opium. Der Alkohol- oder Opiumsüchtige lechzt nach dem geliebten Gift und wird krank, wenn es ihm plötzlich entzogen wird. Ebenso ist es mit der Sehnsucht des Liebenden nach dem geliebten Wesen. Er grämt sich, härmt sich ab, wenn er nicht ständig mit ihm zusammen sein kann. Ist er aber bei ihm, dann wirkt das Gift noch stärker.

Wenn man einmal einen Alkoholiker oder Opiumsüchtigen mit dem Liebeskranken vergleicht, wird man sich wundern, wie ähnlich die Symptome der Krankheiten sind. Am besten wird das in dem ausgezeichneten Roman »Sappho« von *Daudet* illustriert. »Dem Mann gefällt die Frau anfangs gar nicht, erst allmählich beginnt der Zauber zu wirken. Er gewöhnt sich an ihre Anwesenheit; sie wird für ihn

* »La Médicine des Passions.« (Paris, ohne Jahreszahl.)

notwendig; er verachtet sowohl sich selbst als auch sie, Unstimmigkeiten sind an der Tagesordnung. Aber er trägt ihre Fesseln, er kann ohne sie nicht mehr leben und ist bereit, sich auf jede Art und Weise zu erniedrigen, nur die Frau, die sein Leben vergiftet, nicht zu verlieren.«

»Ein solcher Zustand«, beschließt Dr. Fleury seine Ausführungen, »reibt das Nervensystem auf, der Verliebte wird reif für eine klinische Behandlung.«

Diese Auffassung kann kaum als alleinstehende Kuriosität betrachtet werden. Schon die Ärzte des klassischen Altertums forschten in dieser Richtung. Die Frau des Kaisers Marc Aurel, Faustina, verliebte sich sterblich in einen Gladiator. Die Ärzte steckten die Köpfe zusammen und stellten fest, daß diese unwürdige Leidenschaft nur eine Krankheit sein könne. Sie bestimmten auch die Heilmethode: der Gladiator muß getötet und sein Blut der Kaiserin zum Trinken gegeben werden. Der Tötung des Gladiators stand nichts im Wege, sie wurde vollstreckt, die hohe Dame trank von seinem Blut. Das Resultat war wie erwartet: Da der Gladiator nicht mehr lebte, hatte die Liebe ihren Gegenstand verloren. Und doch war ein Fehler bei der Therapie: Die Kaiserin gebar bald danach einen Sohn namens Commodus, der das Gladiatorenblut geerbt hatte und ein grausamer, blutrünstiger Herrscher wurde.

Plinius hat einen harmlosen Vorschlag: Der krankhaft Verliebte soll mit Staub bestreut werden, in dem sich vorher ein Esel gewälzt hat.

Auch in den folgenden Zeiten beschäftigten sich die Ärzte mehr mit der Krankheit Liebe, als man auf den ersten Blick annehmen möchte.* Die Symptomatologie stützte sich im großen ganzen auf die Merkmale des heiligen Wahns. Die Behandlung wurde durch die wissenschaftlichen Prinzipien der betreffenden Epoche bestimmt. Die Ärzte des Mittelalters hatten im Kampf gegen die Liebe zwei furchtbare Waffen, nämlich Schröpfköpfe und Klistiere. Der Liebeskranke wurde zur Ader gelassen, er wurde purgiert. *Avicenna,* der große arabische Arzt des 11. Jahrhunderts, verspricht sich viel von einer seelischen Behandlung. Seine Ratschläge dürfen durchaus nicht mit einem Lächeln abgetan werden, schon der erste zeugt von scharfer Beobachtung:

* *Dr. Paul Voivenel* gibt in seinem geistreichen Büchlein »La maladie de l'amour« einen kurzen Überblick. (Paris, 1925, S. 70—71.)

Leidet der Gegenstand der Liebe an derselben Krankheit wie der Kranke, müssen die beiden miteinander verheiratet werden. Die Ehe ist das sicherste Mittel zur Beruhigung der Leidenschaften.

Auch seine weiteren Vorschläge sind beachtenswert:

Der Kranke muß in eine Gesellschaft gebracht werden, die den Gegenstand seiner Liebe ununterbrochen schmäht und durch Grimassen lächerlich macht.

Man muß ihn durch ständige Mahnungen quälen und ihm erklären, daß die Liebe dem tiefsten Elend gleichkommt.

Man muß ihn vom Gegenstand seiner Liebe entfernen. Man muß seine Aufmerksamkeit für Gegenstände gewinnen, die liebenswerter, seiner Liebe würdiger sind. Man muß ihm ein Amt verschaffen, das ihm schwer zu arbeiten gibt.

Dieser letzte Rat kann auch als Beitrag zur Zeitgeschichte betrachtet werden, denn er gibt einen interessanten Einblick in die Beziehung der damaligen Beamten zu ihrer Betätigung.

Einer der hervorragendsten universellen Gelehrten des 17. Jahrhunderts war der Franzose *Pierre-Daniel Huet,* in der latinisierten Form *Huetius* genannt. Er behauptet, daß die Liebesleidenschaft eine Krankheit ist, nichts anders als Schüttelfrost und durchaus zu heilen. Er erzählt von einem hohen Herrn aus fürstlichem Geblüt, der sich in ein Mädchen vernarrte. Er mußte in den Krieg ziehen, aber auch im Felde dachte er immerfort nur an das Mädchen; und anstatt sich mit Heldenruhm zu bedecken, schrieb er Tag für Tag Liebesbriefe an sie.

Da wurde der Herr unerwartet schwer krank. Die Ärzte konnten ihn nur mit Mühe und Not dem Tod entreißen; man machte einen Aderlaß, setzte Schröpfköpfe an, ließ ihn schwitzen, purgierte ihn, bis er endlich wiederhergestellt war. Und siehe da: bei dem vielen Schwitzen war mit der Krankheit auch die Liebe gewichen. Er schrieb von nun an keinen Brief mehr und stürzte sich mit Begeisterung in den Krieg.

Unlängst entdeckten französische Ärzte ein dreihundert Jahre altes Buch und waren überrascht, wie modern der Autor, *Jacques Ferrand,* ein Arzt aus Agen, bei der Beurteilung der Liebesleidenschaft dachte.* »Du kannst ihn (den Liebeskranken) beobachten«, schreibt Ferrand,

* »Traité de l'essence et guérison de l'amour etc.« (1610.) Einige interessante Beobachtungen des Autors wurden schon in unserem Kapitel »Die erste Pforte der Liebe« erwähnt.

»wie er in seiner ständigen Unruhe stöhnt, weint, schluchzt; er meidet die Gesellschaft, sucht die Einsamkeit, will mit seinen Gedanken allein bleiben; er schwankt zwischen Hoffnung und Verzweiflung; in einem Augenblick ist er wie Feuer, im nächsten wie Eis. Sein Herz zittert unentwegt, sein Pulsschlag ist unregelmäßig. Sein Gesicht verändert sich nicht nur, wenn er den Gegenstand seiner Liebe erblickt, es genügt schon, seinen Namen zu hören.« Kurz: ein klarer Fall von Vergiftung.

Die Therapie: Vor allem Diät. Wenig Fleisch, viel Gemüse, Salat, Obst. Zu meiden sind alkoholische Getränke, stark gewürzte Speisen, ganz besonders Salz, dessen sinnliche Wirkung zur Genüge bekannt ist, schließlich vermehren sich die Seefische so schnell, weil sie ständig im Salzwasser leben. Verboten sind weiche Betten und Daunendekken; ein Strohsack ist zu empfehlen. Statt aufreizender Düfte soll der Kranke Kampfer anwenden, denn dieser kühlt die Gier ab. Wenn all dies nicht hilft, müssen Beruhigungsmittel heran, ferner Aderlaß, Schröpfen und Purgieren.

Damit wäre eigentlich alles Notwendige über den »Heiligen Wahn« gesagt.

Die alte Medizin kam der Wahrheit ziemlich nahe. Dieser Vulkan braucht ein Klistier, damit sein Feuer gedämpft wird.

Die Annäherung

Die uralte, einfachste Art der Annäherung ist stumm, die Gefühle werden durch eine Symbolsprache zum Ausdruck gebracht.

Die ungarischen Bauernburschen lernen in ihrer Dorfschule keine Redegewandtheit, die ihnen die Werbung erleichtern könnte. Dafür hat sie uralte Tradition gelehrt, sich einer Zeichensprache zu bedienen. Kommt der Jüngling auf Freiersfüßen in ein Haus, dann legt er seinen reichgestickten, weiten Sonntagsmantel in der Küche ab. Er tritt ins Zimmer und plaudert mit der Familie über alles in der Welt, nur nicht über das Heiraten. Sein Vorschlag ist schon durch die Art, in der er den Mantel in der Küche hingelegt hat, eindeutig ausgedrückt. Nach dem Besuch verabschiedet er sich, wie es sich gehört, von der Brautwerbung wird immer noch kein Wort gesprochen. Dann geht der Gast in die Küche, um seinen Mantel zu holen. Ist der noch da, fand der stumme Antrag Gehör, der Bursche darf in aller Form um das Mädchen anhalten. Hat man aber den Mantel vor die Tür gelegt, muß sich auch sein Eigentümer als hinausgeworfen betrachten, die Werbung ist unerwünscht.

Im Mittelalter mit seiner Frauenverehrung wurde die Sprache der Farben erfunden. Nicht jedem war es gegeben, die prachtvolle Sprache der Troubadours zu beherrschen, man behalf sich also mit einer beredten Farbensprache. Die damalige kunterbunte Mode machte es den Rittern bei Tournieren und Feierlichkeiten möglich, durch die Farben ihrer Kleidung ganze Sätze zum Ausdruck zu bringen. Auf alten Bildern sehen wir scheinbar sinnlose, die Augen und den guten Geschmack verletzende Farbzusammenstellungen, bunte Streifen und Einsätze auf den Kleidern der Kavaliere. Aber die Damen der Zeit verstanden das Bekenntnis, das ihnen der Ritter mit der Farbe seiner Hosen machte. Jede Farbe hatte ihre Bedeutung. Am Anfang war die Auswahl nicht gerade groß. Bei den deutschen Rittern hatte sich folgendes Farben-ABC herausgebildet:

weiß	=	Hoffnung	rot	=	loderndes Herz
grün	=	eine neue Liebe beginnt	blau	=	Treue

gelb	=	von Erfolg gekrönte Liebe
schwarz	=	Liebesschmerz, Liebestrauer
braun	=	Vorsicht ist geboten.

Man konnte diese Farben auch mischen und in verschiedenen Zusammenstellungen präsentieren. Bei Anwendung zweier Farben äußerten sich die Hosen zum Beispiel folgenderweise:

blau und grün	=	beginnende Treue
schwarz und weiß	=	Schmerz, aber nicht ohne Hoffnung
schwarz und grün	=	schmerzhafte Sehnsucht einer beginnenden Liebe
grün und rot	=	lodernde neue Liebe
blau und braun	=	ständige Vorsicht tut not.

Auch das war noch leicht zu verstehen. Rätselhaft und verworren wurde die Sache erst, als die Träger der Hosen drei bis vier Farben gemeinsam sprechen ließen, um kompliziertere Seelenzustände zum Ausdruck zu bringen. Da mußten sich die Damen schon der zeitgenössischen Nachschlagewerke bedienen. Am Anfang des 15. Jahrhunderts stellte ein anonymer französischer Autor alle denkbaren Varianten der Farbensprache zusammen. In Frankreich war die Bedeutung der einzelnen Farben viel reichhaltiger. Weiß bedeutete nicht nur Hoffnung, sondern auch Freude, Gerechtigkeit, reines Gewissen, Unschuld, Ergebenheit. Auch die anderen Farben ließen sich für eine ganze Skala der Gefühle verwenden. Man kann sich denken, welche unendlichen Möglichkeiten sich bei diesen Farbkombinationen ergaben; die kompliziertesten Gefühlsschattierungen fanden ihren Ausdruck. Mit wissenschaftlicher Gründlichkeit zählt der Autor die verschiedenen Farbengruppierungen auf. Eine kleine Kostprobe soll genügen:

blau, grün, rot	=	bescheidene Freuden mit gedämpften Zorn
blau, grün, grau	=	ich gräme mich aus Liebe und werde wahnsinnig
grün, gelb, violett	=	Liebesglück in aller Ewigkeit
gelb, violett, weiß	=	wahre Liebe, ich bin glücklich.

Der Autor schreibt auch über Kombinationen aus vier Farben, vor deren Kompliziertheit wir aber heute zurückschrecken. Ein Beispiel:

gelb, grün, grau, schwarz	=	ich hoffe, des aus Liebeskummer gespendeten Glückes teilhaftig zu werden.

Im Orient wandte sich die Frau — selbst eine Treibhausblume — den Blumen zu, um mit ihnen geheime Botschaften zu vermitteln. Zu den Blumen gehörte das »Selam«, das geheimnisvolle orientalische Blumen-Alphabet. Aber man soll sich nicht bei Gelehrten nach den Geschichten aus Tausendundeinernacht erkundigen, denn *Hammer-Purgstall,* der große Kenner des Orients, behauptet, daß die Blumensprache von den Frauen des Harems in ihrer Langeweile erfunden worden sei, die sich so gegenseitig unterhalten wollten. Der Zusammenhang ergab sich nicht aus den Eigenschaften der Blumen, sondern aus den Blumennamen, die zu den Einfällen inspirierten. Die Reime waren also vor dem Text vorhanden. Dabei erhielten nicht nur Blumen, sondern auch andere Dinge wie Brot, Salz, Tabak und Früchte eine besondere Bedeutung.

Also ist nichts dagegen einzuwenden, wenn die Haremsdame dem vor dem Gitterfenster schmachtenden Jüngling ein Stück Zucker vor die Füße wirft, und der versteht: Liebster, ich vergehe vor Sehnsucht nach dir.

Einige Beispiele aus dem »Selam« (die türkischen Texte phonetisch):

Zucker: scheker	—	Yüreghim seni tscheker = Mein Herz vergeht vor Sehnsucht nach dir.
Salz: tus	—	Janarim ghedshe gündus = Tag und Nacht sehne ich mich nach dir.
Brot: ekmek	—	Niyetim dir seni öpmek = Ich hätte Lust, dich zu küssen.
Tabak: tutun	—	Severim seni büztütun = Ich liebe dich von ganzem Herzen.
Kirschen: kiras	—	Gel eylenelim bir as = Laß uns einen kleinen Spaziergang machen.
Kastanien: kestane	—	Göslerin mestane = Du hast bezaubernde Augen.
Myrte: mersin	—	Mewlan seni bana versin = Gott möge dich mir schenken.
Pistazie: fistik	—	Olaim sana köstik = Wie gerne wäre ich ein Klotz an deinem Bein!
Rose: gül	—	Derdinden oldum kül = Deine Leiden haben mich zu Asche verbrannt.
Jasmin: jasemi	—	Sen sev beni, bende seni = Liebe mich, denn ich liebe dich auch.
Hyazinthe: sünbül	—	Ikamis bülbül = Wir beide sind Nachtigallen (und singen gemeinsam unser Klagelied).

Die Menschen aus dem Abendland, die sich für die Blumensprache interessierten, konnten mit den orientalischen Sprüchlein nicht viel anfangen, also paßten sie das Ganze ihrem eigenen Denken an. Sie gingen von den Eigenschaften der Blumen aus. Der Königin der Blumen, der stolzen, roten Rose mit ihrer flammenden Farbe, wurde die Bedeutung unterschoben: »Du hast mein Herz erobert.« Die kalte weiße Rose stellte die Frage: »Verschmähst du meine Liebe? Ich sterbe an ihr!« Im Mittelalter galt gelb als die Farbe des Verrats, deshalb wurde die gelbe Rose zum Symbol des Zweifels: »Ist deine Liebe aufrichtig? Betrügst du mich auch nicht?« Heckenrosen sind die armen Verwandten der Rosen, darum bedeuten sie: »Verstoße mich nicht!« Eine rote Knospe (die noch nicht aufgegangen ist):

»Hoffe!« Eine weiße Knospe: »Ich bleibe meinen Gefühlen treu.« Ein Rosenblatt: »Ja!« Ein Rosenstiel (wegen der Dornen): »Nein.«*

Eine Unmenge von Büchern entstand, die den Verliebten beim Verstehen der Blumensprache behilflich sein sollten. Die unterste Stufe bildeten die anonymen Groschenhefte, die oberste aber das entzückende Büchlein: »Le Langage des fleurs« von *Charlotte de Latour,* der Witwe von Bernardin de Saint-Pierre, mit seiner poetischen Sprache. Aus diesem Buch erfahren wir, daß es durchaus nicht einfach ist, die Sprache der Blumen zu sprechen. Zum Beispiel schenkt ein Mädchen ihrem Kavalier rote Rosen. Dabei behält die Rose die schon bekannte Bedeutung nur, wenn sie dem Mann mit der Blüte zuerst überreicht wird. Wird sie mit dem Stiel nach vorn geboten, verkehrt sich der Sinn ins Gegenteil. Die Knospe einer roten Rose mit Blättern und Dornen heißt: »Ich bange, aber ich hoffe.« Dasselbe umgekehrt hingereicht: »Keine Hoffnung.« Dieselbe Knospe, aber ohne Dornen: »Du hast nichts zu befürchten und alles zu hoffen!« Ohne Blätter, mit Dornen: »Gefahr droht von allen Seiten.« Der Begriff *Ich* wird ausgedrückt, wenn man die Blume nach rechts neigt, nach links geneigt bedeutet sie: *Du*.

Von den in ungarischer Sprache erschienenen Büchlein dieser Art sollen zwei erwähnt werden. Das eine stammt von *Adolf Kassay* und heißt »Virágnyelv« (Blumensprache). (Pest, 1852.) Es erklärt uns den Sinn der Blumensprache:

»Gibt es ein schöneres und entzückenderes Mittel, um das in zwei Herzen entbrannte unauslöschliche Feuer der Liebe weiter zu schüren, als die Blumensprache, den Inbegriff der reinsten Gefühle? Die Werke der Natur selbst sind es, die die gegenseitige Verbindung aufrechterhalten. Wenn wir unsere Lieben mit dieser Sprache ansprechen, dann kann ein zugesandtes Blümlein genauso wie der geschriebene oder beim Plaudern ausgesprochene Name einer Blume das Geheimnis des Herzens eröffnen; die unschuldige Blumensprache wird zum Urquell der reinsten Liebe.«

Eine allgemeine Gebrauchsanweisung entnehmen wir dem in Versen geschriebenen Büchlein des Advokaten *István Pajor:* »Titkos szerelem, vagyis napkeleti virágnyelv.« (Geheime Liebe oder die morgenländische Blumensprache.) (Győr, 1833.)

»Es steht uns frei, die zum Gefühl und zu unseren Absichten pas-

* »Orientalische Blumensprache.« (Pesth, 1830.)

senden Blumen persönlich zu überreichen oder durch andere Personen aushändigen zu lassen. Bietet sich keine Gelegenheit, sich solcherart zu nähern, so steckt man die Blumen an sein Kleid oder man stellt sie in das Fenster. Wen das Zeichen angeht, der wird es verstehen. Man kann neben einzelnen Blumen auch ganze zusammengestellte Sträuße verwenden. Auch künstliche Blumen können angebracht werden, besonders seitens der Frauenzimmer, die ja damit ohnehin Hüte, Hauben und Haare zu schmücken pflegen. Diejenigen aber, die tiefer in die Geheimnisse der Blumensprache eingeweiht sind, können dieselbe im Gespräch anwenden oder aber mit ihrer Hilfe korrespondieren. Es erübrigt sich, weiteren Unterricht in einer Sprache zu erteilen, deren Grammatik, Syntax und Rhetorik in jedem gefühlvollen Herzen im Original aufzufinden sind.«

Wir sehen also, daß die Blumensprache zur holden Liebeständelei gehörte und geeignet war, »das lodernde Feuer der Herzen zu schüren«. Nur geheim war sie nicht. Stellte ein Fräulein einige hübsche knospende Rosen ins Fenster, dann blieb der Inhalt dieser Mitteilung keinem Menschen verborgen. Jeder wußte Bescheid, und die ganze Straße verstand, daß der junge Herr, der da unter dem Fenster auf und ab spazierte, zu den schönsten Hoffnungen ermächtigt wurde. Es war ein Spiel für Erwachsene, nicht anders als die Hosensprache der Ritterzeit.

Im Laufe der Zeit wechselte die Bedeutung mancher Blumen; auch die Autoren der Blumenwörterbücher änderten vieles nach ihrem eigenen Geschmack, bis schließlich der Sinn ganz und gar verlorenging und ein Kauderwelsch wie das der Traumbücher übrigblieb.

Die Vorfahren der Heiratsannoncen

Eines schönen Tages stießen die ernsten Geschäftsleute der alten Londoner City bei der Lektüre der »Collection for Improvement of Husbandry and Trade«, also eines Blattes für Wirtschafts- und Handelsanzeigen, mit Verwunderung auf eine Annonce, die den Leser inmitten ihrer seriösen Nachbarschaft geradezu anzulächeln schien.

Es war die erste Heiratsanzeige der Welt, die am 19. Juli 1695 mit folgendem Text erschien:

GENTLEMAN, 30 Jahre alt, im Besitz eines bedeutenden Vermögens, sucht zwecks Heirat junge Dame, die über eine Mitgift von mindestens 3000 Pfund Sterling verfügt.

Die erste Heiratsanzeige war also dem Kopf ihres Inserenten fix und fertig entsprungen, wie damals Minerva dem des Zeus. Fast zweieinhalb Jahrhunderte sind seitdem vergangen, aber man kann das Wesentliche auch heute nicht kürzer und bündiger zusammenfassen.

Das Publikum wollte die sonderbare Neuigkeit nicht ernst nehmen. Man hielt sie für einen Scherz des Redakteurs. Die Leute lachten und zuckten die Achseln. Aber Houghton, der Redakteur, verzagte nicht. Er beteuerte in seiner Zeitung immer wieder, die Annonce sei echt und ernst gemeint und versprach, etwa einlaufende Angebote seinem Klienten gewissenhaft und unter dem Siegel der tiefsten Verschwiegenheit zuzustellen. Seine Ausdauer war von Erfolg gekrönt. Anfangs schrieben nur wenige unternehmungslustige Damen, aber bald sprach sich herum, daß es gelungen war, die Ehe des Gentlemans unter Dach und Fach zu bringen. Daraufhin wuchs die Zahl der Heiratsannoncen ungeheuer schnell, und bald hatten sie sich ihren rechtmäßigen Platz unter den anderen gemeinnützigen und angesehenen Einrichtungen der Gesellschaft erobert.

Die Millionen von Anzeigen, die seit damals in den englischen Zeitungen erschienen sind, interessieren uns wenig. Die Dame »wird für schön gehalten«, besitzt mehr oder weniger Geld, ist der Einsamkeit überdrüssig und sehnt sich nach einem verständnisvollen Partner. Der Herr ist intelligent, Gentleman, eine elegante Erscheinung und sehnt sich nach einem warmen Nest.

Die graue Eintönigkeit wird hier und da durch kuriose Angebote aufgehellt. Im Land der Sonderlinge gibt es auch unter den Heiratsinserenten eigenartige Typen. Im August 1788 erschien in mehreren englischen Zeitungen folgendes Angebot:

> SIR JOHN DIMLY, Baronet, Erbherr von Charleston und Henly Castle, wünscht zu heiraten und sichert seiner zukünftigen Witwe als Erbschaft ein Gut im Werte von 192 000 Pfund Sterling zu. Die betreffende Dame muß über 300 Pfund Sterling eigenes Vermögen verfügen. Im übrigen ist es gleichgültig, ob sie ledig oder verwitwet ist, es macht auch nichts aus, wenn sie von ihrem früheren Mann schwanger ist. Wegen näherer Auskünfte wende man sich persönlich oder brieflich direkt an Sir John. Bei brieflichen Anfragen sind die Briefe zu frankieren. Sir John wird seine näheren Bedingungen gedruckt zuschicken.

Die näheren Bedingungen wurden nie entdeckt, und es bleibt ein ewiges Geheimnis, warum der steinreiche Magnat gerade 300 Pfund Sterling als Mitgift verlangte und welche Eingebung ihn auf den pietätvollen Einfall brachte, das Andenken des eventuellen ersten Mannes auch in so lebendiger Gestalt wahren zu wollen.

Die »Hampshire Chronicle« überraschte im Juni 1791 ihre Leserinnen mit folgender Anzeige:

Die Leser dieser Zeilen werden gebeten, unter ihren Bekannten Umschau zu halten, ob sich vielleicht eine Dame findet, auf welche folgende Beschreibung paßt: sie muß schlank und holdselig sein, eher gut gewachsen als schön im Gesicht; gesunde Zähne, zarte Lippen, wohlriechenden Atem haben, die Farbe der Augen ist Nebensache, dazu volle, breite, weiße Schultern, lieblich und gebildet möchte sie sein, aber nicht geistreichelnd; höflich und fein im Gespräch, ihr Blick soll davon zeugen, daß sie die Leidenschaft, welche sie im Mann erwecken will, auch selbst zu erleben vermag. Findet sich eine solche Dame, so ist ein Gentleman, 56 Jahre alt, aber voll von Lebenskraft, geneigt, sie zu heiraten, auch wenn sie vollkommen vermögenslos ist. Der betreffende Herr verfügt über ein Jahreseinkommen von 800 Pfund und sichert der Dame für den Fall seines Ablebens eine Witwenrente von jährlich hundert Pfund. Die Dame darf jedoch weder mehr als sieben Jahre älter noch mehr als vierzehn Jahre jünger sein als der Herr. Briefadresse usw.

Es läßt sich leicht ausrechnen, daß die oberste Altersgrenze für die Dame bei 63, die unterste bei 42 Jahren liegen darf. Ohne Zweifel kann eine 42jährige über die erwünschten Eigenschaften verfügen; weniger verständlich sind die Überlegungen, auf Grund derer der Gentleman von einer Frau von 63 Jahren gesunde Zähne und zarte Lippen erwartet, von den vollen, breiten, weißen Schultern und den anderen Kriterien gar nicht zu reden.

Ein romantisch gestimmter Herr ließ im August 1795 folgende Annonce in einer Bristoler Zeitung erscheinen:

GENTLEMAN sucht Reisegefährtin für das ganze Leben. Seine Absicht ist, die Reise so bald wie möglich anzutreten, aber die übliche Landstraße des Egoismus zu verlassen und auf den abgelegenen Pfaden im Hain der wahren Liebe zu lustwandeln. Die Reisegefährtin soll gesund, jedoch nicht allzu fett sein, da das im Verlauf der Reise Unbequemlichkeiten verursachen könnte. Dagegen soll sie die langweiligen Stunden der Ehe durch ihr angenehmes Plaudern aufheitern.

Die Annonce vom 28. Mai 1797 im »Bell's Weekly Messenger« schäumt geradezu über von frischem Provinzhumor:

MATTHEW DAWSON, wohnhaft in Bothwell, wird — was auch immer vorfallen mag — seine Hochzeit am Dienstag vor Pfingsten feiern. Zum Hochzeitsschmaus steuern auch seine Freunde bei; Mr. Reid schickt einen Truthahn, Mr. Clemenson einen fetten Hammel, Mr. Elliot ein Huhn und Mr. Gibson ein gemästetes Kalb. Der Bräutigam bringt hiermit jedem heiratsfähigen Mädchen zur Kenntnis, daß er zur Zeit noch keine Braut hat. Er möchte die interessierten Damen daran erinnern, daß es zwar heißt, »Eile mit Weile«, daß im vorliegenden Fall aber dennoch jeder Verzug gefährlich werden kann, denn »Wer zuerst kommt, mahlt zuerst.«

Kommt also, ihr Mädchen, kommt, wenn ihr Mut zur Ehe habt.

Dawson hat bis jetzt gewartet, nun wartet er nicht länger als bis zum Dienstag!

Aber auch die gegenteiligen Absichten kamen zu Wort, wie das eine Anzeige im »General Advertiser« beweist:

Am Sonntag, dem 12. April 1750, nachmittags zwischen vier und fünf Uhr, ging auf der Cheapside ein junger Gentleman mit einer jungen Dame spazieren. Der Herr trug einen hellen Anzug und eine blaue Weste mit Silberspitzen. Die Dame trug ein Trauerkleid. Der junge Gentleman wird hiermit freundschaftlich ermahnt, Vorsicht walten zu lassen, falls er Heiratsabsichten hat, damit er sich nicht solch einer unangenehmen Enttäuschung aussetzt, wie sie ein anderer junger Gentleman erfuhr, der die erwähnte junge Dame volle vier Monate mit den ehrlichsten Absichten begleitet hatte. Wollen Sie, Sir, dies als eine durchaus uneigennützige Warnung hinnehmen.

Es kam auch vor, daß eine verleumdete Dame in den Kleinanzeigen Klatsch dementierte, der sie an einer Heirat hinderte:

AUFRUF AN MEINE KLATSCHSÜCHTIGEN FREUNDE! Hoffentlich nennt Ihr Euch nicht Christen, da Ihr der Kirche nur zur Schande gereicht! Ich kümmere mich nicht um Euch Lügenmäuler, ich wundere mich nur, daß Euch die Zunge nicht aus dem Mund fällt. Ihr beißt ja wie tolle Katzen. Seit Jahren wetzt Ihr die Zungen an mir: sagt doch endlich, was Ihr von mir wollt? Aber Ihr wagt nicht, mir mit Euren Lügen offen vor die Augen zu treten, Ihr tut wie die Schlangen, die im Grase lauern. Das ist meine Meinung über Euch, teilt Ihr sie nicht, dann könnt Ihr Euch helfen, wie Ihr wollt, Ihr niederträchtige Teufelsbande! Miss Ellen Rose.

Wir wollen hoffen, daß dieser energische Protest nicht erfolglos blieb, die Lästerzungen mit ihrem Geschwätz aufhörten und die nächste Annonce der Miss Ellen mit folgenden Worten beginnen konnte: »Dame mit zartem Gemüt sucht…«

Agony Column

Wie die beiden letzten Äußerungen bezeugen, erweiterte sich der Themenkreis der Heiratsanzeigen allmählich. Auch andere Mitteilungen privater Art forderten Raum in den Zeitungen. In den englischen Zeitungen, hauptsächlich in der Times, entstand eine Anzeigenseite von besonderer Bedeutung, der die Leser den Namen »Agony Column« (französisch: colonne d'angoisse, deutsch: Seufzerspalte) gaben. Hier suchten Familien ihre verschollenen Angehörigen, hier erklangen auch die verzweifelten Aufschreie der verlassenen Liebenden.

FÜR A…! Wenn nicht der letzte Funke von Menschlichkeit in Deiner Seele erloschen ist, so kehre wieder! Ach, komme zurück zu Deiner verlassenen Frau, deren Herz Du gebrochen hast, solange es noch nicht zu spät ist, bevor meine Augen, die Du einst geliebt hast, vom Star geblendet werden, bevor es geschehen kann, daß diese Augen Dich anstarren, aber nicht mehr erkennen! Ach, schreibe mir, teile mir mit, wo Du zu finden bist, damit ich zu Dir fahren kann, mein Leben, mein Alles, zu Dir fahren — und sterben.

Manche hatten so wichtige Mitteilungen, daß sie sie nicht der Öffentlichkeit anvertrauen wollten und deshalb in Geheimschrift ausdrückten. Aber die Agony Column hatte viele neugierige Leser und diese viel freie Zeit, so daß sich stets Neugierige fanden, die den Schlüssel der Geheimschrift entdeckten. Liebende haben keine so komplizierten Chiffren wie die Diplomaten. Man würde den geschickten Rätselratern den Erfolg ja gönnen, wenn sie nur nicht oft so gewissenlos gewesen wären. Ein Liebespaar verabredete zum Beispiel unter dem Kennwort »Cenerentola« in Geheimschrift einen Fluchtplan. Jemandem gelang es, die Texte zu dechiffrieren; er scheute keine Kosten und veröffentlichte am nächsten Tag an derselben Stelle den entzifferten Text. Die Bombe schlug ein. Am folgenden Tag erschien eine Annonce von der dritten interessierten Person: »Cenerentola. Wahnsinn! Ich habe an entsprechender Stelle Schritte unternommen. Diese Dummheiten müssen aufhören!«

Auch die Geheimnisse der Agony Column hatten ihre Sammler. Sie beobachteten die sich wiederholenden Kennworte, hoben alle zusammengehörenden Anzeigen auf und stellten dann daraus den Liebesroman oder die Liebestragödie zusammen.* Die folgenden beiden kurzen Annoncen sprechen vom verzweifelten Kampf eines Liebespaars gegen das Schicksal.

FLÜGELLAHME TAUBE stirbt, wenn Kranich nicht dringend zurückkommt, um sie vor den Feinden zu schützen.

FÜR FLÜGELLAHME TAUBE. Kranich ist gezwungen, die Reise anzutreten, wenn sein Schicksal sich nicht wendet.

FÜR FLÜGELLAHME TAUBE. Kranich nimmt Abschied für immer. Lebt wohl, ihr britischen Inseln! Der Schmerz bedrängt mein Herz.

Vier Wochen lang erschien, zweimal in der Woche folgende Botschaft voll gedämpften Schmerzes:

IMMERDAR. Mein Lieber! Ich höre nie auf, an Dich zu denken. Ich vergehe vor Sehnsucht nach Dir. Ein Wort! Nur ein Wort!

Achtmal flehte das verliebte Mädchen um dieses eine Wort. Warum erhielt sie keine Antwort? Was geschah mit ihr in diesen vier Wochen? Wir wissen nur, daß sich der Mann endlich doch vernehmen ließ, aber dann folgende Antwort bekam:

IMMERDAR. Zu spät. Ich gehöre einem anderen.

Weniger dramatisch verlief der Liebesroman von Tom und Lizzie. Tom gehörte zur Gattung der hartnäckigen Verliebten. Zwanzigmal gab er ein Lebenszeichen, immer mit dem nämlichen Text:

TOM wünscht Lizzie zu sprechen. Bitte um Angabe von Zeit und Ort.

Endlich flog die Antwort heran:

LIZZIE erwartet Tom Mittwoch an der Station Morgate.

Es scheint, daß dem standhaften Tom dann ein ganzer Sommer voll Liebesglück zuteil wurde, da die beiden bis September nichts von sich hören ließen. Dann kam ein Zeichen von Lizzie:

FÜR TOM. Unmöglich. Mama kommt an. In acht Tagen.

* *W. S. Walsh:* »Handy-book of Literary Curiosities.« (Philadelphia, 1925.) *Hector France:* »Les nuits de Londres.« (Paris, 1885.)

LIZZIE! Weder Brief, noch Annonce. Ich sterbe vor Angst um Dich! Um Gottes willen, ein Lebenszeichen!

TOM! Ich verlasse das Institut. Schreibe nicht! Riesenkrach! Ich werde Dir alles erzählen. Dienstag am gewohnten Ort.

Dann meldeten sich weder die aus dem Mädchenpensionat entfernte Lizzie noch der unentwegte Tom. Nehmen wir an, daß sich alles zum Guten gewendet hat. Um so dramatischer ist das Ende des Annoncenwechsels, der das Kennwort »H. Darling« hatte und von April bis Dezember dauerte. Es muß sich um ein Mädchen gehandelt haben, das von irgendeinem sehr hochgestellten Herrn geschwängert wurde. Sie brachte ihr Kind auch zur Welt. Alles übrige verraten die Anzeigen.

»Ich weiß, daß Du jeden Morgen diese Zeitung liest. Ich schicke Dir zum vierten Male diese Botschaft; immer die gleiche: Ich warte auf Dich. Aber Du antwortest nicht.«

»Ich will Dir nicht zur Last fallen, wenn ich immer wiederhole: Ich liebe Dich! Ich werde der ganzen Welt Trotz bieten. Mit Stolz warte ich darauf, daß das Pfand unserer Liebe ankommt. Was anderen eine Schande ist, ist mein Stolz.«

»Schon der fünfte Brief ohne Antwort. Wie sich die Zeiten geändert haben! Damals war Frühling, jetzt ist Herbst. Ich fürchte den Winter.«

»Du wolltest mich nicht sehen? Warum? Du wußtest, daß ich am Montag allein zu Hause war. Am Dienstag wartete ich auf Dich im Hyde-Park. Wodurch habe ich Dich beleidigt? Morgen werde ich wieder auf Dich warten. O komm, komm! Meine Stunde naht.«

»Einsamkeit und Schweigen. Baby gestorben. Meine letzte flehentliche Bitte: Komme sofort! Nur noch soviel: Das Elend steht vor der Tür und ich fürchte mich!«

Das Weihnachtsfest, das heilige Fest des Friedens, nahte heran. Drei Tage vorher erschien auf der bestimmten Zeitungsseite wieder das Kennwort »H. Darling«. Diesmal war die Zuschrift nicht von dem Mädchen:

»Wenn diejenige, die unter diesem Kennwort zu schreiben pflegt, noch einmal mitteilt, was mit ihr geschehen ist, wird sie jemand mit liebendem Herzen aufsuchen.«

Einen ganzen Monat hindurch bot der Verführer Tag für Tag die Hand zur Versöhnung. Trieb ihn das Gewissen? Oder hatten sich irgendwelche Änderungen in seiner Lage ergeben? Wir werden es nie erfahren. Die Agony Column verrät nur das Ende der Tragödie:

»H. Darling. Lassen Sie Ihre Aufrufe! Die Betreffende wird nicht mehr antworten. Sie finden sie auf dem Friedhof von Highgate, 4. Parzelle, 22. Reihe. — Verfluchter! Verfluchter! Verfluchter!«

Eine monströse Kleinanzeige

In Deutschland wurde die erste Heiratsannonce am 8. Juli 1783 in den Frankfurter »Frag- und Anzeigungsnachrichten« veröffentlicht.

Die ersten Versuche sind hauptsächlich vom Gesichtspunkt der

Pressegeschichte aus interessant. Unsere rasende, rastlose Zeit kann die patriarchale Ruhe, die aus diesen mehr als anderthalb Jahrhunderte alten Anzeigen spricht, nur mit Neid betrachten. Sie breiteten sich über ganze Seiten aus, da ihre Verfasser nicht daran zweifelten, daß die Abonnenten genügend freie Zeit zum Studium der Texte hatten. Manche dieser Anzeigen mußte man tatsächlich regelrecht studieren, so kompliziert waren die darin enthaltenen Bedingungen.

Bewundernswert ist auch die Uneigennützigkeit der Redakteure und Verleger, die diesen monströsen Anzeigen den nötigen Raum zur Verfügung stellten. Die Auftraggeber scheinen nämlich bei der Bezahlung ziemlich sparsam gewesen zu sein, wie das die folgende liebenswürdig unvermittelte Klausel in einer sich über mehrere Seiten erstreckenden Annonce zeigt:

»Wenn die Herren Verleger diese Anzeige unentgeltlich abdrucken und das Erscheinen vor meinem Beauftragten mittels Belegexemplar nachweisen könnten, und ich meine Antwort auch in ihren Blättern veröffentlichen sollte, würde ich sie dem Ausmaß ihrer Gefälligkeit entsprechend dotieren.«

Mit anderen Worten: Die Verleger sollen die Annonce und dann noch die Antwort umsonst drucken, wobei sie es der Ritterlichkeit des betreffenden Herrn überlassen, den Preis nach eigenem Gutdünken zu bestimmen. Dabei konnten sie nicht einmal wissen, wer der Betreffende war, da er den Decknamen »Rechtlieb« benutzte.

Die Annonce selbst erschien in der »Vossischen Zeitung« Nr. 6 aus dem Jahre 1794. Wir wollen sie in vollem Umfang bringen, ohne auf der dem Ausmaß unserer Gefälligkeit entsprechenden Dotierung zu bestehen.

HEIRATSANZEIGE. Ich suche eine tugendhafte, verständnisvolle Ehefrau. Ich habe mein dreißigsten Lebensjahr vollendet, muß also an die Erfüllung meiner menschlichen Pflichten denken und mein Schicksal mit dem eines Mitglieds des zarten Geschlechts verbinden. Da ich eine sehr hohe Meinung von der Ehe habe, betrachte ich diese als das wichtigste Ereignis meines Lebens. Infolge meiner Lage verfüge ich aber über keine weitläufigen Bekanntschaften und habe keine Möglichkeit, mit einer Angehörigen des weiblichen Geschlechts zusammenzutreffen, die geneigt wäre, mit mir in den Ehestand zu treten. Aus diesem Grund wähle ich den Weg, welchen vor mir schon so viele gegangen sind.

Ich stamme aus einer bürgerlichen Familie, bin gewandt in den Wissenschaften. Zur Zeit verfüge ich über ein Jahreseinkommen von 600 Mark. In zwei Jahren bekomme ich ein vertraglich zugesichertes Kapital in die Hand, welches 5450 Reichstaler ausmacht. Ich darf meinem Schöpfer danken, daß er mich mit einer wohlgebildeten Gestalt und einer glänzenden Gesundheit gesegnet hat. Mehr brauche ich an dieser Stelle nicht zu sagen, da die holde Dame, die mich mit ihrer Hand zu beehren gedenkt, sich wohl genügend für meine Person und meine Umstände interessieren wird. Findet sich also jemand, der sich beim Lesen dieser schlichten und aufrichtigen Zeilen denkt, daß seine Tochter, sein Mündel, seine Verwandte oder seine Freundin mit mir glücklich leben könnte, so wird der Betreffende hiermit gebeten, mir Mitteilung über seine Absichten zu machen.

Bei meiner Wahl kommen vor allem die Sittenreinheit, die Gesundheit und die Bildung in Betracht. Mitgift wird nur insofern beachtet, als bei gleichen Chancen ein Mädchen mit Mitgift vorgezogen wird. Diese Einstellung ist meiner Ansicht nach die heilige Pflicht eines zukünftigen Ehemannes und Vaters.

Als Beweis für die Reinheit meiner Absichten sowie zur Sicherung der vollkommenen Verschwiegenheit in bezug auf eine etwaige Korrespondenz führe ich hiermit die Erklärung zweiter Standespersonen von hohem Ansehen an, welche in der Nr. 72 des Jahrganges 1793 der Aftenpost von Kopenhagen erschienen ist. Die in dänischer Sprache geschriebene Erklärung lautet in deutscher Übersetzug wie folgt:

»Wir Unterfertigten, namentlich Jörgen Hatting Körbye, Kaplan der Nikolauskirche zu Kopenhagen, sowie Emanuel Balling, Revisor der königlich dänischen Lottospiele, tun hiermit kund und zu wissen, daß uns ein mit dem Namen »Rechtlieb« unterfertiger Brief vom 20. August 1793 zu treuen Händen übergeben wurde, welcher hundert Reichstaler nach dänischem Kurs beinhaltet. Im Sinne der im Briefe enthaltenen Verfügung werden wir diese Summe so lange aufbewahren, bis uns Herr Rechtlieb seine Verfügung über deren Anwendung durch die Presse mitteilt. Gleichzeitig verpflichten wir uns, Briefe, die für Herrn Rechtlieb an unsere Adresse einlaufen, so lange aufzubewahren, bis Herr Rechtlieb sich zwecks deren Übernahme meldet und seine Identität nachweist oder aber eine Adresse zur Weiterbeförderung der Briefe mitteilt, in welchem Fall wir dieselben ohne Verzug zuschicken werden. Wir verpflichten uns des weiteren, die auf Grund der von Herrn Rechtlieb in den Zeitungen plazierten Anzeigen bei uns einlaufenden Briefe und Geldsummen anzunehmen und auf die Weise zu benützen, die die erwähnten Anzeigen näher bestimmen werden. Wir werden Herrn Rechtlieb jeden Montag durch die Kopenhagener Aftenpost mitteilen, welche Briefe und Geldsummen in der verstrichenen Woche bei uns eingetroffen sind. Um ganz und gar zu verhindern, daß die Briefe in unbefugte Hände geraten, erklären wir, daß wir keinerlei Briefe oder Pakete von der Post abholen lassen, wir werden unsere Verfügungen so treffen, daß die Post die Sendungen dem Empfänger selbst zustellt.

Kopenhagen, den 2. September 1793

J. H. Körbye m. p. Em. Balling m. p.

Aus dieser Erklärung geht hervor, daß ich niemand zu betrügen beabsichtige. Da ich aber selbst ebenfalls nicht betrogen werden will, bestimme ich folgende Bedingungen. Wenn jemand gegen dieselben auch nur im geringsten Maße verstößt, wird der Brief desselben nicht beachtet. Will also jemand die Verbindung mit mir aufnehmen, aber dieses Blatt nich aufbewahren, so tut er gut daran, wenn er sich die aus 16 Punkten bestehenden Bedingungen notiert.

1. Unfrankierte Briefe werden zurückgewiesen.

2. Der Briefschreiber schickt zehn Reichstaler an die Adresse der Herren Körbye und Balling. Er braucht seinen Brief nicht zu unterschreiben, ein Buchstabe oder sonstiges Zeichen genügt.

3. Der Briefschreiber legt gleichzeitig einen Brief für mich bei mit folgender Anschrift: »Herrn Rechtlieb p. A. der Herren Seelsorger Körbye und Revisor Balling, Kopenhagen.« Im Brief meldet mir der Briefschreiber die Absendung der zehn Taler an die Adresse der genannten Herren, wobei er seinen Brief mit demselben Zeichen versieht, welches er bei dem Brief an die Herren Körbye und Balling verwendete, und ihn mit dem gleichen Petschaft versiegelt.

4. Der Briefschreiber teilt mir die Größe des Vermögens, das Alter und den Stand der vorgeschlagenen Person mit; er beschreibt ihre Familienverhältnisse und geistigen

Fähigkeiten wahrheitsgemäß. Falls die Betreffende über ein Vermögen verfügt, ist auf das Detaillierteste mitzuteilen, woraus dieses Vermögen besteht.

5. Der Briefschreiber bezeichnet die Provinz, die Gemeinde und das Haus, in welchem wir uns treffen können, um die Sache auch mündlich zu besprechen; gleichzeitig teilt er mit, an welchem Zeichen er zu erkennen sein wird. Den Zeitpunkt des Treffens werde ich bestimmen.

6. Falls der angegebene Ort nicht der ordentliche Wohnsitz des Briefschreibers ist, so soll er mir mitteilen, wie lange er für die Reise braucht, damit ich mich danach richten kann.

7. Ein jeder Briefschreiber hat die genaue Adresse mitzuteilen, an welche ich meine Antwort richten kann, wenn ich seinem Angebot Beachtung schenke. Er soll darauf achten, daß er nicht nur Provinz und den Namen der Gemeinde nennt, sondern — sollte dort keine Post sein — auch das nächste Postamt mitteilt, damit sich mein Brief nicht verirrt.

8. Wer mir keine Adresse mitteilt, dem werde ich durch die Zeitung antworten; in diesem Fall muß der Briefschreiber mitteilen, in welcher Zeitung er das Erscheinen der Antwort wünscht. Dies tue ich aber nicht gerne; diejenigen, die die Anweisungen des Punktes 7 befolgen, werden also bevorzugt.

9. Sobald der Briefschreiber meine schriftliche oder durch die Presse vermittelte Antwort erhalten hat, laut welcher ich geneigt bin, mündliche Beziehungen anzutreten, soll er nicht mir, sondern den Herren Körbye und Balling mitteilen, daß er meine Antwort gelesen hat und sie kennt. Sollte sich jemand innerhalb von drei Wochen nach Absendung meiner schriftlichen oder nach Veröffentlichung meiner durch die Presse vermittelten Antwort nicht melden, so wird das Angebot desselben weiterhin nicht beachtet.

10. Diejenigen, deren Vorschlag zu einer mündlichen Aussprache ich annehme, bekommen die eingezahlten Taler nicht wieder, sondern die Herren Körbye und Balling verwenden dieselben für ihren wohltätigen Schulfonds. Gleichzeitig nehmen

die Herren von den bei ihnen hinterlegten 100 Talern die nämliche Summe für denselben Zweck in Anspruch. Ich steuere aber von mir aus nicht zum Fonds bei, wenn der Briefschreiber die im 9. Punkt enthaltenen Bestimmungen nicht beachtet.

11. Diejenigen, deren Vorschlag zur mündlichen Aussprache nicht angenommen wird, erhalten ihr Geld wieder. Die Nichtannahme wird dem Schreiber daraus ersichtlich, daß er bis zum St. Michaelstag 1794 keine Antwort von mir erhalten hat. Infolgedessen kann er die Rücksendung des Geldes nicht vor dem St. Michaelis 1794 beanspruchen. Erhebt er dann Anspruch, hat er das bis Ende Oktober den Herren Körbye und Balling in einem frankierten Brief anzumelden und gleichzeitig die Adresse, an welche er das Geld geschickt bekommen will, mitzuteilen. Nach diesem Zeitpunkt verfällt sein Geld und geht in den Besitz des Schulfonds über.

12. Der Briefschreiber ist verpflichtet, die Briefe an die Herren Körbye und Balling und an mich in der gleichen Handschrift zu schreiben, mit dem gleichen Zeichen zu versehen und mit dem gleichen Siegel zu verschließen. Tut er das nicht, so verfällt sein Geld, und sein Angebot wird nicht beachtet.

13. Wer sich früher meldet, wird bevorzugt.

14. Sollte sich jemand nach Ende März 1794 melden, wird sein Brief nicht beachtet und nicht beantwortet.

15. Da Dankbarkeit und Erkenntlichkeit die Hauptcharakterzüge des edel denkenden Mannes sind, bekommt derjenige Briefschreiber, dessen vorgeschlagene Dame meine Ehefrau wird, nicht nur sein Geld wieder, er wird als Ausdruck meiner Dankbarkeit auch ein bedeutendes Freundschaftsgeschenk erhalten.

16. Damit die Herren Körbye und Balling nicht durch unnütze Erkundigungen nach meinem Namen behelligt werden, teile ich hierdurch mit, daß dieselben Herren meinen echten Namen ebenfalls nicht kennen. Sie waren aus reiner Begeisterung für ihre wohltätige Institution so liebenswürdig, die Vermittlung auf sich zu nehmen. Um überflüssigen Ermittlungen vorzubeugen, teile ich mit, daß ich nicht in Kopenhagen wohne, sondern davon recht entfernt, daß ich meine wirkliche Wohnadresse nicht angegeben habe, weil ich unbekannt bleiben will.

Wer weiß, welches unglückliche Frauenzimmer schließlich in diese mit Bedingungen, Vorbehalten und Vorsichtsmaßnahmen gespickte Fallgrube purzelte. Es ist kaum anzunehmen, daß an der Seite des gründlichen Herrn allzuviel Lebensfreude auf sie wartete. Keine Ausschreibung für eine staatliche Offertenverhandlung hätte gründlicher abgefaßt und besser in Paragraphen gezwungen werden können als diese Wettbewerbsanzeige zwecks Erlangung des Herzens von Herrn Rechtlieb. Es sieht aus, als habe auch der Herr Lotterierevisor Balling beim Ausdenken der Bedingungen mitgewirkt, denn die Teilnehmer des Wettbewerbs wurden eigentlich zu einem Lotteriespiel eingeladen.

Der Einsatz beträgt zehn Taler, die unter Umständen, z. B. wenn man den Punkt 12 nicht beachtet, verfallen. Ganz bestimmt verfallen sie aber, wenn der Betreffende Glück hat und zu denjenigen gehört, die zu einer persönlichen Zusammenkunft aufgefordert werden (siehe Punkt 10). Als Haupttreffer in der Lotterie ist Herr Rechtlieb ausgesetzt, wobei der Vermittler der Hauptgewinnerin durch ein

Freundschaftsgeschenk ausgezeichnet wird. Der Wert dieses Geschenkes hängt von den Begriffen ab, die Herr Rechtlieb von der Freundschaft hegt. Und die pflegen sehr individuell zu sein. Wie bekannt, überraschte Friedrich der Große seine Getreuen mit einfachen Tabaksdosen. Die Innenseite des Deckels trug die eingravierte Aufschrift: »Die Freundshaft erhöht den Wert« (L'amitié augmente le prix).

Die heutigen Verleger sind nicht mehr von der uneigennützigen Opferfreudigkeit, die die damaligen charakterisierte. Der Auftraggeber ist gezwungen, mit Worten, ja sogar mit Buchstaben zu sparen, wie das aus den Anzeigenspalten der französischen Blätter ersichtlich ist.

Als Gegenstück zu der Rechtliebschen aufgeblasenen Annonce wollen wir eine recht magere französische Anzeige vom 7. Juni 1934 aus dem »Candide« (Paris) anführen.

J. fil., 31. b. phys., moral. parf., int., affect., ss. rel., ss. fort., ép. M., b. éduc., loyal, ayant sit., mm. veuf, irait colonies.

Geschickte Rätselrater können heransbekommen, daß ein junges Mädchen von 31 Jahren (in Paris gelten 31 Jahre noch als zartes Mädchenalter), gewinnender Erscheinung, mit tadellosen Sitten, intelligent und von zartem Gemüt, aber ohne Bekanntenkreis und Vermögen, einen Herrn mit guten Manieren und aufrechtem Charakter, auch wenn er Witwer ist, zu heiraten wünscht, falls dieser eine sichere Stellung hat. Sie ist bereit, eventuell auch in die Kolonien überzusiedeln.

Der »schon nicht mehr ungewöhnliche« Weg

Auf diesen »schon nicht mehr ungewöhnlichen Weg« wagten sich in Ungarn vor dem zweiten Weltkrieg Tausende und Abertausende, die einen Lebensgefährten suchten.

Es ist schwer auseinanderzuhalten, welche Annonce von den Interessenten selbst und welche von einem Heiratsvermittler eingesandt wurde. Mir fiel eine Anzeige auf, die geradezu vor Romantik überquoll. Ein verwitweter Gutsbesitzer suchte eine verständnisvolle Gattin für sich und eine liebende Mutter für sein verwaistes Töchterlein, wobei es ihm nur auf Herzensgüte ankam, Mitgift war Nebensache. Einige Wochen später erfuhr ich aus einer anderen Zeitung, daß die kleine Waise immer noch ohne Mutter auf dem hypothekenfreien Gutsbesitz herumsaß. Dann stieß ich so oft auf den gleichen Text, daß ich endlich verstand. Das öde Heim des verwitweten Herrn war nichts anderes als das Büro des Heiratsvermittlers, der auf diese Weise Adressen sammeln und seinen Kundenkreis erweitern wollte.

Können nun auf diesem Wege zustande gekommene Bekanntschaften zur Liebe führen? Das ist durchaus nicht ausgeschlossen. Nicht immer ist es geschäftliches Interesse, das jemanden an der Tür des Vermittlerbüros klopfen läßt. Oft klammern sich auch einsame Menschen, die sich nach Liebe sehnen, nach einer Reihe erfolgloser Versuche an diesen letzten Strohhalm. Die Antwort auf diese Frage könnte nur der Vermittler selbst geben, aber der schweigt. Angehörige der verschiedensten Berufe haben ihre Memoiren geschrieben, Politiker, Feldherren, Künstler, Abenteurer, Kammerdiener, Henker und Schauspielerinnen, aber die Heiratsvermittler tun das nicht. Und ohne ein solches Geständnis wissen wir nichts Genaues.

Sehen wir allerdings die Annoncen von Privatleuten durch, finden wir nicht viel Tröstliches.

Bei den Angeboten männlicher Kunden fällt auf, wie wenig sie sich anpreisen. Sie geben Alter und Beruf an, über ihr Äußeres verlieren sie kein Wort, und das vielleicht nicht ohne Grund.

DREISSIGJÄHRIGER sucht Einheirat in Geschäft.

ZWEIUNDDREISSIGJÄHRIGER Kaufmann wünscht in lebensfähiges Geschäft einzuheiraten.

ZWEIUNDDREISSIGJÄHRIGER unverheirateter Buchhalter sucht Stellung. Angebote unter Kennwort »Einheirat«.

TAUBSTUMMER Tapezierer mit bescheidener Mitgift wünscht Heirat, eventuell Einheirat.

ELEKTROINSTALLATEUR sucht Einheirat. Witwe angenehm. Mittleres Alter.

SOLIDER JUNGER Mann wünscht bei Dame nicht über fünfundzwanzig einzuheiraten.

HANDWERKER mit fester Nachtarbeit sucht Einheirat in ehrbare Familie mit Tagesbeschäftigung.

Es handelt sich hier um ein Geschäft und nicht um Liebe. Das Unternehmen braucht schließlich die Mitarbeit von tüchtigen jungen Männern. Gelingt es, sie durch Familienbande zu fesseln, dann sind sie zuverlässiger als Wildfremde.

Aber es gibt eine Gattung von heiratslustigen Männern, die nicht einmal arbeiten wollen, sondern nur auf Geld aus sind. Sie machen meist keine Umstände und gehen mit männlicher Direktheit auf ihr Ziel los:

KORRESPONDENZ ZWECKS Heirat mit wohlsituierten jungen Mädchen aus guter Familie (eventuell geschiedenen, verwitweten, körperbehinderten oder enttäuschten Damen) gesucht.

SUCHE KÖRPERBEHINDERTES wohlsituiertes junges Mädchen aus gutem Hause zwecks Heirat.

ICH HEIRATE DIEJENIGE intelligente 30–40jährige Dame, die mich saniert.

SUCHE BEKANNTSCHAFT mit reicher alter Dame zwecks Ehe. Zuschriften unter: »Religion Nebensache.«

BIETE DER DAME sofortige Eheschließung an, die meine Schulden von dreißig Millionen bezahlt. (Diese Annonce stammt aus dem Inflationsjahr 1924, die so horrend klingende Summe ist also in Wirklichkeit ziemlich bescheiden.)

EINUNDVIERZIGJÄHRIGER junger Mann mit sicherer Existenz heiratet beliebige Dame. Mitgift erforderlich (genaue Adresse).

Der zu allem entschlossene Einundvierzigjährige erhielt nicht sofort Angebote und wiederholte seine Annonce eine Woche später, aber diesmal genauer, um jeden Zweifel an seiner übergroßen Entschlossenheit zu zerstreuen.

EINUNDVIERZIGJÄHRIGER junger Mann wünscht Heirat. Verwitwete oder Geschiedene angenehm. Religion und Kinder Nebensache. Kenne keine Hindernisse. Mitgift erwünscht.

Das läßt sich nicht überbieten. Vor dieser Entschlossenheit verblassen alle anderen Angebote. Hier können wir zu einem anderen Geschäftszweig in der Heiratsbranche übergehen, nämlich zur Namensehe.

Nach moralischen Schönheitspflästerchen bestand schon immer eine gewisse Nachfrage. Eine Trauungsurkunde war z. B. auch oft dann notwendig, wenn einer Frau wegen ihrer ausländischen Staatsangehörigkeit die Ausweisung drohte. Frauen, die auf dieses Geschäft angewiesen waren, wollten es nicht »Scheinehe« nennen, sie erfanden das etwas besser klingende Wort »Namensehe«, das auch die Zeitungen nicht von der Annahme der Annonce abhielt. Nach den ersten Schwalben flog in früheren Jahren eine kunterbunte Schar sonderbarer heiratslustiger Vögel herbei:

HERR AUS BESTER FAMILIE, ungarische Staatsangehörigkeit, schließt Namensehe. Kennwort: »Bescheidene Ansprüche«.

UNGARISCHER STAATSBÜRGER schließt Namensehe. Kennwort: »Mit Angabe der Summe«.

AUSGESPROCHENER GENTLEMAN empfiehlt sich für Namensehe. Angebote unter »Für sechshundert«.

UNGARISCHER STAATSANGEHÖRIGER schließt für tausend Pengő Namensehe. Antwort erbeten unter »Braun 25«.

ARISTOKRAT unternimmt Namensehe, eventuell mit Künstlerin. Angebote unter »Karriere«.

BARON sucht Namensehe; Agenten ausgeschaltet. Alter und Religion Nebensache. Zuschriften unter: »Diskretion Ehrensache.«

Die meisten der Annoncierenden können nicht nachdrücklich genug betonen, daß sie Gentlemen sind, korrekt und diskret. Leider boten sich manche solcher Kandidaten schon für dreihundert oder gar für zweihundert Pengő an; wobei man diese schmutzige Konkurrenz wirklich nicht als gentlemanlike bezeichnen kann. Den geringsten Anspruch auf den Titel eines Gentlemans kann ein gewisser Herr G. K. erheben, der sich nicht entblödete, den Kredit der Namensehekandidaten durch einen Prozeß zu untergraben.

Folgendes war geschehen:

Eine alleinstehende Dame suchte aus irgendwelchen Gründen einen Partner für eine Namensehe. Herr G. K. erwies sich als der billigste, also wurde sein Angebot erhört. Die Formalitäten waren erledigt, der Standesbeamte erklärte die beiden für rechtmäßig verheiratet, der Herr erhielt das bescheidene Entgelt und nahm mit einem Handkuß Abschied von seiner jungen Frau. Um sich für immer zu entfernen — dachte die Dame. Aber Herr G. K. meinte es anders.

Die Zeit verging, und die Dame begann allmählich zu vergessen, wie ihr Mann eigentlich aussah; sie hatte ihn ja nur zweimnal gesehen. Da läutete es eines Tages an der Eingangstür. Das Stubenmädchen kam ins Zimmer und meldete, daß der Ehemann der gnädigen Frau seine Aufwartung zu machen wünsche.

Herr G. K. trat ein, verbeugte sich und erklärte bescheiden, aber entschlossen, er sei zur Zeit krank und arbeitsunfähig, sehne sich nach einem warmen Nest, weshalb er als der angetraute Gatte das Eheleben mit der Dame beginnen wolle. Er überlasse es ganz dem Gutdünken der Gnädigsten, ob sie die Flitterwochen hier zu verbringen oder aber ihm in seine Behausung zu folgen wünsche, wobei zu bemerken sei, daß er im Augenblick leider nur ein kleines Hinterstübchen in Untermiete bewohne...

Herr G. K. wurde hinausgeworfen.

In einigen Tagen erschien der Gerichtsbote bei der Dame und händigte ihr eine Klageschrift und eine Vorladung aus. Die Klage war von Herrn G. K. erhoben worden und lautete auf Unterhalt des Ehemannes. Er sei arbeitsunfähig, die Frau vermögend und also verpflichtet, ihn zu unterhalten. Die Frau faßte das als einen dummen Scherz auf, da aber das Gericht bereits einen Termin angesetzt hatte, suchte sie ihren Anwalt auf. Der Advokat kratzte sich hinter den Ohren, schlug im Gesetzbuch nach und eröffnete seiner Klientin schließlich die nackte Wahrheit, die sich in juristischer Formulierung ungefähr so anhört:

»Die Ehefrau ist verpflichtet, den vermögenslosen und verdienstunfähigen Ehemann seinem Stande und ihrem Vermögen entsprechend zu unterhalten.«

Die Verteidigung der Frau vor dem Gericht war ein aussichtsloser Kampf. Das Gericht erkannte die Namensehe nicht an, weil das Gesetz eine solche Institution nicht kennt. Da die Frau zugab, ihren Mann nicht bei sich aufnehmen und ihm auch nicht in die Untermiete folgen zu wollen, wurde sie von Gerichts wegen verpflichtet, ihrem Mann einen monatlichen Unterhaltsbeitrag, die Zinsen und die Gerichtskosten zu zahlen.

Frau G. K. erfuhr also, daß sie, wenn auch ungewollt, doch eine richtige Ehe geschlossen hatte. Nach diesem lehrreichen Fall nahm die Zahl der Namensehen rapid ab und die der diesbezüglichen Kleinanzeigen ebenfalls.

*

Manche Heiratsannoncen passen in keine der oben angeführten Gruppen:

ACHTUNDDREISSIGJÄHRIGER selbständiger Textilfachmann mit gutem Namen wünscht sich zu verheiraten. Zuschriften unter »Kassengeschäft« erbeten.

JUNGE, HÜBSCHE WITWE mit drei Kindern, Geschäft und Wohnung wünscht zu heiraten.

STUDENT DER MEDIZIN, Vierziger, sucht zwecks Heirat die Bekanntschaft einer wohlhabenden Dame.

NÄHERIN in fester Anstellung sucht Bekanntschaft eines ähnlichen Herrn zwecks Ehe.

SELBSTÄNDIGER FLEISCHERMEISTER, 29 Jahre, würde Dame mit angemessenen Qualitäten heiraten.

BESSERER HANDWERKER, 54 Jahre, sucht Bekanntschaft mit einer unabhängigen, angenehmen Dame mit eigenem Beruf. Sie kann auch aus der Vorstadt sein. Briefe unter »Bescheiden«.

Es ist und bleibt ein Geheimnis, warum der Medizinstudent mit über vierzig Jahren immer noch studierte und inwiefern der Herr der Näherin ähnlich sein sollte. Sollte er auch nähen? Oder auch »in fester Anstellung« sein? Welche Qualitäten wünscht sich ein Fleischermeister bei einer Dame? Wieso beweist es Bescheidenheit, wenn einer auch eine Frau aus der Vorstadt nimmt?

In bezug auf Bescheidenheit sind die Begriffe übrigens sehr unterschiedlich. Wir wollen zwei extreme Fälle anführen:

SUCHE ZWECKS HEIRAT Köchin oder Stubenmädchen bis siebenundzwanzig.

OBERLEHRER, SCHULDIREKTOR in Budapest, wünscht sich zu verheiraten. In Frage kommen Ärztinnen, Oberlehrerinnen, Künstlerinnen, Villenbesitzerinnen, Hausbesitzerinnen und Gutsbesitzerinnen mit Lebenslauf und voller Adresse. Kennwort: »Diplom.«

Da wir gerade bei extremen Fällen sind, will ich noch zwei sehr gegensätzichle Annoncen bringen:

MEINE DAMEN... Witwen... Geschiedene... Junggesellinnen! Wer von Ihnen wäre geneigt, den viersitzigen Luxuswagen und den verpfändeten Schmuck eines 32jährigen geschiedenen Dentisten zu retten, d. h. seine Gesamtverbindlichkeiten in der Höhe von 1500 Pengő dringend, innerhalb von 1-2 Tagen zu ordnen? Für die Auslösung der Pfandsachen habe ich Zeit bis zum 3. April dieses Jahres, danach ist alles verloren. Die Dame kann älter als 36 Jahre sein, Religionsunterschiede zählen nicht. Die Eheschließung kann — wie eine notarisch beglaubigte Urkunde beweist — in 4 bis 5 Wochen stattfinden. Der Wagen und der Schmuck werden der Dame als Garantie überschrieben. Ich verfüge über ein eigenes Einkommen von monatlich 200-300 Pengő, eine modern eingerichtete Wohnung mit Bettwäsche, Gas, elektrischem Licht. Dringende Antwort mit genauer Angabe von Ort und Zeit der Begegnung erbeten an die Redaktion.

SELBSTKRITISCH veranlagter Intellektueller, weitgereist, unabhängig, mit ausgeglichen geregelten Lebensbedingungen, 39 Jahre, sucht durch diesen widerspruchsvoll sonderbaren Versuch eine »Möglichkeit zum Gedankenaustausch«. Sollte sich eine Frau finden, die — und sei es auch anonym — in einem aufrichtigeren und menschlicheren als dem gewöhnlichen Briefwechsel ein Radiumatom der Menschlichkeit kennenlernen will, welches in diesem seelenlos verarmten Scheindasein aus den menschlichen Gegebenheiten eines in der eigenen Natürlichkeit weiblichen Weibes — gemeint sind das Gefühl für Häuslichkeit, der Familiensinn, das Gemüt und der behutsame Geschmack — wie aus einem lebensfähigen Rahmen hervorleuchtet, und die darüber hinaus ein Ziel, eine Ursache und einen Sinn für ihre Aufgabe sucht, dann kann diese Dame in mir vielleicht einen Lebensgefährten finden.«

Die betonte Selbstkritik bezieht sich wohl kaum auf den stilistischen Wert des Konzepts, dennoch ist die gute Absicht anzuerkennen. Möge diese zweifellos aufrichtige Äußerung für alle stehen, die tatsächlich eine anständige, ehrliche Ehe schließen wollen.

Venus Adventoria

Hat ein Abenteuer etwas mit Liebe zu tun?

Gewiß.

Neben der Venus Urania und der Venus Vulgivaga beansprucht auch die dritte Göttin, die Venus Adventoria, ihren — wenn auch bescheidenen — Platz.

Wobei ich der lateinischen Urform des Wortes aventurier = Abenteurer die moderne Bedeutung aufgezwungen habe, um dem Begriff der dritten Venus näher zu kommen.

Der Casanova-Typ, der nur Abenteuer im Sinn hat, opfert keiner der beiden Liebesgöttinnen. Urania ist für ihn allzu ideal und Vulgivaga niedriger, als er es wünscht. Er liebt wohl die Abenteuer der Straßen, auf denen er die Unbekannte sucht, aber an der Straßenecke bleibt er nicht stehen.

Was beschützen also die Sterne der Venus Adventoria?

Das Geheimnisvolle des Abenteuers.

In der Liebe ist der Mann der offensive Teil, die Frau ist defensiv, sie baut sich einen Schutzwall, hinter den sie sich rettet. In ihr Inneres gewährt sie keinem Fremden Einblick. Eine interessante Auffassung der weiblichen Keuschheit besagt, daß sie eigentlich nicht den Körper vor dem männlichen Blick, sondern die geheimen Gefühle der Frau vor den Absichten des sich ihr nähernden Mannes bewahrt. Auch die keuscheste Frau errötet nur dann vor dem Blick eines Mannes, wenn er eine Absicht verrät. Ein Stelldichein und die Sprechstunde des Arztes sind verschiedene Dinge.

Sogar in der wahrhaftigsten Liebe des Mannes findet sich versteckt die Neugier, die Freude am Rätselraten, die die Geheimnisse der Frauenseele ergründen will und sich nach dem großen Augenblick der Erkenntnis sehnt.

Das ist der Wunsch, der den Casanova-Typ charakterisiert. Das große Vorbild, der Abenteurer von Venedig, formulierte seinen Grundsatz so: »Eine schöne Frau ist wie ein Buch; weckt das Titelblatt unser Interesse, lesen wir es neugierig durch. Nach der Lektüre ist das Interesse beendet.«

Der Held des Annoncen-Abenteuers weiß noch nicht, wie seine zukünftige Heldin aussehen wird. Aber er hat eine Vorstellung von der Frau im allgemeinen und hofft, daß sich ihm diese unpersönliche Vorstellung im Verlauf des bevorstehenden Abenteuers schon verdeutlichen wird. Auch er ist neugierig auf die Unbekannte, die er auf diese Weise sucht.

Die Gesellschaft dieser Abenteuerlustigen ist übrigens außerordentlich bunt, in den Kleinanzeigen finden wir nicht nur die Casanovas unserer Zeit. Hier ist ein junges Mädchen, das durch eine Annonce die wahre Liebe mit dem ersehnten Besuch der großstädtischen Vergnügungslokale verbinden möchte, da eine Frau in Torschlußpanik, der einsame Mann, die sich langweilende Schöne, der Bankier, der den Mädchen das Paradies der Riviera verspricht. Der eine drückt sich bescheiden aus, er sucht eine Partnerin für seine Unterhaltungen, großmäulig der andere, der sich nur mit einer vollkommenen Schönheit einzulassen gedenkt. Vor unseren Augen erschließt sich das wirre, kunterbunte Bild des großstädtischen Liebeslebens.

Es ist sonderbar, daß die offizielle Wissenschaft den in den Heiratsanzeigen auftretenden »seelischen Narzißmus« noch nie untersucht hat. Der Grieche Narcissus hatte noch ein gewisses Recht, sein

Spiegelbild im Wasser anzubeten, denn er war ein hübscher Bursche. Was aber bilden sich die hinter den verschiedenen Kennwörtern lauernden, äußerlich und innerlich nichts Gutes versprechenden Annoncenritter ein, wenn sie an die Frauen Ansprüche stellen, die jeden Haremspascha als ein Muster an Bescheidenheit erscheinen lassen? Zu der ganz alltäglichen Bedingung, daß die Dame sehr schön sein muß, kommen die maßlosesten Wünsche:

28JÄHRIGER OBERLEHRER sucht außerordentlich hübsche 18-20jährige junge Dame aus besserer Familie.

HERR MIT AUTO sucht elegant gekleidete, über jede Kritik erhabene, schlanke, junge, auffallend hübsche Partnerin. Kennwort: »First Class«.

WIE AUS MARMOR gemeißelt, mit tadelloser Figur und elegant muß die Dame aus den besten Kreisen sein, deren selbstlose Neigung zu erlangen ein nicht häßlicher Jüngling hofft.

SAGENHAFT SCHÖN und regelmäßig wie eine Statue soll die junge Dame sein, deren dauernde Freundschaft ein aufmerksamer Herr in den besten Jahren zu gewinnen wünscht. Antwort mit Lichtbild erbeten unter »Aphrodite«.

LUSTIGE KAMERADIN sucht 31jähriger Beamter, sie muß entzückend, süß, zart und modern sein, mit Kinderstube, aus tadelloser Familie, Typ Elisabeth Bergner oder Martha Eggert. (Die Anzeige stammt aus den 1920er Jahren.)

VORNEHMER HERR aus der Provinz sucht die Bekanntschaft einer Dame mit dunkelbraunen oder schwarzen Haaren und Augen und je zwei Grübchen an den Ellenbogen.

TANAGRAFIGÜRCHEN, sehr jung, schönes Gesicht, kleine Füße, wird von ernstem, diskretem Herrn gesucht.

Dieser Herr hatte Glück. Das ersehnte Mädchen meldete sich schon in der nächsten Nummer:

BITTE UM ABGABE eines Theaterbillets für Montag abend in der Redaktion. »Tanagrafigürchen«.

Der Narziß der Heiratsanzeigen ist auch in jeder anderen Hinsicht davon überzeugt, daß er nur zu winken braucht und die Damen sofort alle seine Wünsche glücklich und gehorsam, ohne Gegenleistung, das Nützliche mit dem Angenehmen verbindend, erfüllen.

ICH SUCHE EINE DAME, die mich interessieren, fesseln und seelisch erfüllen kann, ohne meine individuelle Freiheit anzutasten. Meine Vorstellung: groß, schlank, angenehme Erscheinung, geistreich, strebsam, doch liebevoll und uneigennützig.

SUCHE DIE BEKANNTSCHAFT eines Mädchens, das selbstbewußt im Denken, aber demütig in der Seele ist.

EIN AUFFALLEND HÜBSCHES, gutgekleidetes Mädchen aus guter Familie, wohnhaft in der Nähe der Böszörményi oder Németvölgyi Straße, wird von jungem Mann mit guter Herkunft gesucht.

SUCHE SINNVOLLE BEKANNTSCHAFT mit einem hübschen Mädchen in fester Anstellung. Ihre Schönheit soll im direkten Verhältnis zu ihren geistigen Fähigkeiten, die Modernität ihrer Auffassung im umgekehrten zu ihrem Alter stehen. Kennwort: »Solid und bescheiden«.

ICH SUCHE ein hübsches, heiteres Mädchen von 15 bis 18 Jahren, mit Abonnement für die Kunsteisbahn.

GEBILDETES junges Mädchen (unter zwanzig), schönes Gesicht und tadellose

Figur, sucht ernsthafter Herr für ständige ehrbare Bekanntschaft, Kino, Theater, Reisen und ähnliche Unterhaltungen. Stenotypistin oder repräsentative, gut gekleidete Reisesekretärin bevorzugt.

ICH SUCHE die Bekanntschaft einer ausgesprochen hübschen Dame mit eigener Wohnung und sehr geringen Ansprüchen, die ich wöchentlich einmal besuchen möchte.

GESCHÄFTSLEITER, gute Erscheinung, sucht die Bekanntschaft einer Angestellten oder Näherin mit tadelloser Figur und den gegenwärtigen Umständen angemessenen Ansprüchen.

DIE FREUNDSCHAFT einer vollschlanken Dame sucht strammer Mechaniker. Sonntagnachmittag frei. Kennwort: »Uneigennützig«.

AUFMERKSAMER Vierziger aus der Provinz, zur Zeit in der Hauptstadt, sucht Bekanntschaft mit ausgesprochen schöner lediger oder verwitweter bzw. geschiedener Dame aus guten Kreisen. Dringende Antwort mit Photographie — ehrenwörtlich zurück —, Treffpunkt und Zeitangabe unter Kennwort: »Kein Freund von vielem Warten«.

ICH SUCHE eine absolut geistreiche, kultivierte Dame, die sich nicht aus Langeweile oder Laune, sondern aus ihrem Wesen heraus nach der Gesellschaft eines ähnlichen, unbedingt wertvollen 33jährigen Herrn sehnt. Nachricht erbeten unter Kennwort: »Lady«. (Weihnachten vielleicht Reise nach Abbazia, Kosten trägt jeder für sich.)

Also »jeder für sich«... Das ist der populärste Ausdruck dafür, daß Narcissus für das Liebesspiel nichts als die eigene Person zur Verfügung stellen will. Der Mann hat allerlei Wünsche, aber die Frau muß »selbstlos« sein, auf eigene Kosten oder auf halbe Kosten eingestellt. Will er es nicht direkt sagen, dann versteckt er seine Auffassung von der Ritterlichkeit im Kennwort wie der junge Mann, der mit »sine pecunia« von seiner zukünftigen Bekannten sogar lateinische Sprachkenntnisse verlangte. Der Wunsch, sich beim Stelldichein in englischer, französischer oder deutscher Sprache zu üben, ist gang und gäbe; ein Herr mit unverschämten Ansprüchen wollte in Budapest sogar eine portugiesisch sprechende Dame kennenlernen, die noch dazu schön sein sollte.

Auch dieser Text ist nicht übel:

BARFUSS Ausflüge machen und barfuß in die Sommerfrische gehen! Welche Dame hegt diesen Wunsch? Wir könnten uns gemeinsam, jeder auf seine Kosten, in einem kleinen österreichischen Badeort erholen. Kennwort: »Gemeinsame Sommerferien«.

Nach den vielen verstockten Egoisten tut es geradezu wohl, von den uneigennützigen Wünschen einfacher Herzen zu lesen.

JUNGES STUBENMÄDCHEN, gute Erscheinung, sucht Partner.

HANDWERKERSOHN wünscht Briefwechsel und später ideale Freundschaft mit Stubenmädchen aus der Balatongegend.

SUCHE DIE FREUNDSCHAFT einer Köchin oder eines Stubenmädchens. Briefe unter »Frühlingserwachen«.

HOCHGESCHÄTZT und erwünscht wäre mir die dauerhafte Freundschaft eines älteren Wachtmeisters. Briefe unter dem Kennwort: »Seelengüte«.

FRÖHLICHE OSTERTAGE wünsche ich derjenigen einfachen, ausgesprochen hübschen Dame mit freien Sonntagnachmittagen, die die Bekanntschaft eines einfachen uniformierten Amtsdieners sucht. Kennwort: »Selbstlose Dame«.

Dabei bin ich im Zweifel, ob ich dieses letzte Zitat nicht falsch untergebracht habe. Man beansprucht eine ausgesprochen hübsche, wenn auch einfache Dame, die »selbstlos« sein soll. Uniform bleibt Uniform...!

Einen Einblick in das Leben der Bedauernswertesten gewähren die folgenden Anzeigen:

KÖRPERBEHINDERTE, deren Leiden die ästhetischen Gefühle nicht verletzt, gute Erscheinung, aus guter Familie sucht Bekanntschaft mit tieffühlendem, vornehm gesinntem Herrn in den vierziger Jahren.

DIE BEKANNTSCHAFT einer jungen Dame mit leichtem Sprachfehler sucht ein ähnlicher junger Mann.

FEINFÜHLENDES, arbeitendes junges Mädchen aus guter Familie, körperbehindert, sucht die Bekanntschaft eines ähnlichen Herrn.

WELCHER ZARTFÜHLENDER Herr wünscht Bekanntschaft mit einem jungen Mädchen aus guter Familie? Gute Erscheinung, beinamputiert.

Womit können diese Unglücklichen rechnen? Mit einem Sonnenstrahl in ihrem Leben? Oder gar mit Liebe? Vielleicht werden alle Hoffnungen schon durch die ersten Mißerfolge zerschlagen, aber vielleicht findet sich auch ein Trost oder die Freundschaft mit einem Leidensgenossen.

Ich möchte noch von einer Erscheinung in der Geschichte des menschlichen Geschmacks berichten. Die Ärzte beklagen sich immer wieder, daß die Frauen heute um jeden Preis schlank und ätherisch sein wollen. Sie unternehmen sinnlose Abmagerungskuren, bei denen sie nicht nur abmagern, sondern oft geradezu eintrocknen. Diese Sylphiden sind in einem verhängnisvollen Irrtum befangen. Ich sprach schon über die Meinungsverschiedenheiten bei dem Problem: mager oder dick. Die öffentliche Meinung, wie sie sich in den Kleinanzeigen spiegelt, entscheidet diese Frage: Die Mehrheit ist für dick.

Herren mit feinem Stilgefühl drücken sich allerdings nicht so grob aus, ihr Wortschatz ist reichhaltig und taktvoll. Sie suchen:

Vollschlanke, nicht zu magere, stramme, starke, solid gebaute, massive, etwas mollige, leicht mollige, mollige (der Ausdruck kommt am häufigsten vor; in einer einzigen Zeitung fand ich ihn siebenmal), mollig gebaute, sehr vollschlanke, volle und sogar recht volle Damen.

Die molligen Schönheiten haben die Nachfrage schnell erfaßt und locken in den Annoncen mit ihren Rubensschen Formen.

Einmal fand ich in einer Zeitung zwei ganz und gar entgegengesetzte Angebote hintereinander abgedruckt. Die eine pries sich als »Brunhilde« an, während die andere, die folgende, bescheiden tat: »Ich bin schmal, wie die Sichel des abnehmenden Mondes.«

Der Stil

Wenn in einer Annonce ein neugeprägtes Wort vorkommt, pflegen es die anderen Inserenten sofort aufzugreifen. So wurden sprachliche Mißgeburten, wie die »selbständige Handwerkerstochter« oder der »anhanglose Junggeselle« populär. Das Wort »perfekt« wurde modern, man suchte eine »perfekt« schöne Frau oder eine »perfekte« Dame. Die gedankenlose Nachplapperei ging so weit, daß ein Herr auch in der Heiratsannonce seine englischen Sprachkenntnisse beweisen wollte und folgende Formulierung schuf:

»SPOKEN OUT Lady searching for gentleman partner.« (Statt: decided)

Gut hört sich auch der folgende Text an:

ZWEI SEHR HÜBSCHE Mädchen aus guter Familie suchen die Bekanntschaft von perfekt israelitischen intelligenten Herren. Kennwort: »Blondine und Brünette«.

Die Konkurrenz ist groß, man muß auffallen, wenn es nicht anders geht, durch die Originalität des Textes. Den meisten Erfolg haben die Inserenten, die keine goldenen Berge versprechen, aber durch mehr oder weniger geistreiche Formulierungen beweisen, daß sie einen amüsanten Partner abgeben können.

AUFRUF! Es möchte sich bitte derjenige Herr mittleren Alters melden, der geneigt wäre, einer Büroangestellten mit eigenem Einkommen Gesellschaft zu leisten. Kennwort: »Keine Angst vor dem bösen Wolf«.

JUNGEN! Elegantes, junges Mädchen aus guter Familie braucht dringend Rettungsring, um nicht im Meer der Langeweile zu ertrinken.

SOS! Sonst sind wir verloren! Zwei Freundinnen suchen tadellose Herren als kühne Retter!

ZWEI HÜBSCHE junge Perlen warten auf ihre Perlenfischer.

WER WILL mein verrostetes Herz aufpolieren? Ich bin ein junger Mann von 26 Jahren.

IN MEINEM HERZEN ist ein Zimmer zu vermieten. Sonnig. Herrliche Aussicht. Briefe von Mädchen mit empfindsamem Herzen erwünscht. Kennwort: »Dauerwohnung«.

WELCHE HÜBSCHE, GUTE FEE will die Blume der Liebe in das Herz eines poetisch veranlagten jungen Sportsmannes pflanzen?

LASSEN SIE sich ihre überflüssige Zeit von mir unentgeltlich totschlagen. Kennwort: »Junger Gentleman«.

STELLUNGSLOSE hübsche Wassernixe wird als stellvertretender Kapitän in meinem Motorboot und Wochenendhaus angestellt.

HALLO, MEINE DAMEN! Hier spricht der Sender der idealen Männerseele. Wird er von einer schönen, eleganten, wirklichen Dame ohne materielle Interessen empfangen, möge sie sich unter »Seelische Antenne« melden.

ELEKTRISCH POSITIV geladener Herr sucht kultivierten Gegenpol. Kennwort: »Plusminus«.

INGENIEUR sucht Partnerin mit pikantem Gesicht, die ihm die bittere Stimmung der saueren Tage versüßen will.

ZWEI HÄSSLICHE Beelzebuben suchen zwei hübsche Beelzebabys.

ICH BIN ARM WIE EINE KIRCHENMAUS und suche hübsches Mäuschen als abendliche Partnerin.

Manche versuchen es mit der Aufrichtigkeit und haben oft Erfolg. Das große Beispiel ist der Redakteur des englischen Wörterbuches, Samuel Johnson. Als er nämlich seiner späteren Frau den Hof machte, gestand er ihr aufrichtig, daß einer seiner Ahnen gehenkt worden war, worauf die Lady antwortete, daß das kein Hindernis sei, zwar sei von ihren Ahnen keiner gehenkt worden, aber mehrere hätten es durchaus verdient. Von dieser Art pflegen die Geständnisse in den Heiratsanzeigen allerdings nicht zu sein. Aber manche der Inserenten rechnen damit, daß die maßlose Anpreisung der eigenen Person allmählich schon in Mißkredit geraten sein muß. Sie probieren also das Gegenteil. Und der Leser hat seine Freude an der Bescheidenheit, zu wörtlich nimmt er sie sowieso nicht.

KLEINER, häßlicher, armer junger Mann sucht die Bekanntschaft einer musikalisch gebildeten, wohlsituierten, schlanken, hübschen ledigen oder geschiedenen jungen Dame. Kennwort: »Gegensätze ziehen sich an«.

UNGEBILDETER, dummer, geradezu unzivilisierter, häßlicher, kratzbürstiger 18jähriger Mann sucht in seiner Frau das genaue Gegenteil.

SUCHE die Bekanntschaft eines klugen Mannes, denn ich bin dumm.

HÄSSLICHER, dummer, durchaus nicht gut gewachsener 32jähriger Onkel sucht seinen Gegensatz.

LANGE SUCHTE ich nach einer durchaus feinfühlenden, gutgewachsenen, intelligenten Kameradin. Ohne Erfolg. Jetzt probiere ich es mit dem Gegenteil. Suche eine boshafte, abscheuliche, dumme Feindin. Ich bin 31 Jahre alt und unverheiratet. Kennwort: »Ne parlez pas moi d'amour«.

Sprechen wir also nicht über Liebe, denn da naht noch eine weitere Gruppe, erschütternd anzusehen. An ihrer Spitze wandelt Venus Vulgivaga.

Ihre Jünger kümmern sich da nicht mehr um den Schein; sie sagen rund heraus, daß sie Liebe für Geld kaufen wollen oder Liebe gegen Barzahlung anbieten. Ihre Annoncen sind kurz und sachlich. Vornehme Herren mit Vermögen bieten ihre materielle Unterstützung an. Ein junges Mädchen »ohne Vergangenheit« sucht einen Freund und Unterstützung. Entzückende junge Frauchen fordern »ältere« Herren auf, ihnen aus ihren augenblicklichen Geldnöten zu helfen. Ab und zu wird die Altersgrenze für diese Herren bestimmt: Ein Vierziger, um die vierzig, zwischen vierzig und fünfzig, ein Fünfziger (also bis neunundfünfzig).

Auch junge Männer versuchen es mit einer Heiratsannonce, wenn sie in der Klemme sind. Der Text pflegt einfach zu sein: Junger Mann aus bester Familie, gute Erscheinung, sucht diskrete Freundschaft mit älterer Dame. Das Kennwort pflegt schon mehr zu verraten: »Altersgrenze Nebensache«, »Ich bin in Not«, »Aushilfsanleihe« usw.

Langsam ging das dann zu weit. Die Redaktionen waren gezwun-

gen, diese gegen die Sittlichkeit verstoßenden Texte abzulehnen. Da kam jemand auf den rettenden Gedanken, den Satz »Ehe nicht ausgeschlossen« an die Annoncen anzukleben. Nun wurde die Ware folgendermaßen verpackt:

SUCHE die Freundschaft eines jungen Mädchens ohne Vergangenheit, das ich materiell unterstützen will. Bitte um Angabe der vollen Adresse. Ehe nicht ausgeschlossen.

ZWEIUNDZWANZIGJÄHRIGER junger Mann, aus guter Familie, angenehme Erscheinung, sucht die Freundschaft und Unterstützung einer reichen Dame. Ehe nicht ausgeschlossen.

SEHR LIEBENSWÜRDIGE unabhängige junge Dame sucht die Freundschaft und Unterstützung eines korrekten älteren Herrn. Eigene Wohnung. Ehe nicht ausgeschlossen.

ICH BIN ein entzückendes kleines Mädchen und möchte gern Bekanntschaft mit einem aufmerksamen älteren Herrn schließen. Ehe nicht ausgeschlossen.

HÜBSCHES JUNGES MÄDCHEN aus guter Familie sucht die Freundschaft eines begüterten Herrn, der gewillt ist, sie monatlich zu unterstützen. Kennwort: »Genug vom Büro«, Ehe nicht ausgeschlossen.

ZWEIUNDZWANZIGJÄHRIGE hübsche blonde Witwe bedient sich wegen Mangel an Gelegenheit dieses Weges, um innige Freundschaft mit korrektem Herrn mittlerer Jahre aus der Provinz, der sie materiell unterstützen will, zu schließen. Kennwort: »Kleines Kätzchen«. Ehe nicht ausgeschlossen.

Einmal spielte der Zufall dem kleinen Kätzchen und den anderen ein böses Schnippchen. In einer Zeitung erschien gleich nach ihren Offerten dieses nicht alltägliche Angebot:

ERSTKLASSIGES SPÜLICHT zu verkaufen! Restaurateur F. (Genaue Andresse.)

Zweitklassiges hätte es auch getan.

Die Geschichte des Kusses

Die Wissenschaft dehnte ihre Forschungen auch auf das Gebiet des Kusses aus. Bei dem Nachweis seiner Herkunft teilte sie sich, wie das oft vorkommt, in mehrere Parteien.

Man beobachte zwei Tauben, wenn sie sich küssen, schrieb Herbert Spencer. Offenbar ist es ihre Absicht, sich gegenseitig zu kosten. Der Hund springt auch an seinem Herrn hinauf und schnappt nach der Hand, um sozusagen den Geschmack des Gegenstandes seiner Anhänglichkeit zu probieren. Die Kuh wird von der Mutterliebe dazu getrieben, den Kopf ihres Kalbes abzulecken. Ebenso entwickelte sich der menschliche Kuß aus dem Instinkt des Kostens.

Das stimmt nicht, sagt die Partei des Tastsinnes, die sich auf Darwin stützt. Die Taube beweist nichts, der Vogel empfindet mit seinem Schnabel keinerlei Geschmack. Auch das Huhn schnappt wahllos nach Körnern und Kieselsteinen. Was die Kuh anbelangt, ist die Beobachtung einseitig. Das Kalb erwidert ja die mütterliche Zärtlichkeit auf dieselbe Weise, die Kuh genießt also ein Kitzeln. Dazu kommt, daß viele wilden Völker den Kuß gar nicht kennen und statt dessen ihre Gesichter oder die Nasen aneinander reiben.

Da haben wir's — triumphieren die Anhänger des olfaktorischen Ursprunges. Zweck des Kusses ist es nicht, das geliebte Wesen zu kosten oder sich ihm so weit wie möglich zu nähern, sondern an ihm zu riechen. Darum ersetzen die Südseevölker den Mund durch die Nase. Das kommt auch in manchen Sprachen zum Ausdruck. Bei uns sagt die Frau zu dem geliebten Mann: Küsse mich, Lieber! bei anderen: Berieche mich, Lieber!

Vom Anfang bis Ende ein Irrtum, sagt der Psychoanalytiker. Der Kuß ist nichts als ein Säuglingskomplex. Der Mensch kann seine Säuglingserlebnisse nicht loswerden und benützt den Kuß, um sich in die Zeiten zurückzuträumen, die er an der Mutterbrust verbrachte. Dieser Komplex erklärt auch die Beliebtheit des Pfeiferauchens.

Das Problem läßt sich also kaum entscheiden. Wenn wir uns nicht unter die wilden Völker begeben, sondern in Europa bleiben, finden wir interessante Beweise sowohl für die olfaktorische als auch für die sensorische Auffassung. Ein Spruch aus Jütland meint: »Küßt man einen Mann, der weder Tabak raucht noch kaut, ist es wie der Kuß auf den Hintern eines neugeborenen Kalbes.«

Im französischen Volkslied bestreicht der Bursche vor dem Küssen seine Lippen mit Butter, damit sein Kuß besser schmeckt.

»J'avais toujours dans ma pochette
Du bon bieur frais,
O qué je me gressais la goule
Quand j' l'embrassais.«*

Dabei muß in Betracht gezogen werden, daß die in den Lippen befindlichen Äderchen und Nerven von keiner dicken Epidermis sondern nur von einem feinen und dünnen Epithelium bedeckt sind. Infolgedessen sind die aus dem Herzen kommenden, vom Blut durchpulsten Adern und die von der Elektrizität der Liebe lebenden Nerven der Küssenden beinahe in unmittelbarer Berührung.

Lauter interessante Beobachtungen. Jeder Liebende kann daraus entnehmen, daß Küssen ungefähr dasselbe ist wie das Kosten eines wohlriechenden, appetitlichen, weichgekochten Leckerbissens.

Man sieht gleich, daß die Männer all diese Wissenschaftlichkeiten aus ihrem eigenen Gehirn haben. Jede Frau hätte ihnen verraten können, daß der Kuß weder ein sensorisches, noch ein taktiles, weder ein olfaktorisches, noch ein mammilarisches Verfahren ist, sondern — der Teufel soll alle Termini holen! — einfach ein Hingerissensein der Seele. Der erste Kuß ist das größte Erlebnis der Liebe, nicht nur wegen der körperlichen Berührung, sondern weil er stumm, ohne stolpernde und stotternde Worte Perspektiven der Zukunft eröffnet. Der Kuß ist der erste Beweis dafür, daß die Frau die Verteidigung aufgibt. Eine Kapitulation auf der einen, seliger Triumph auf der anderen Seite. Der Kuß ist sozusagen das Siegel auf dem Friedensvertrag, der dem erniedrigenden Kampf der Geschlechter ein Ende bereitet. Er ist ein Gelöbnis, nach dem es keine Gegner mehr gibt, sondern nur noch zwei in der Liebe vereinte Menschen. Darum und nicht wegen des guten Geschmacks lebt die Erinnerung an den ersten Kuß in aller Ewigkeit in der Seele der beiden Liebenden.

* In meinem Tüchlein trug ich immer
Ein bißchen frische Butter,
Mit der ich meine Lippen bedeckte,
Bevor ich sie küßte.

Die späteren Küsse, jüngere Brüder des ersten, wiederholen dieses Gelübde mit mehr oder weniger Glut, aber mit bleibender Wärme und Zärtlichkeit. Ich sprach immer von der Begegnung der Lippen. Aber natürlich gibt es auch leidenschaftliche, ja tolle Küsse, die wie wild gewordene Pferde überall dorthin jagen, wo sie das Unwetter der Liebe gerade hintreibt...

Die verschiedenen Arten der Küsse

Die Menschheit kennt nicht nur Küsse aus Liebe. Es gibt Ehrerbietungs- und Unterwerfungsküsse, Handküsse, Willkommensküsse und viele andere, die aber alle nicht hierher gehören und nur kurz erwähnt werden sollen.

Bei den Herrschern des Orients war der Fußkuß üblich. Die kriecherischen Höflinge verfeinerten diese Sitte, indem sie nicht die Füße, sondern nur die Fußtapfen des hohen Herrn küßten. Damit brachten sie zum Ausdruck, daß sie sich nicht der hohen Auszeichnung würdig fühlten, die Füße selbst zu berühren. Jenen genügte der staubige Abdruck der Sohlen, hatte doch der Schritt des Herrschers den berührten Boden geheiligt. Diesen schönen Gedanken entwickelten ganz schamlose Schmeichler noch weiter und küßten die Spuren von den Hufen des Reitpferdes, das den hohen Herrn trug.

Kein Wunder, daß ein so verhätschelter Monarch zu der Überzeugung kam, daß es keinen größeren Herrn als ihn auf Erden gab. Aber unter der Erde hielt ein noch mächtigerer Herr Hof. Und wenn er die Erde besuchte, dann scharten sich ebenfalls seine Getreuen um ihn, und huldigten ihm mit Küssen. In den Akten der Hexenprozesse finden sich erbauliche Beschreibungen dieser Zeremonie. Aus der Aussage einer Hexe aus Szeged: »Sie schwor auf Pluto, den Herrn der Hölle, welcher in der Gestalt eines Bocks zugegen war und ihr befahl, um ihn herum zu tanzen und ihm den Hintern zu küssen, um auch damit zu beweisen, daß sie eine getreue Dienerin war.«

Der Fußkuß wurde später zum Handkuß gemildert und war der Ausdruck der Untertänigkeit gegenüber den Fürsten und Feudalherren. In diesem Sinne, als Zeichen der Huldigung, beanspruchten ihn auch die Frauen, die ihn allmählich ganz für sich beschlagnahmten. Wir können noch von Glück sagen, daß das Material aus den Hexenprozessen damals nur wenig bekannt war. So lastet auf den Männern nur die Pflicht des Handkusses, die sie aber bei jeder nur denkbaren Gelegenheit erfüllen müssen, auf der Straße, beim Tanz, nach dem Essen.

Früher waren die Frauen freigebiger. Dem Gast stand bei der Ankunft und beim Abschied der Kuß der Hausfrau zu. Diese Übung wurde später auf alle weiblichen Mitglieder der Familie ausgedehnt, wobei allerdings auch vom Gast — besonders wenn dieser einen hohen Rang bekleidete — erwartet wurde, daß er alle Frauen und Mädchen des gastgebenden Hauses der Reihe nach küßte. *Erasmus von Rotterdam* äußerte sich bei seiner Reise durch England mit großer Anerkennung über diese liebliche Gewohnheit:

»Hier sind die Mädchen schön wie Göttinnen, liebenswürdig und zuvorkommend. Man kann die hiesigen Sitten nicht hoch genug schätzen: Kommst du irgendwo an, so empfangen dich die Frauen mit Küssen, gehst du weg, wirst du mit Küssen verabschiedet, kommst du wieder zu Besuch, bekommst du wieder Küsse, bei jedem Abschied wirst du geküßt, wo immer du hinkommst, überall nur Küsse und Küsse.«

In Frankreich pflegte man ebenfalls verschwenderisch mit Küssen umzugehen, aber die Frauen scheinen in bezug auf ihre Schönheit hinter den Engländerinnen zurückgeblieben zu sein, sonst hätte *Montaigne* nicht so geknurrt:

»Ein Braten wird durch seine Seltenheit begehrenswert, aber bei uns hat die allzu große Verschwendung dem Kuß, den Sokrates für so mächtig und gefährlich hielt, jeden Wert genommen. Anstoßerregend und erniedrigend für die Damen ist die Sitte, daß sie ihre Lippen jedem zum Kuß reichen müssen, der in Begleitung dreier Lakaien ankommt, auch wenn er abstoßend häßlich ist. Ich habe von dieser Gewohnheit nicht viel Nutzen, da doch die Welt nicht gleichmäßig aufgeteilt ist, und ich für drei schöne Frauen fünfzig häßliche abküssen muß, was ich mit meinem schlechten Magen teuer zu bezahlen habe.«

»Un baiser n'est rien, quand le cœur est muet.« Der Kuß ist nichts wert, wenn das Herz stumm bleibt.

Solch ein wertloser Tand ist auch der Kuß, der auf den Wohltätigkeitsbasaren für teures Geld verkauft wird. Ich glaube, es war auf dem Wohltätigkeitsfest in Budapest im Jahre 1863, als eine menschenfreundliche Dame zum erstenmal einen Kuß verkaufte, und zwar für tausend Gulden. Es fand sich auch ein Kavalier, der den Tausendguldenschein auf den Tisch legte. Die andere Geschichte passierte auf einem Basar in Paris. Ein Engländer verlangte eine Tasse Tee, die Künstlerin, die den Tee verkaufte, bediente ihn, und der Herr bezahlte freigebig mit einem Goldstück. Der Künstlerin leuchteten die Augen auf, sie hob die Tasse und netzte die Lippen mit dem Tee: »Jetzt kostet er zwei Goldstücke«, lachte sie schalkhaft. Der Engländer überreichte ihr höflich ein zweites Goldstück und dann noch ein drittes und sprach: »Und nun, Mademoiselle, darf ich um eine saubere Tasse bitten.«

Der Basarkuß hatte schon einen politischen Vorgänger bei den Londoner Wahlen von 1784. Die Herzogin von Devonshire sammelte Stimmen für Fox. Ein Fleischergeselle war sich im klaren über den Wert eines jeden Wählers und erklärte, seine Stimme sei nur für einen Kuß zu haben. Die politische Leidenschaft siegte, und die Lady reichte dem Burschen mit der blutigen Schürze ihre Lippen.

Den berühmtesten und schönsten aller Küsse ohne Liebe gab die Prinzessin Margarete, die spätere Gattin Ludwigs XI. Alain Chartier. Der Dichter mit den schönen Versen und dem häßlichen Gesicht, war im Park eingeschlafen. Margarete, die mit ihrem Gefolge gerade vorbeikam, blieb vor ihm stehen und küßte dann den tiefschlafenden Dichter auf den Mund. Die Damen des Hofes waren entrüstet darüber, daß die Prinzessin einen so häßlichen Mann geküßt hatte. »Ich gab meinen Kuß nicht dem Mann«, antwortete die Prinzessin, »sondern dem Mund, der die goldenen Worte spricht.«

Über die Begrüßungsküsse unter Männern schweigt Montaigne und ich schließe mich ihm an.

Zu erwähnen wären noch die Judasküsse sowie die Küsse, die Frauen untereinander wechseln; aber aus Platzmangel will ich beide nicht behandeln — weder einzeln noch zusammen.

Der Kuß aus Liebe

Die alten Römer unterschieden drei Arten von Küssen. »Osculum« war der Kuß der Verehrung und Hochachtung. »Basium« war der Kuß der Liebe für die Gattin und die weiblichen Verwandten. Die dritte Art hieß »Suavium«. Über diese Form des Kusses äußern sich die Textkritiker, dem Ernst der Wissenschaft entsprechend, sehr zurückhaltend, sie meinen, daß solche Küsse nur bei schlechten Frauen üblich gewesen seien. Mag sein, daß die Frauen schlecht waren, die

Küsse waren es jedenfalls nicht; denn der Name kommt von suavis, was laut Wörterbuch süß heißt. Wir können das Suavium auch einfach als Liebeskuß bezeichnen.

Auch mit dem Basium scheint nicht alles in Ordnung gewesen zu sein. Ein altes römisches Gesetz verbot den Frauen, Wein zu trinken und berechtigte jeden männlichen Verwandten, jede Verwandte bei jeder Begegnung zu küssen, um zu kontrollieren, ob nicht die eine oder andere getrunken hatte. Dieses Gesetz wurde hauptsächlich von der entfernteren Verwandtschaft der jüngeren Altersklassen geschätzt, die sich unter diesem Vorwand in aller Öffentlichkeit abküßte. Schließlich wurde es dem Kaiser Tiberius zu bunt, und er verbot das Basium solcher Art durch einen kaiserlichen Erlaß.

Die Liebesküsse lassen sich kaum in bestimmte Klassen einteilen, denn der individuelle Erfindungsgeist entdeckt immer neue Möglichkeiten.

Farkas Kempelen, der berühmte ungarische Tausendkünstler des 18. Jahrhunderts und Erfinder eines Schachautomaten, interessierte sich für den Ton der Küsse und ordnete sie danach in einzelne Gruppen ein.*

In die erste Gruppe reihte er den »freundschaftlich hellklatschenden Herzenskuß« ein. Bei diesem wird der Mund rund gespitzt, als wolle man einen Kirschkern ausspucken. Dann wird der Mund auf den Körperteil gedrückt, den man küssen will, wodurch der Kreis der Lippen luftdicht abschließt. Versucht man dann die Lippen wieder

* »Mechanismus der menschlichen Sprache.« (Wien, 1791.)

zu entfernen, sind sie infolge des durch das Kinn entwickelten Drukkes stark angepreßt und können nur befreit werden, indem man den Kopf nach hinten wirft und die Luft einsaugt. Die Trennung erfolgt dann mit einem großen Schmatz. Eine andere Gruppe bilden die leisen Küsse. Bei diesen preßt man die Lippen nicht so kräftig aneinander und saugt die Luft leichter ein. Auch der Kopf wird nicht zurückgeworfen, das Anhaften der Lippen wird etwas gelockert, wodurch die Luft an beiden Seiten einströmen kann, und die Kraft des Knalles bei der Trennung geringer wird. Es gibt aber ungeschickte Leute, die die Lippen nicht richtig geschlossen spitzen, sondern sozusagen mit offenem Mund über den zu küssenden Körperteil herfallen. Sie saugen die Haut ein, als wollten sie ihr Schröpfköpfe anlegen. Wenn sich dann die Lippen entfernen, hinterlassen sie einen Fleck, und der entstandene Ton wird dumpf und unangenehm. Für diese dritte Gruppe der akustischen Küsse hat der Autor nur die verächtliche Bezeichnung: unangenehme Abschleckerei.

Ich weiß nicht, ob Kempelen die unter dem Titel »Küsse« gesammelten Gedichte eines jungen Mannes namens *Johannes Secundus* kannte, ob er je diese anakreontischen, sich einmal in hymnischer Verzückung zum Himmel erhebenden, ein andermal mit dithyrambischer Zügellosigkeit irdisch tobenden Verherrlichungen des Kusses las?

»Was weiß ich, welche Art Küsse am besten schmecken?
Feucht berühren mich deine Lippen? Feucht schmeckt der Kuß gut.
Gibst du den Kuß mir trocken? Auch so ist er süß,
Auch so ergießt sich Feuer in meine Glieder.
Ist der Kuß lang, du Süße? Ist er kurz, schallend oder leise?
Gebe ich ihn, bekomme ich ihn? Es ist dieselbe Freude.
Nur sollst du ihn nie so wiedergeben, wie du ihn bekommen hast:
Jeder neue Kuß muß den Geschmack eines neuen Stils spenden!
Denn derjenige, der als erster im Erfinden neuer Figuren versagt,
Mag das Gesetz hören:
Wie viele und wie vieler Art Küsse wir bis dahin gewechselt haben,
Soviel und so vielerlei Küsse muß der
Verlierende dem Gewinnenden zahlen.«

In seinen neunzehn Gedichten erzählt er von so vielen Kußarten, daß sie selbst für den resolutesten Liebenden für das ganze Leben reichen. Man kann sich keine Variante in der Geschicklichkeit der

Lippen und ihrer Helfershelfer denken, die dieser Jüngling, der alles in allem fünfundzwanzig Jahre alt wurde, nicht besungen hat. Interessenten mögen die Quelle studieren.

Die Kußfeinde

Kußfeinde würde ich die nennen, die aus irgendeinem Grund auf Kriegsfuß mit dem Kuß stehen. Die einen sehen ihn als eine Gefahr für den Mann an. Die anderen wollen nur legale Küsse gelten lassen und gehen dabei so weit, einem unverheirateten Mädchen das Küssen zu verbieten. Die dritten möchten den Kuß nur innerhalb der vier Wände erlauben, weil sie ihn nicht sehen wollen.

Der Urahn aller Kußfeinde war der weise *Sokrates*. An dem Gespräch, auf das auch Montaigne anspielt, beteiligten sich drei Personen: der Weise selbst, ein junger Mann namens Kritobulos, der beim Küssen ertappt und deswegen gerügt worden war, und schließlich Xenophon, der den Dialog aufschrieb:

Sokrates: O Kritobulos! Was du tatest, war tollkühner, als wenn du auf die Schneide eines Schwertes getreten oder durch das Feuer gelaufen wärest!

Xenophon: Hat er denn eine so große Sünde begangen?

Sokrates: Unglücklicher! Verstehst du denn nicht, daß du deine Freiheit verlierst und dich zum Sklaven erniedrigst, wenn du eine schöne Frau küßt? Du verlierst die Fähigkeit, weise Taten zu vollführen; du wirst alles tun, um etwas erreichen zu können, das du im nüchternen Zustand nur verachten kannst.

Xenophon: Kann denn ein kleiner Kuß eine so große Sünde sein?

Sokrates: Ist die Spinne nicht klein? Und doch können dich manche, indem sie dich beißen, des Verstandes berauben.

Xenophon: Ja, aber die Spinne spritzt in solchen Fällen ein Gift aus ihrem Körper.

Sokrates: Unsinniger! Glaubst du, der Kuß der Weiber sei ohne Gift, nur weil du es nicht siehst? Lerne, daß die schöne Frau ein gefährlicheres Tier ist als der Skorpion! Dieser stößt seinen Stachel nur in dich, wenn du ihn berührst. Aber es genügt, eine schöne Frau anzusehen, um dich zu vergiften. Ich rate dir also, Xenophon, wenn dir eine schöne Frau über den Weg läuft, zu fliehen oder den Kopf abzuwenden. Du aber, o Kritobulos, meide dein Weib ein volles Jahr lang, denn so viel Zeit brauchst du wenigstens, um deine Wunden zu heilen.

Allem Anschein nach gab Kritobulos während des ganzen Gesprächs klein bei, da Xenophon nichts von seiner Verteidigung berichtet. Dabei hätte er nur zu sagen brauchen: »O, Sokrates! Erinnerst du dich nicht mehr deines Besuches bei Theodote?«

Diese Theodote war eine Hetäre in Athen. Sokrates bekam von seinen Schülern enthusiastische Berichte, daß die Schönheit des Mädchens alle Vorstellungen übertreffen sollte. »Solchen Nachrichten darf man nur Glauben schenken, wenn man sich persönlich von ihrer Wahrheit überzeugt hat«, urteilte der Weise. Er zog also mit seinem ganzen Anhang zu der Hetäre. Diese stand gerade einem Maler Modell, so daß sie die Philosophen nach Herzenslust bewundern konnten. Der Meister benutzte die Gelegenheit, um eine These zur Belehrung seiner Schüler zu improvisieren. »Sind wir Theodote Dank schuldig, weil sie sich uns gezeigt hat, oder schuldet sie uns Dank, weil wir sie angesehen haben?« Die Spitzfindigkeit der Fragestellung zeigte dem Mädchen, daß sie es mit einem berühmten Philosophen zu tun hatte. Sie begegnete Sokrates also mit großer Ehrerbietung und bat ihn um seinen Rat. Nach Xenophon soll Sokrates darauf — unter anderem — gesagt haben: »Denke immer daran, daß das Essen, so schmackhaft es auch zubereitet sein mag, nur dann schmeckt, wenn wir Appetit haben. Zwinge also deine Gunst deinem Liebsten nie auf; warte, bis er Appetit bekommt, dann wird ihm auch das einfachste Essen schmecken. Bei Zeus! Du kannst auch vorgeben, ihm zu Willen sein zu wollen, und dich ihm doch verweigern. In einem solchen Fall steigt der Appetit aufs höchste.«

Bei Zeus! Der Flirt als Problem der antiken Philosophie!

Nicht jeder kann so konsequent sein wie Cato, der einen sonst von ihm bevorzugten jungen Mann auspeitschen ließ, weil er Catos Tochter geküßt hatte. Er zwang seine Prinzipien auch der eigenen Familie auf, ein Mädchen wurde nicht geküßt, das durfte nur der eigene Mann nach der Hochzeit.

Diesem strengen Prinzip begegnen wir in Italien auch noch nach dem Sturz des Römischen Reiches.

Dante läßt im 16. Gesang des Inferno einen tapferen Soldaten namens Guidoguerra, der sich rühmt, der Enkel einer gewissen guten Gualdrada zu sein, sagen:

»Fu di grado maggior, che tu non credi:
Nepote fu della buona Gualdrada.«*

Einst besuchte Kaiser Otto IV. Florenz. Beim Empfang fiel ihm die wunderschöne Gualdrada auf. »Wer ist dieses schöne Mädchen?« fragte er. Der Vater trat vor und verbeugte sich tief: »Die Tochter eines Mannes, der sich glücklich schätzt, wenn der Kaiser sie mit einem Kuß beehrt.« Aber auch Gualdrada trat vor: »Mein Vater, sei nicht freigebig mit etwas, über das nur ich verfügen kann. Meine Lippen wird nur mein Gatte berühren dürfen.« Dem Kaiser gefiel die energische und sittenstrenge Antwort so gut, daß er einen seiner Edelleute namens Guido herbeirief, ihm das Mädchen zur Frau gab, ihr eine reiche Mitgift aussetzte und den Ehemann zum Grafen beförderte.

Das sittenreine Mädchen gab also niemandem einen Kuß, außer dem Ehemann, den sie an diesem Tage zum erstenmal sah.

Auch in England kam die Reaktion auf die freigebige Küsserei. Das heißt, sie kam nicht im Mutterland selbst, sondern drüben in der neuen Welt. Das puritanische Denken bezeichnete jede Lebensfreude als Sünde und versuchte, sie mit den sonderbarsten Gesetzen zu bekämpfen. So dachten sich die düsteren Herren der Ansiedlungen allerlei Gesetze aus:

»Ohne vorhergehende Erlaubnis der Eltern darf kein Jüngling einem Mädchen den Hof machen, weder mündlich noch schriftlich. Tut er es dennoch, so hat er zum ersten Male fünf Pfund Strafe zu zahlen und zum zweiten Male zehn Pfund. Wenn er sich erfrechen sollte, es ein drittes Mal zu tun, wird er eingekerkert werden.«

»Niemand darf Musikinstrumente in seinem Haus halten, mit Ausnahme von Trommeln und Trompeten.«

»Es ist verboten, sonntags zu kochen, die Betten zu machen, zu fegen, Kopf- oder Barthaare zu schneiden, im Garten zu lustwandeln. Keine Mutter darf am Sonntag ihr Kind küssen.«

Der arme Kuß! Es läßt sich leicht denken, daß ihm die Puritaner mit ihrer übergeschnappten Keuschheit nichts durchgehen ließen. Der Schandpfahl oder sogar die Auspeitschung waren die Strafe für einen verbotenen Kuß. In der Liebe kannten die Puritaner keinen Spaß. Wenn zum Beispiel ein Mann auf Reisen ging, hatte die Behörde jederzeit das Recht, in seine Wohnung einzudringen und nachzuse-

* Von höherm Range wohl, als du vermeinst:
Wer hörte nicht Gualdradas Enkel nennen, der guten?

hen, was die Frau machte. Fand man einen Fremden im Haus, wurde die Frau, ohne daß irgendein Verdachtsgrund für die unerlaubte Absicht vorzuliegen brauchte, öffentlich ausgepeitscht. Kam der Kindersegen zu früh nach der Hochzeit, schlossen die Richter auf Vorschuß auf die ehelichen Rechte, der Mann wurde ausgepeitscht, die Frau kam in den Block.

Die Puritaner sind auch heute noch nicht ausgestorben, es gibt sie immer noch in der Neuen Welt. Aber Amerika ist das Land der Gegensätze. So werden in einzelnen Staaten Paare, die sich öffentlich küssen, wegen Erregung öffentlichen Ärgernisses bestraft, während in anderen Kußwettbewerbe veranstaltet und Prämien für die Gewinner ausgesetzt werden. Herr Montaigne hätte nicht wenig gelitten, wenn er dem Kußwettbewerb in Chicago hätte beiwohnen müssen, bei dem sich die Lippen des Siegerpaares für 6 Stunden und 37 Minuten nicht losließen.

Im Badeort Long Beach in der nächsten Nachbarschaft von Hollywood, der Stadt der Filmküsse, überraschte der Stadtrat im Jahre 1929 die Badegäste mit folgender Verordnung:

»Es ist auf allen Straßen, Plätzen, Wegen, Parks, in den Höfen, den Vorgärten der Häuser und überhaupt in Long Beach verboten, eine oder mehrere Personen entgegengesetzten Geschlechts zu umarmen, dieselbe oder dieselben zu küssen, zu streicheln, abzutasten oder sonst irgendwie anzupacken. Ebenso ist es verboten, an den genannten Orten oder in deren Nähe Angehörige des anderen Geschlechtes mit dem Kopf oder mit anderen Körperteilen zu berühren.« Unsere Verwunderung gilt hier nicht nur der meisterhaften juristischen Formulierung, man fragt sich auch unwillkürlich, wie toll es wohl die Enkel der Puritaner getrieben haben mögen, wenn die Anwendung solcher Mittel nötig wurde. Was hätte die Jugend von Paris zu einer derartigen Einmischung gesagt? Jeder, der auch nur einen Tag in dieser Stadt zugebracht hat, wird sich an den erfreulichen Anblick der vielen Pärchen erinnern, die überall und bei hellichtem Tag ungeniert von der Kußfreiheit Gebrauch machen.

Die Stadt Abilene in Texas ging in der Pflege der guten Sitten noch weiter. Die Ratsherren hielten es für eine späte Maßnahme den Kuß zu verbieten, denn wenn es erst bis zum Kußwechsel gekommen ist, dann ist die Moral schon hin. Man muß also prophylaktisch vorgehen und den Flirt verbieten.

»Wer sich auf der Straße, in Gassen, Alleen, Höfen, Läden, Theatern, Kinos oder in den Torwegen mit der Absicht herumtreibt, mit jemandem anzubandeln oder zu flirten, macht sich eines Vergehens schuldig und ist mit einer Geldstrafe bis zu 200 Dollar zu belegen.

Diese Worte sind in ihrer alltäglichen Bedeutung zu verstehen und beziehen sich auf alle Männer, die bestrebt sind, die Aufmerksamkeit irgendeiner sich an den genannten Orten der Stadt Abilene aufhaltenden oder sich dort fortbewegenden Frau oder sonstiger weiblicher Person durch Zwinkern, Anstarren, Hüsteln, Flüstern oder auf beliebige andere Art auf sich zu lenken.«

Die Kußfreunde

Der freudlosen Sippschaft der Kußgegner stehen diejenigen gegenüber, die in das andere Extrem verfallen und den Kuß als Ambrosia, Nektar, Götternahrung, überirdische Wonne anpreisen.

Führend sind hier die Dichter. Der ganze Homer hat nicht soviel Epitheta ornantia aufzuweisen, wie sie für den Kuß verschwenden. Das geringste ist, daß er heiß, glühend, lodernd, brennend, versengend, flammend, ungestüm, leidenschaftlich, wonnig, wollüstig, betäubend oder berauschend ist. Der Dichter ist bereit, für einen Kuß zu sterben, aber auch am Leben zu bleiben, um dann einige

Sterne vom Himmel zu holen. Ist die Angebetete nicht zugegen, überhäuft er ihr Bildnis, ihre Locke und ihre Spuren mit Küssen. Unübertroffen in der Verwendung großer Worte blieb bis heute der unbekannte Autor des altfranzösischen Gedichtes »Flor et Blancheflor«. Er kann eine Woche lang ohne Essen und Trinken, nur vom Atem der Geliebten, den er während eines Kusses einatmet, leben; bekommt er den Kuß am Montag, dann braucht er für die ganze Woche nichts.

»De sa bouche est si douce haleine,
Vivre en peut-on une semaine;
Qui au lundi le sentiroit
En la semaine mal n'avroit.«*

Es kommt aber nichts Gutes dabei heraus, wenn man die bunte Seifenblase der Gefühle gar so sehr aufbläst. Die Zeit vergeht, der Geschmack ändert sich, und der Leser späterer Zeiten lächelt nur über Sätze, die der Zeitgenosse voller Rührung las. Wie gut, daß wir Schillers Lyrik nicht nach dem Lied in den »Räubern« beurteilen müssen:

Dritter Akt. Erste Szene. Amalia (im Garten, spielt auf der Laute).

»Schön wie Engel, voll Walhalla's Wonne,
Schön vor allen Jünglingen war er,
Himmlisch mild sein Blick, wie Maiensonne,
Rückgestrahlt vom blauen Spiegelmeer.

Sein Umarmen — wüthendes Entzücken! —
Mächtig, feurig klopfte Herz an Herz,
Mund und Ohr gefesselt — Nacht vor unseren Blicken —
Und der Geist gewirbelt himmelwärts.

Seine Küsse — paradiesisch Fühlen!
Wie zwei Flammen sich ergreifen, wie
Harfentöne in einander spielen
Zu der himmelvollen Harmonie,

* Der Atem aus ihrem Mund ist so süß,
Daß man eine Woche davon leben kann,
Wer ihn Montag gekostet hat,
Dem fehlt die ganze Woche über nichts.

Stürzten, flogen, rasten Geist und Geist zusammen,
Lippen, Wangen brannten, zitterten, —
Seele rann in Seele — Erd und Himmel schwammen
Wie zerronnen, um die Liebenden.

Er ist hin — Vergebens, ach! vergebens
Stöhnet ihm der bange Seufzer nach.
Er ist hin — und alle Lust des Lebens
Wimmert hin in ein verlornes Ach!«

Das Kußrecht

Küsse fallen nicht im luftleeren Raum. Meistens schleicht ihnen eine Menge juristischer Konsequenzen hinterher. Heutzutage sind sie in der bunten Fülle der allgemeinen Rechtsnormen verteilt, aber die Juristen der Barockzeit sammelten alle diesbezüglichen Rechtsprobleme und arbeiteten in besonderen Traktaten und Büchern ein regelrechtes Kußrecht aus.

Dazumal stand der Kuß juristisch hoch in Ehren. Bei einer wichtigen Amtshandlung, beim Ehevertrag, spielte der Kuß sogar eine Rolle als »gesetzliches Erfordernis«. Der Bräutigam pflegte der Braut eine Morgengabe zu sichern. Was sollte aber damit geschehen, wenn der Bräutigam vor der Eheschließung starb? Das versprochene Geschenk war zu diesem Zeitpunkt noch Eigentum des Bräutigams, mußte also nach den Prinzipien des Erbrechts von seiner Verwandtschaft geerbt werden. Da mischte sich der Kuß ein. Wenn der Bräutigam bei Abschluß des Ehekontraktes die Braut geküßt hatte, dann hatte diese symbolische Handlung zur Folge, daß mindestens die Hälfte der Morgengabe der Braut zustand und die Erben nur die andere Hälfte bekamen. War der Kuß unterlassen worden, ging die Braut des Brautgeschenkes verlustig und die Familie des Bräutigams erbte alles.

Wie war nun diese absonderliche Rechtsgewohnheit entstanden? Die Juristen haben keine Erklärung dafür. Auf jeden Fall aber spielte die Bewertung des Kusses eine Rolle. Diese Bewertung war äußerst hoch; es wurde sogar darüber diskutiert, ob nicht ein Mädchen das Recht auf den Jungfernkranz, das Symbol der Unschuld, verloren hatte, wenn es vor der Ehe von einem Mann geküßt worden war.

Freiwillig gegebene und geraubte Küsse wurden aber verschieden behandelt; nur wenn die ersteren vorlagen, wurde ein Makel an der Unschuld festgestellt.

Die Juristen, die die Ehekontrakte zurechtzimmerten, erinnerten ihre Parteien an die entscheidende Bedeutung des Kusses. Ein Rechtsgelehrter namens *Rogericus* gab sogar Ratschläge, wie man küssen muß. »Multi nesciunt osculari« rügte er die ungeschickten Hochzeiter. Viele verstehen sich nicht auf das Küssen! Die Operation ist folgenderweise durchzuführen: »Man fasse mit der einen Hand das Kinn der Dame und mit der anderen den Nacken, gleichzeitig drücke man seine Lippen mit erlesener Feinheit auf die ihren *(cum eleganti labiorum oppressione).*«

Die wichtigsten Probleme des Kußrechtes waren die folgenden:

1. Gilt es als Heiratsversprechen, wenn der Mann nur sagt: willst du meine Frau werden, dann küsse mich — sie küßt und weiter nichts sagt?

2. Verliert eine Ledige infolge eines Kusses die Erbschaft, die ihr nur im Falle eines »tadellosen sittlichen Wandels« zufallen soll (si pudice vixerit)?

3. Kann auf Ehebruch geschlossen werden, wenn eine verheiratete Frau eine zweite Mannsperson freiwillig küßt und sich dabei wohl fühlt?

4. Besteht ein Grund, die Verlobung zu lösen — sei es wegen Verletzung der Verpflichtungen des Brautstandes oder wegen unerträglichen moralischen Verhaltens (mores intolerabiles) —, wenn ein Bräutigam in Trunkenheit oder von Leidenschaft hingerissen seine Braut in die Lippen beißt und dieser eine Wunde zufügt?

5. Welche Rechte stehen einer Frau zu, die von einem Mann gegen ihren Willen geküßt wird?

Die letzte Frage machte den Juristen das meiste Kopfzerbrechen. Schon am Anfang stockten sie: Kann man einen Kuß als geraubt betrachten, wenn ihn die Frau nach vorhergehender Schmeichelei und Überredung seitens des Mannes geradezu erduldet? Denn Küsse geben und Küsse bekommen sind zwei verschiedene Sachen.

Ferner: Kann die Frau wegen des Raubes oder des Diebstahls eines Kusses Ehrenbeleidigungsklage erheben? Die Frage ist nicht so einfach, wie sie aussieht, denn hier muß auch der Stand der Parteien beziehungsweise der bestehende Standesunterschied in Betracht gezogen werden. Es ist etwas anderes, wenn ein Bürger eine Adlige

küßt, als wenn ein Bauernbursche einem Bauernmädchen einen Kuß gibt. Wesentlich ist auch die Absicht, mit der das Attentat begangen wurde. Es kann zum Spaß oder aus irgendwelchem anderen Grund geschehen sein. Es muß also untersucht werden, ob der Mann von unsittlichen Absichten geleitet war. Das kann man vor allem daran erkennen, ob dem Kußraub unschickliche Worte oder Gesten vorausgegangen sind.

Hat schließlich die Frau das Recht, den Attentäter zu ohrfeigen? Auch hier muß zunächst die Absicht des Kusses klargelegt werden. Bei einem unsittlichen Kuß ist eine Ohrfeige durchaus angebracht, bei anderen ist sie fehl am Platz. Antwortet die Frau auf einen ihr aus Spaß aufgezwungenen Kuß gleich mit der Hand, dann ist der Mann berechtigt, den Schlag zu erwidern. Die Frau muß vor allem achtgeben und nicht mit der Faust zuschlagen, damit sie keine Körperverletzung verursacht und selbst in die Klemme gerät. Die Frage hat außerdem noch einen Haken: Kann man einen Kuß als geraubt ansehen, wenn die Frau den Mann provoziert hat, sei es durch ermutigendes Mienenspiel oder durch Erklärungen wie: Den Mann möchte ich sehen, der mich zu küssen wagt?!

Das Kußrecht ist also kompliziert genug. Nicht umsonst sagt das Mädchen in der volkstümlichen Anekdote: »Küsse mich mit Gewalt, denn ich will nicht sündigen!«

Der Honig der Lippen

»Die Lippen saugen Hyblaias Honig...
Küsse mich, Lesbia, es lebe das Leben!«
(Gyula Reviczky: »Pans Tod«)

Der Dichter der obigen Zeilen hatte nicht daran gedacht, daß im Honig der Lippen Millionen von Bakterien hausen. Prosaischer veranlagte Menschen dagegen erkannten die Gefaht, die in diesen Honiggaben steckt, und erklärten dem Kuß den Krieg. In den angelsächsischen Ländern entstanden Antikuß-Ligen mit ordentlichen Statuten. In London riefen die Frauen selbst den Bund der Kußgegner ins Leben. Aus den Statuten geht hervor, daß jede Frau ohne Rücksicht auf das Alter Mitglied werden konnte.

Ein geschäftstüchtiger Amerikaner versuchte den Gegensatz zwischen Kußfreunden und Kußfeinden durch eine Erfindung auszugleichen. Eine Annonce in einer durchaus seriösen Zeitschrift, der »Popular Science Monthly«, kündigte die Neuigkeit mit folgendem Text an:

»Die Gelehrten verdammen den Kuß, weil er durch die Übertragung von Bakterien gefährlich werden kann, aber ein bedeutender Teil der Menschheit ist durchaus gewillt, das Risiko zu tragen. Das sicherste Mittel gegen Ansteckung ist das neukonstruierte Kußrakett, die Nachbildung eines Tennisraketts in ganz kleinem Maßstab, das zwischen Nase und Kinn untergebracht werden kann und den Mund zudeckt. Das Kußrakett ist mit einem siebartigen, feinen und elastischen Material bespannt und mit einer antiseptischen Flüssigkeit getränkt, welche die Bazillen tötet. Jedermann kann dieses niedliche kleine Instrument zu einem billigen Preis erwerben und so die Beweise seiner Liebe der modernen Hygiene entsprechend und gefahrlos liefern.«

*

Die Mode unserer Zeit eröffnete ein neues Kapitel in der Geschichte des Kusses. Man braucht keine Angst vor Ansteckung zu haben, und der Honig bleibt doch Honig. Die sogenannten kußfesten und antiseptischen Lippenstifte wehren jede Gefahr ab. Der Bazillus erstickt in der Farbe des Stiftes, der noch dazu mit jedem gewünschten Geschmack und Duft versehen werden kann.

Heute könnte Johannes Secundus mit Recht singen:

»Was du mir gibst, ist kein Kuß, sondern Nektar,
Balsam atmender zarter Tau,
Geschmack von Narden, Cinnamus und Thymian,
Honig, den Bienen auf der Spitze des Hymettus gesammelt...«

Die Minnegerichte

In den Schlössern der Provence versammelten sich von Zeit zu Zeit die Herrinnen der benachbarten Ländereien. Sie hielten Gerichtstag und urteilten über die ihnen vorgelegten verzwickten Liebesfragen. Von zweiundzwanzig solchen Urteilen ist uns der volle Text erhalten geblieben. Die Damen verfaßten auch ein Liebesgesetzbuch, das aus einunddreißig Paragraphen besteht.

Jahrhundertelang zweifelte niemand daran, daß es wirklich so gewesen war. Jean de Nostradamus, der Bruder des großen Sterndeuters, gab den genauen Sitz einiger Liebesgerichte an und auch die Namen der Damen, die Urteile in den Schlössern von Signe, Pierrefeu und Romanin fällten.

Nach der Ritterzeit kümmerte man sich wenig um die romantischen Liebesspiele der Troubadours. Es wurden Kriege geführt, bei denen einmal der eine und ein andermal der andere siegte, es wurden Friedensverträge geschlossen, die einmal der eine und ein andermal der andere brach. Hier und da erwähnten Schriftsteller die Liebesgerichtshöfe als Kuriositäten einer vergangenen Zeit; aber alle beriefen sich auf Nostradamus, das Studium von Originalquellen hielt keiner für nötig. Beim Übergang vom 18. zum 19. Jahrhundert, als die Literatur sich wieder der Vergangenheit zuwandte, erwachte das Interesse für die Liebesgerichtshöfe von neuem. Ernste Gelehrte suchten in den Archiven, die Deutschen Spangenberg und Aretin und der Franzose Raynouard forschten nach längstvergessenen Quellen über die Liebesgerichte. Und alle gelangten zu der von Nostradamus vertretenen Auffassung: Die Liebesgerichtshöfe haben tatsächlich existiert. Stendhal gab im Anhang eines seiner Bücher eine kurze Abhandlung über diese Institution. Auch *Schiller* glaubte an sie, wie folgende Zeilen beweisen:

»Wo zarte Liebe herrschte, wo die Liebe
Der Ritter große Heldenherzen hob
Und edle Frauen zu Gerichte saßen,
Mit zartem Sinne alles Feine schlichtend.«

Nur über ein Problem fand sich nirgends Auskunft: Welche Möglichkeiten bestanden zur Vollstreckung dieser Gerichtsurteile? Was geschah mit den Rittern oder Damen, die das Urteil zu mißachten wagten? Nirgends wird berichtet, daß ein Liebesgericht Rechtshilfe von einem ordentlichen Gericht verlangt hat.

Nach Raynouard soll das Liebesgericht ein moralisches Gewicht, ähnlich dem der Ehrengerichte der späteren Zeit, besessen haben. Wer sich nicht unterwarf, konnte sich eine neue Umgebung suchen; die alte duldete ihn nicht mehr. Aber über so etwas sprach Nostradamus nicht.

Er konnte auch nicht — sagten die Skeptiker —, war doch sein Buch 1575 erschienen, also vierhundert Jahre später als das vielzitierte Urteil der Marie de Champagne vom 7. Mai 1174.

Worauf andere antworteten:

Es ist nicht wichtig, was Nostradamus schrieb, ist doch die ursprüngliche Quelle schon gefunden: *Andreas Capellanus*. Seine Handschriften hatten jahrhundertelang in den Archiven einiger großer Bibliotheken gelegen. Johann Hartlieb hatte zwar den lateinischen Text ins Deutsche übersetzt, ihn auch 1482 in Augsburg drucken lassen, aber er hatte den Namen *Ovid* auf das Titelblatt geschrieben. Spätere Forschungen fanden dann den echten Verfasser, den Kaplan Andreas, der in der zweiten Hälfte des zwölften Jahrhunderts in den Schlössern der Provence gelebt und die Sitzungen der Liebesgerichtshöfe aus eigener Erfahrung gekannt haben soll.

Das Buch des Kaplans Andreas, das »Tractatus Amoris« entstand wie der Phönix aus der Asche und lieferte glänzendes Material über das bunte Leben der Ritterzeit.

Aber da lebte in Deutschland ein grauer Gelehrter, der die Troubadourdichtung viel besser als die Franzosen kannte. Das Ansehen Friedrich Diez' schlug alle anderen Forscher in die Flucht. Diez hatte sich entschlossen, das Problem der Liebesgerichte zu untersuchen. Das Resultat schien alle schönen Illusionen zu zerstören, der Vogel Phönix zerfiel wieder in Asche.

Nach seiner Meinung lebte der Kaplan Andreas — wenn überhaupt — keinesfalls gleichzeitig mit Marie de Champagne, und das fragliche Buch entstand 150 bis 200 Jahre später. Liebesgerichte, wie sie sich die leichtgläubigen Gelehrten vorstellten, soll es überhaupt nicht gegeben haben, weder im zwölften noch in irgendeinem anderen Jahrhundert.

Die wissenschaftliche Argumentation von Diez gehört nicht hierher. Sein gewichtigster Beweis ist, daß kein Troubadour die Liebesgerichte oder irgendeinen Artikel des Liebesgesetzbuches erwähnt! Hätte es das tatsächlich gegeben, dann müßte sich doch bei wenigstens einem der zeitgenössischen Autoren eine einzige leise Anspielung finden lassen!

Ein anderes Argument ist vom ungarischen Gesichtspunkt aus interessant. Im sechsten Kapitel des ersten Buches erzählt der Kaplan Andreas, wie ein Mann bürgerlicher Herkunft einer adeligen Dame eine Liebeserklärung macht. Sie weist den Tollkühnen barsch zurecht und wirft ihm unter anderem vor, daß er keine ritterliche Kleidung trägt, daß seine Schuhe schlecht und seine Füße groß und unförmig sind. Der hartnäckige Liebende philosophiert daraufhin folgenderweise:

»Was Ihr von meinen Hosen, Schuhen und von meinen plumpen Füßen sagt, ist purer Unsinn. In Italien lebt ein Graf vom allerhöchsten Adel, reich und angesehen. Er hat zwar schlanke Beine, aber schlechte Sitten und eine schlechte Erziehung. Dagegen gibt es in Ungarn einen König, der besonders häßlich ist und dicke Beine hat. Aber er hat seine Krone durch hohe Bildung verdient, und mit Recht hallt die Welt von seinem Ruhm wieder. Du sollst also nicht auf meine Beine, sondern auf meine Taten schauen.«

Diez behauptet, daß diese Charakteristik nur auf einen einzigen ungarischen König, und zwar auf Ludwig den Großen, paßt. Er wird in der Turóczi-Chronik folgendermaßen beschrieben: »Fuit autem homo competentis proceritatis, oculis elatis, labiosus et aliquantulum in humeris curvus.« Er war ein Mann von normaler Größe, mit stolzem Blick, dicken Lippen und etwas schiefen Schultern ... Er war also nicht schön, aber sein Ruhm erfüllte die Welt.

Ludwig der Große herrschte von 1342 bis 1382. Der Autor des »Tractatus Amoris« muß sein Zeitgenosse gewesen sein und kann also nicht 150 bis 200 Jahre früher gelebt haben.

Im übrigen macht der Professor auch Zugeständnisse.

Es ist nicht zu leugnen, schreibt er, daß zur Zeit der Troubadours tatsächlich eine gewisse Art Schiedsgericht in Mode war. Natürlich kam es vor, daß Liebende in einer komplizierten Frage nicht aus noch ein wußten, also eine dritte Person baten, ihre Angelegenheit irgendeiner vierten Person von höchster gesellschaftlicher Autorität vorzulegen. Die dritte Person unternahm dann Schritte, natürlich in voller Verschwiegenheit in bezug auf die Namen der Beteiligten. Die Autorität fällte den Schiedsspruch, der von den Streitenden entweder beachtet wurde oder nicht.

Wir kennen auch spezielle Produkte der Troubadourdichtung, die »Tenzone« oder »Mi-parti« genannt wurden und geistreich ausgetüftelte Probleme von allen Seiten untersuchten. Ein Beispiel: »Welche Liebe ist heißer, die des Liebenden, der auf den geringsten Verdacht hin rasend eifersüchtig wird, oder die desjenigen, der seiner Geliebten soviel Vertrauen entgegenbringt, daß er sie selbst dann nicht verdächtigt, wenn er Gründe dafür hätte?« Oder: »Welcher Liebende schuldet der Geliebten mehr Dank? Derjenige, der das Herz der Dame nur nach einem langen Ansturm gewinnen konnte, oder der, dem sie gleich ergeben war? Welcher Ritter beweist seine Liebe deutlicher, derjenige, der einem Turnier, an dem er gerne teilgenommen hätte, auf Befehl seiner Dame fernbleibt, oder derjenige, der sich nicht zu dem Turnier melden wollte, aber dann auf den Wunsch seiner Herrin hin doch teilnimmt?«

Es ist also möglich, fährt Diez in seiner Argumentation fort, daß sich auch größere Gesellschaften mit solchen gedanklichen Spielereien beschäftigten und das Spuren in der Überlieferung hinterließ. Spätere Schriftsteller mögen dann selbst ähnliche spitzfindige Aufgaben ausgedacht haben. Um ihnen in den Augen der Leser ein größeres Gewicht zu verleihen, gaben sie sie als Urteile der von ihnen ausgedachten Minnegerichtshöfe aus.

Aber zurück zu Ludwig dem Großen.

Weder wird durch das Zitat das Problem der dicken Beine geklärt, noch kann man aus der Beschreibung der Turóczi-Chronik auf eine besondere Häßlichkeit des betreffenden Königs schließen. Und Diez, der große Kenner der Ritterzeit, hätte wissen müssen, daß es auch einen ungarischen König namens Béla III. gab, der zur Zeit der angeblichen Minnegerichte herrschte (1173—1196) und dessen zweite Frau, Marguerite, die Tochter des französischen Königs Ludwig VII. und die Schwester der bekanntesten Dame der Minnegerichte, der Marie de Champagne, war. Béla III. heiratete diese Prinzessin im Jahre 1186. Der Glanz des ungarischen Königshofes war zu dieser Zeit weltbekannt, wobei der Klatsch der Provence die äußere Erscheinung des Königs einschätzen mochte, wie er wollte.

Dieses Argument des Professors Diez bekräftigt also gerade die Authentizität des Buches von Kaplan Andreas.

Seine anderen Einwände wurden von Antony Méray, einem französischen Kenner der Troubadourdichtung, widerlegt:

Es stimmt nicht, daß die zeitgenössischen Dichter den Minnekodex und die diesbezüglichen Urteile nicht erwähnen. Im Gegenteil, es wimmelt in der Troubadourdichtung geradezu von Hinweisen dieser Art. Im übrigen ist es offensichtlich, daß sich der Kaplan Andreas die auf dieser Gerichtspraxis fußenden Prinzipien nicht ausgedacht haben konnte, denn sie tragen den Stempel der Denkweise jener Zeit, der zweiten Hälfte des 12. Jahrhunderts.

Der heutige Leser kümmert sich kaum um das Ergebnis dieses wissenschaftlichen Streites. Ihm ist es gleichgültig, ob und wann Andreas Capellanus lebte. Er begnügt sich mit der Tatsache, daß das »Tractatus Amoris« eines der interessantesten und zeitgeschichtlich aufschlußreichsten Bücher der alten Literatur ist, wer immer der Autor gewesen sein mag.

Was aber die Minnegerichte anbelangt, so scheinen sie tatsächlich existiert zu haben. Sie waren keine richtigen Gerichtshöfe mit vollstreckender Gewalt, sondern nur verspielte Nachahmungen der Gerichte, denen aber der fürstliche Rang der teilnehmenden Damen Gewicht verlieh. Es ist nichts Unwahrscheinliches daran, daß fünfzig bis sechzig hochgestellte Damen und Ritter, die sich bei irgendeiner festlichen Gelegenheit versammelten und eine Art geistiges Turnier veranstalteten, die Regeln für ihre Verhandlungen festgelegt und die Zusammenkünfte Minnegerichtshof genannt haben sollen. Wozu die Rosengärten der Provence mit dem rostigen Pflug der Wissenschaft zerstören?

Die Liebe der Ritterzeit

Um das Liebesleben der Ritterzeit verstehen zu können, müssen wir uns in die Welt der Troubadours zurückversetzen.

Die Ritterzeit schuf die Institution der Minne, die aus der ritterlichen Pflicht erwachsen war, die Schwachen und besonders die Frauen zu schützen. Die verpflichtende Gewohnheit des Frauenschutzes entwikkelte sich weiter und wurde mit der Zeit zum Minnedienst. Dann war nur noch ein winziger Schritt nötig, und die fast Gesetzeskraft besitzende Regel war entstanden: Der Ritter widmete seine Dienste einer einzigen Frau. Kein Kriegsruhm machte ihn so stolz, wie die Ehrenbezeichnung eines Dieners der Frauen und später eines Dieners der Liebe.

»Servant d'amour!« Dieser stolz-untertänige Titel charakterisiert die sonderbare, zweigesichtige Liebe der Ritterzeit am besten. Von der einen Seite aus betrachtet erscheint sie edel, von idealer Schönheit, von der anderen aus grotesk und verzerrt.

Es war schön, die Frau zum Idealbild zu erheben.

Weniger schön waren aber die Entartungen in der Mode des Minnedienstes. Denn er wurde zu einer Mode, die die vornehme Gesellschaft tyrannisierte. Man pflegt der Mode nachzusagen, daß sie launisch ist. O nein, sie ist nicht launisch, sie ist einfach dumm. Es gab Zeiten, in denen die Hosen der Männer so eng waren, daß man mehrere Diener zum Anziehen brauchte. Dann begannen sie immer weiter zu werden, bis sie schließlich zur Zeit der Pumphosenmode 90 Ellen Tuch verschlangen. Auf dieselbe Weise entartete auch die Mode des Frauendienstes ins Maßlose.

Der Ritter wählte eine Frau, meistens eine verheiratete, und bot ihr seinen Dienst an. Nahm die Dame das Angebot an, dann vollbrachte der Ritter alle seine Taten von nun an im Namen seiner Herrin. Die Dame war die unbeschränkte Herrscherin über Tun und Wandeln des Ritters. »Dame souveraine de ses pensées« hieß es damals.

Dafür schenkte die Dame ihrem Ritter zum Zeichen dieser Verbindung Bändchen, Schleier, Handschuhe und sonstigen weiblichen Tand. Die Liebespfänder brachte der Ritter an seinem Helm oder an der Lanzenspitze an, wenn er in das Turnier zog. Für die Dame bedeutete es eine Ehre, wenn ihr Ritter besonders erfolgreich war und viele Gegner aus dem Sattel hob.

Im Minnedienst äußerten sich also keine tatsächlich vorhandenen Leidenschaften. Es ging nur um Eitelkeit und ritterliche Galanterie, bestenfalls um in starre Formen gepreßte platonische Liebe, eine Nachäffung der wirklichen Liebe. Es kann keine wahre Liebe gewesen sein, die die Frau veranlaßte, ihren Ritter über das Meer auf den Kreuzzug zu schicken oder ihm sonstige harte Aufgaben aufzubürden. Und es ist auch kein Beweis für Liebe von seiten des Ritters, wenn er seiner Dame zu Ehren hirnverbrannte Entschlüsse faßte, im Sommer am lodernden Kaminfeuer briet und in der winterlichen Kälte zähneklappernd in den dünnsten Kleidern umherlief.

Der Liebeskodex

Die heutige Moral kann sich mit dem alten Liebeskodex nicht so ohne weiteres einverstanden erklären. Gleich der erste Paragraph ist ein Beispiel dafür:

»Causa conjugii ab amore non est excusatio recta.«

Es ist durchaus kein Hindernis für die Liebe, daß die Liebenden verheiratet sind (und zwar jeder mit einem anderen Partner)...

Dieser Paragraph geht auf eine prinzipielle Entscheidung der Marie de Champagne zurück, die der Kaplan Andreas besonders hervorhob. Der wesentliche Teil des berühmten oder berüchtigten Beschlusses lautet so:

»Nach der uns vorgelegten Frage besteht Zweifel darüber, ob unter Eheleuten wahre Liebe möglich ist.

Nachdem wir die Frage zur Genüge von allen Seiten betrachtet und uns die Wahrheit zu erkennen bemüht haben, verkünden wir folgendes Urteil:

Wahre Liebe unter Eheleuten ist nicht möglich.

Was nämlich Liebende sich gegenseitig gestatten, das tun sie ohne Gegenwert und ohne Befehl. Dagegen sind Eheleute von Gesetzes wegen verpflichtet, ihre gegenseitigen Wünsche zu erfüllen und dem

Partner nichts zu verweigern. Hinzu kommt, daß die eheliche Beziehung für keine der Parteien eine besondere Ehre bedeutet und ihr Ansehen nicht steigert. Beide genießen denselben Ruhm, der ihnen auch sonst mit vollem Recht zufiele. Ferner lehren die Regeln der Liebe, daß ein verheirateter Mann des (ritterlichen) Liebesglücks nur dann wirklich teilhaft werden kann, wenn er einen Minnedienst außerhalb der Ehe annimmt. Da aber einer anderen Regel entsprechend niemand gleichzeitig zwei Liebsten haben kann, folgt daraus, daß wahre Liebe unter Eheleuten nicht möglich ist.

So lautet unser Urteil, welches wir nach langer Erwägung und nach der Befragung vieler anderer erfahrener Damen gefällt haben. Dies soll in Zukunft als ständige und unbestreitbare Wahrheit gelten.

Gegeben den 7-ten Mai 1174.«

Dieses Urteil wirft ein interessantes Licht auf die Rolle des Ehemannes.

Er war durch die Mode dazu verpflichtet, den Flirt der Gattin stillschweigend zu dulden. Das konnte er in seiner Eitelkeit nur ertragen, wenn er auch eine Stellung als »servant d'amour« annahm, was nun wieder zu grotesken Situationen führen konnte, wenn zum Beispiel ein Ehemann gezwungen war, sich im Turnier seiner Dame zu Ehren dem Mann zu stellen, an dessen Helm das Band der eigenen Frau baumelte.

Manchmal schlug aber das Spiel in Ernst um. Auch damals gab es echte Ehebrüche und trotz des spitzfindigen Urteils auch Ehemänner, die keinen Spaß verstanden und die Treulosigkeit nicht duldeten. Ein solcher Fall ist der des Grafen Roussillon und des Ritters Cabstaing. Die Geschichte ist zwar oft beschrieben, wir wollen sie aber doch erwähnen, weil sie eines der lehrreichsten Beispiele für das Liebesleben der Ritterzeit ist.

Herr Raymond de Roussillon nahm den an weltlichen Gütern armen, aber an ritterlichen Tugenden reichen Ritter Guillaume de Cabstaing* in seine Dienste. Es ist nichts Ungewöhnliches daran, daß zwischen dem Ritter und Marguerite, der Frau seines Herrn, eine heftige Liebe entbrannte.

Der Ehemann erfuhr irgendwie von dem Verhältnis. Er lockte den Ritter Cabstaing in den Wald, stach ihn nieder, schnitt ihm den Kopf ab und nahm das Herz aus der Brust. Er ließ das Herz braten und seiner Gattin vorsetzen. Nachdem die Frau das Herz gegessen hatte, stand Herr Raymond auf, nahm den abgeschnittenen Kopf aus dem Korb und sagte: »Es war sein Herz, das du gegessen hast. Hat es dir geschmeckt?« Frau Marguerite antwortete mit dem schönsten Wort aus der Dichtung der Ritterzeit: »Es hat mir so gut geschmeckt, daß ich in meinem Leben keinen Bissen mehr essen werde.«

Worauf der Ehemann zornig wurde und mit gezücktem Schwert auf seine Frau losging. Sie aber sprang aus dem Fenster der Burg und blieb tot auf den Steinen des Burghofs liegen.

Aber nun kommt das Interessanteste an der ganzen Geschichte. Die Handschrift der Florenzer Bibliotheca Laurenziana fährt wörtlich fort:

»Der Fall sprach sich herum im ganzen Königreich. König Alphonse und die Großen des Landes trauerten dem Ritter Guillaume nach und empörten sich über die Grausamkeit, mit der der Graf von Roussillon seine Gattin in den Tod gejagt hatte. Sie befehdeten ihn

* Guillaume de Cabstaing (oder Cabestaing) lebte tatsächlich. Er war ein bekannter Troubadour des 13. Jahrhunderts. Die Pariser Bibliothèque Nationale hütet sieben handschriftliche Exemplare seiner Lieder. Die tragische Liebesgeschichte soll angeblich ebenfalls wahr sein; auch Boccaccio beschreibt sie (IV. 9.). Andere Bearbeiter nennen einen Ritter Renaud de Coucy als Helden der Geschichte, die Heldin soll die Gattin des Sire de Fayel, Gabrielle de Vergy, gewesen sein. Nach dieser Variante soll der Ritter unter Richard Löwenherz an den Kreuzzügen teilgenommen haben, tödlich verwundet worden sein und als letzten Wunsch geäußert haben, man solle sein Herz seiner Geliebten, Frau Gabrielle, bringen. Sein Waffendiener erfüllte den Wunsch, aber Herr Fayel entdeckte das Geheimnis, raubte das Herz, ließ es braten und der Frau zum Essen geben. Der Schluß dieser Geschichte ist im wesentlichen genauso.

mit Feuer und Schwert. Der König nahm seine Burg ein und ließ dem Guillaume und seiner Geliebten ein Denkmal vor der Tür einer Kirche errichten. Dort beteten alle wahrhaft Liebenden für das Paar. Der König ließ den Grafen gefangennehmen, töten und all sein Hab und Gut unter den Verwandten der beiden Liebenden aufteilen.«

Der Ehemann benahm sich wie ein Tollwütiger, das ist wahr. Aber in der ganzen Erzählung fällt kein Wort über den niedrigen Verrat, der an ihm begangen wurde, genau wie der Dichter den schamlosen Meineid der Isolda mit großem Entzücken besingt.

Am besten kam bei der ganzen Sache die Verwandtschaft weg.

Kümmern wir uns nun um die anderen dreißig Paragraphen des Kodexes.

II. Wer nicht verschwiegen ist, ist kein wahrer Liebender.

III. Niemand kann zwei Liebschaften gleichzeitig haben.

IV. Die Liebe kann jederzeit an Stärke zunehmen oder nachlassen.

V. Was mit Gewalt genommen wird, hat keinen Wert.

VI. Die Männer sind nicht früher als im reifen Jünglingsalter zur Liebe fähig.

VII. Nach dem Ableben des Geliebten müssen zwei Trauerjahre eingehalten werden.

VIII. Ohne einen besonderen Grund kann niemandem das Recht zu lieben bestritten werden.

IX. Ohne Hoffnung kann keine Liebe entstehen.

X. Liebe und Geiz vertragen sich nicht.

XI. Es ist nicht edel, jemanden zu lieben, den zu heiraten man sich schämen würde.

XII. Der wahre Liebende will von niemandem außer von dem, den er liebt, umarmt werden.

XIII. Eine Liebe, die in die Welt hinausposaunt wird, ist nie von Dauer.

XIV. Der leichte Erfolg hat wenig Reiz; Hindernisse steigern den Wert.

XV. Der wahre Liebende wird bleich, wenn er seine Liebste erblickt.

XVI. Unerwartetes Zusammentreffen mit der Liebsten macht uns erzittern.

XVII. Eine neue Liebe vertreibt die alte.

XVIII. Nur Verdienste machen uns der Liebe würdig.

XIX. Eine erlahmende Liebe schwindet rasch und lebt selten wieder auf.

XX. Der Liebende ist immer voll Angst um seine Liebe.

XXI. Die wahre Eifersucht schürt die Liebe.

XXII. Verdacht steigert die Leidenschaft.

XXIII. Der Verliebte ißt und schläft wenig.

XXIV. Jede Tat eines Verliebten hat den Grund im Gedenken an seine Liebste.

XXV. Der wahre Verliebte schätzt nur, was der Geliebten auch gefällt.

XXVI. In der Liebe kann keiner dem andern etwas verweigern.

XXVII. Liebende können nie genug voneinander haben.

XXVIII. Selbst der kleinste Verdacht führt zu den düstersten Mutmaßungen.

XXIX. Wer sich allzusehr seiner Sinnlichkeit unterordnet, ist keiner wahren Liebe fähig.

XXX. Wer wirklich liebt, trägt das Bild der Geliebten immer vor Augen.

XXXI. Es ist nichts dagegen zu sagen, wenn eine Frau von zwei Männern oder ein Mann von zwei Frauen geliebt wird.

Wir sehen also, daß sich mehr als ein Paragraph zur zarten, reinen Liebe bekennt, während andere dem heutigen Leser bedenklich vorkommen mögen. Das gilt auch in bezug auf die Urteile der Minnegerichte.

Die Richterinnen der Minnegerichte

Die vornehmste unter den Damen, die die Urteile fällten, war Königin Eleonore, die Gattin des Königs Ludwig VII. von Frankreich und dann Heinrichs II. von England. Ihre Tochter war die oftgenannte und angesehenste Richterin, Marie de Champagne. Eine Rolle spielten noch Ermengrade, Gräfin von Narbonne, und die nicht mit dem Taufnamen bekannte »Comitissa Flandrensis« d. h. Gräfin von Flandern, wahrscheinlich Sybille d'Anjou.

Es ist nicht unsere Aufgabe, ein ausführliches Bild dieser Zeit zu geben, das höfische Leben des 12. Jahrhunderts und die Sitten der fürstlichen Damen zu schildern. Aber der romantische Lebenslauf der Königin Eleonore soll uns die für die richtige Bewertung einiger dieser Urteile notwendige Kenntnis vermitteln.

Man erzählte von dieser Dame, daß sie wie Melusine, die legendäre Ahnfrau ihres zweiten Gatten Heinrichs von Plantagenet halb Fee und halb Schlange gewesen sei.

Eleonore war fünfzehn Jahre alt, als sie mit König Ludwig verheiratet wurde, der nicht älter als achtzehn war. Dieser frühen Ehe entsprang nie die Blume der Liebe. (Vielleicht hat auch dieses düstere Eheleben seinen Schatten über die Urteile der Marie de Champagne geworfen.)

Eleonore war schön, klug und sehnte sich in ihrem eintönigen Leben nach Abwechslung. Kühn und eigenwillig schloß sie sich ihrem Mann an, als dieser sich am Kreuzzug beteiligte. Sie trug einen Harnisch und setzte ihr Leben, wie mehrere Chronisten berichten, mehr als einmal im Gefecht aufs Spiel. Die Chronisten erzählen allerdings auch von andersgearteten Kämpfen, in denen die holde Kriegerin siegte, indem sie unterlag. Anfangs erholte sie sich in den Armen eines sarazenischen Ritters von den ehelichen Pflichten, dann kam Raymond de Poitiers, dann ein zweiter sarazenischer Ritter, der ihr zuliebe in fünfzehn Tagen Französisch lernte...

Aber König Ludwig hatte ein gutes Gedächtnis. Gleich nachdem sie aus dem Heiligen Land heimgekehrt waren, leitete er den Schei-

dungsprozeß ein. Die Eheleute wurden auch geschieden mit der vorsichtigen Begründung, daß sie weitläufig verwandt seien, wovon sie bei der Eheschließung nichts wußten. (Erinnerungen an dieses Ereignis finden sich im Urteil Nr. 7 der Eleonore.)

Die Königin war damals dreißig Jahre alt. Sie scheint einen besonderen weiblichen Zauber ausgestrahlt zu haben, denn sonst hätte sich der damals zwanzig Jahre alte Heinrich II. kaum kurz nach der Scheidung in sie verliebt. Der junge König heiratete die Geschiedene, die nun wieder Königin wurde, und zwar Königin von England.

Diesmal aber wendete sich das Blatt, denn König Heinrich hätte statt der englischen lieber die Krone des größten Schürzenjägers tragen sollen. Als der Rausch der Flitterwochen verflogen war, sah er sich nach neuen Freuden um.

Zu seinen Geliebten gehörte auch Rosamunde, die Tochter Lord Cliffords und eine berühmte Schönheit. Sie starb jung, angeblich wurde sie von der eifersüchtigen Eleonore umgebracht. Die Geschichte ist außerordentlich abenteuerlich, aber ihre Glaubwürdigkeit ist fraglich, da sie nur von einem einzigen Chronisten berichtet wird, und zwar von Higden, einem Mönch aus Chester, der fast zweihundert Jahre später lebte.

König Heinrich hatte damals noch Angst vor seiner Frau und hielt seine Geliebte versteckt. Er ließ in Woodstock ein Schloß für das wunderschöne Mädchen, Fair Rosamond genannt, bauen. Dieses Schloß glich aber nicht den üblichen Herrensitzen. Der Baumeister hatte aus der Menge der Zimmer und Flure eine Art Labyrinth angelegt, in dem sich jeder Uneingeweihte verlaufen mußte, so daß er Rosamundens Gemächer nie erreichen konnte. Selbst der König konnte sich — wie einst Theseus in der Höhle des Minotaurus — nur mit Hilfe eines Leitfadens zurechtfinden. Eines Tages geriet aber die Königin Eleonore in den Besitz dieses Ariadnefadens, drang bei Rosamunde ein und zwang sie, den Giftbecher zu leeren.

Das arme Geschöpf wurde in der Kirche der Nonnen von Godstow begraben. In ihren Grabstein meißelte man die oft zitierten Zeilen mit dem mittelalterlich makabren Wortspiel:

»Hic jacet in tumba Rosa mundi, non Rosa munda,
Non redolet, sed olet, quae redolere solet.«*

* Die Rose der Welt liegt hier, doch nicht die reine Rose, die einst wohlduftend war, duftet jetzt anders.

König Heinrich bekam allmählich genug von den allzu temperamentvollen Worten und Taten der Königin Eleonore und ließ sie einsperren, um ihr heißes Blut abzukühlen. Volle sechzehn Jahre saß sie in der Einsamkeit, bis König Heinrich starb und sein Sohn, Richard Löwenherz, den Thron bestieg. Er befreite seine Mutter sofort, umgab sie mit königlichem Prunk und ernannte sie zu seiner Stellvertreterin, als er in den dritten Kreuzzug fuhr.

Die vieljährige Gefangenschaft hatte Eleonore von dem ihr anhaftenden schlechten Ruf befreit. Sie wurde als Märtyrerin gefeiert, ihre Tugenden wurden in Gedichten verherrlicht. Auch Liebeserklärungen fehlten nicht. Der Troubadour *Bernard de Ventadour* begrüßte sie mit dem Seufzer:

»Bei meiner Seele, ich liebe die schönste und edelste Dame. Mein Herz seufzt, meine Augen gehen über. Meine Liebe ist groß, und was kann ich gegen die Macht der Liebe tun? Täglich sterbe ich hundertmal vor Schmerz, hundertmal lebe ich wieder auf; doch würde ich den süßen Schmerz nicht für alle Freuden der Welt hergeben. Und ist schon der Schmerz so süß, wie süß mag dann erst der Preis all dieser Leiden sein?«

Eleonores Biographen meinen hämisch, es sei allerdings nicht zu bezweifeln, daß die Königin dem Troubadour die Gelegenheit zu einem praktischen Vergleich zwischen der unglücklichen und der erfüllten Liebe gab.

Das stürmische, abenteuerliche Leben konnte Eleonore nichts anhaben; erst mit zweiundachtzig Jahren wurde sie vor das himmlische Gericht geladen.

Jetzt wollen wir uns aber endlich den Urteilen zuwenden, und zwar in der Reihenfolge, die sie in dem Buch des Kaplans Andreas einnehmen.

Die Urteile des Minnegerichtshofes

1

Ein Ritter tat alles, um die Liebe seiner Erwählten zu erlangen. Die Dame wich ihm aus und wollte nichts von ihm wissen. Als sie sah, daß der Ritter nicht ablassen wollte, sprach sie zu ihm:

»Du kannst nur mit meiner Liebe rechnen, wenn du hoch und heilig schwörst, allen meinen Befehlen Folge zu leisten.« Der Ritter schwor, worauf die Dame ihm befahl, sofort mit dem Hofmachen aufzuhören und nicht einmal ihren Namen vor anderen Leuten auszusprechen. Der Ritter folgte demütigst. Eines Tages hörte er, wie in Männergesellschaft der Dame Böses nachgeredet wurde. Zunächst duldete er und schwieg. Aber als immer mehr über die Dame gelästert wurde, brauste er auf und erhob sich zum Schutz ihrer Ehre. Als das die Dame vernahm, verweigerte sie sich dem Ritter endgültig und jagte ihn davon, weil er sein Gelübde gebrochen hatte.

Die *Gräfin de Champagne* sprach in dieser Sache folgendes Urteil:

»Die Dame, obwohl sie allzu streng war, bot dem Ritter doch Hoffnung, indem sie ein Gelübde von ihm verlangte. Eine anständige Frau steht zu ihrem Versprechen. Der Ritter handelte keinesfalls falsch, als er die Ehre seiner Dame in Schutz nahm. Die Dame war also im Unrecht, als sie den Ritter für immer von sich stieß.«

2

Ein Ritter lebte in süßer Liebe mit seiner Dame. Trotzdem bat er sie eines Tages um Erlaubnis, es mit der Liebe zu einer anderen Frau versuchen zu dürfen. Die Dame gab ihm die Erlaubnis. Der Ritter nahm Abschied und kehrte erst nach einem Monat wieder. Da gestand er, daß er in keine andere Frau verliebt sei und das Ganze nur erdacht habe, um sie auf die Probe zu stellen. Die Dame aber wies ihn jetzt zurück, weil sie seine Probe unschicklich fand.

Königin Eleonore entschied gegen die Frau:

»Es ist bekannt, daß Liebende sich oft ausgedachter Vorwände bedienen, um die Treue der Geliebten auf die Probe zu stellen. Wer wegen einer solchen Probe die weitere liebevolle Hingabe verweigert, handelt gegen die wahre Natur der Liebe. Die Frau hat nur dann recht, wenn Beweise dafür vorliegen, daß ihr Geliebter wirklich einen Treubruch begangen hat.«

Dieses Fehlurteil ist der beste Beweis dafür, daß nicht der Kaplan Andreas die Urteile erdachte. An anderer Stelle des Buches wirft er nämlich diese Frage selbst auf und beantwortet sie folgendermaßen:

»Eine liebende Frau kann ihrem Liebsten keine solche Erlaubnis erteilen. Sie muß ihm entschieden und energisch entgegentreten. Dennoch ist ihr Fehler kleiner als der ihres nichtsnutzigen Geliebten, für dessen Verhalten es keine Entschuldigung gibt. Wenn aber der Mann keinen Gebrauch von der Erlaubnis macht und sein Herz ihn zu der Dame zurückzieht, darf sie ihn nicht abweisen, da sie ja auch gefehlt hat und sich die beiden Fehler gegenseitig ausgleichen.«

Ein Mann, der so logisch denkt, kann sich keine so schußlige Argumentationen ausdenken wie die der Königin Eleonore.

3

Zwei Männer sind an ritterlichen Tugenden gleich hervorragend, aber der eine ist arm und der andere reich. Welchen soll die Dame erhören?

Die Entscheidung der Marie de Champagne:

»Reichtum darf nicht höher eingeschätzt werden als die ritterlichen Tugenden. Allerdings darf Vermögen auch kein Hindernis für die Liebe sein. Wenn die Dame selbst wohlhabend ist, soll sie den Ärmeren wählen, da doch einer liebenden Frau nichts so sehr zur Ehre gereicht, als wenn sie mit ihrem Vermögen ihrem Liebsten zu Hilfe eilt und ihn unterstützt. Ist aber die Frau vermögenslos, so soll sie den Reichen wählen, denn die Liebe kann nicht von langer Dauer sein, wenn beide in Armut versinken. Armut bringt Sorgen, die einem den Schlaf und die Ruhe nehmen und schließlich die Liebe vertreiben.«

4

Zwei Ritter sind einander in jeder Beziehung ebenbürtig. Welchen soll die Dame wählen?

Wieder von Marie de Champagne:

»Denjenigen, der sich früher gemeldet hat. Haben sich beide gleichzeitig gemeldet, kann die Dame frei wählen. Sie wird den bevorzugen, den sie besser kennt und zu dem sich ihr Herz neigt.«

5

Ein Ritter bekam von seiner Geliebten alles. Dennoch liebte ihn diese nicht so heiß wie sie der Mann liebte. Deshalb wollte sich der Ritter von ihr trennen, aber sie gab ihn nicht frei.

Marie de Champagne:

»Das Vorgehen der Frau ist falsch und verdient gerügt zu werden. Sie besteht auf der großen Leidenschaft, ohne sie erwidern zu wollen. Es ist töricht, von jemandem etwas zu verlangen, das man selbst nicht bieten will.«

6

Ein Jüngling und ein Mann in den besten Jahren wetteifern um die Liebe einer Dame. Der Jüngling behauptet, daß er den Vorrang verdient, denn die Liebe soll ihn zur Erlangung der vollkommensten ritterlichen Tugenden aneifern, wofür die Dame von aller Welt gepriesen werden wird.

Beschluß der Königin Eleonore:

»Zwar ist es möglich, daß ein unreifer und unerfahrener Jüngling durch die Liebe einer edlen Dame hohe Vollkommenheit erlangt, dennoch ist nicht er zu wählen, sondern der andere, der diese Vollkommenheiten schon besitzt. Schließlich ist nicht sicher, daß der gute Einfluß Erfolge zeitigt, da auch nicht jedes Samenkorn aufgeht.«

7

Ein Mann gerät, ohne es zu wissen, in ein Liebesverhältnis mit einer Blutsverwandten. Als er die Wahrheit erfährt, will er sich von ihr trennen. Die Dame will an der Liebe festhalten und beruft sich darauf, daß sich die Liebe nicht verändert hat, sie ist genau so wie am Anfang, als beide noch nichts von ihrer Sünde wußten.

Die Königin:

»Die Frau sündigt, wenn sie die verbotene Liebe, die Natur und Gesetz verfolgen und bestrafen, fortsetzt.«

8

Eine Dame heiratet und will ihrem vorherigen Geliebten nun die weitere Liebe verweigern.

Gräfin Ermengarde:

»Die ehelichen Verpflichtungen bereiten der vorherigen Liebe kein Ende, es sei denn, daß die Dame von nun an auf jede Liebe verzichtet.«

9

Derselben Gräfin wurde die Frage vorgelegt:

Welche Liebe ist größer, die zwischen Eheleuten oder die zwischen unverheirateten Partnern?

Antwort:

»Die Fragestellung ist falsch, da die Quellen der beiden Gefühle verschieden sind. Verschiedenartige Dinge können nicht verglichen werden.«

10

Dieselbe Dame in einer anderen Angelegenheit:

Ist es erlaubt, daß der geschiedene Mann seine ehemalige Gattin

nach der Scheidung mit Liebesangeboten verfolgt? Die Ehe wurde wegen Untreue des Mannes getrennt.

Antwort:

»Zwischen solchen Parteien ist die Liebe verboten.«

11

Ein braver, kluger Mann macht einer Frau den Hof. Später meldet sich einer, der noch braver und noch klüger ist. Welchen soll sie wählen?

Die Entscheidung der Gräfin Ermengarde:

»Welchen immer sie auch wählen mag, sie handelt richtig.«

12

Ein Ritter lebt mit seiner Liebsten in glücklicher Liebe. Trotzdem bändelt er mit einer anderen an. Er redet ihr ein, daß er seine erste Freundin verlassen hat, und gelangt so bei ihr zum Ziel. Dann kehrt er zu seiner ersten Freundin zurück und verlangt, daß sie ihn wie zuvor lieben soll. Was verdient dieser Mann?

Die Gräfin von Flandern:

»Ein Mann, der sich so trügerisch benimmt, soll die Liebe beider Frauen verlieren. Auch in Zukunft soll ihn keine anständige Frau erhören, da er offensichtlich von niedriger Sinnlichkeit beherrscht ist. Will aber der Mann bei der zweiten bleiben, hat die erste kein Recht zur Klage und darf den Mann nicht zurückfordern.«

13

Ein Ritter mit schlechten Sitten und schlechten Manieren ist hinter einer vornehmen Dame her. Er verspricht ihr alles Schöne und Gute und erreicht schließlich, daß ihm die Dame für den Fall seiner Besserung ein Versprechen macht. Mit Zugeständnissen, Küssen und milden Umarmungen gelingt es ihr auch, den Mann auf die rechte Bahn zu lenken, so daß er zu einem anständigen, braven Ritter wird. Da gerät er aber in die Netze einer anderen Frau und läßt die erste im Stich.

Gräfin von Flandern:

»Die erste Dame hat durchaus das Recht, den Mann für sich zu fordern, da sie aus einem ungezogenen Nichtsnutz einen braven, anständigen Ritter gemacht hat.«

14

Der Geliebte einer Dame ist schon seit zwei Jahren abwesend, er ist über das Meer gefahren. Die Dame hat das Warten satt bekommen und sieht sich nach einem anderen Geliebten um. Der Sekretär des abwesenden Herrn erhebt dagegen Einspruch. Die Dame bleibt aber hartnäckig und meint, wenn eine Witwe wieder heiraten darf, können auch ihr nicht weniger Rechte zustehen, da doch der Ritter in diesen zwei Jahren zumindest Nachricht hätte geben müssen.

Marie de Champagne urteilte:

»Die Dame hat nur dann recht, wenn sie sichere Nachricht von einer etwaigen Untreue des Ritters bekommen hat. Ist das nicht der Fall, muß sie stolz darauf sein, daß ihr Geliebter in wichtigen Angelegenheiten abwesend ist und sich in der Gesellschaft von Fürsten befindet. Besonders hoch muß sie die Tatsache werten, daß der Ritter keine Nachricht gab, da er so doch nur der Verschwiegenheit gehorcht, zu der er durch die Minne verpflichtet ist.«

15

Ein Ritter verlor im Turnier ein Auge und einen Arm. Seine Geliebte wandte sich deswegen von ihm ab und wollte nichts mehr von ihm wissen.

Gräfin Ermengarde:

»Diese Frau verdient keine Verehrung. Gerade der männliche Mut ist am besten geeignet, Liebe zu erwecken; der wirkliche Mann

darf sich vor seiner Geliebten nicht als feige erweisen. Hat der Mann also Verletzungen im mutigen Kampf erlitten, ist das kein Grund, ihm die Liebe zu verweigern.«

16

Ein Ritter war mit seiner Dame in heimlicher Liebe verbunden. Um das Geheimnis wahren zu können, ließen die beiden ihre Liebesbotschaften durch den Geheimschreiber des Ritters befördern. Der Schreiber mißbrauchte aber das ihm anvertraute Geheimnis und schnappte dem Ritter die Dame weg.

Marie de Champagne berief einen Rat von sechzig Damen zusammen und erließ nach eingehender Beratung folgendes Urteil:

»Sie mögen zusammenbleiben, die Frau und der treulose Sekretär, denn sie sind einander wert. Aber es ist verboten, sie als wahre Liebende anzuerkennen. Die ritterliche Gesellschaft stößt sie aus, da sie sich gegen die ritterliche Treue vergingen. Besonders schamlos ist das Verhalten der Frau, die sich mit einem Schreiber niedriger Herkunft zusammentat.«

17

Ein Ritter widmete seinen Dienst einer Dame, die sich schon einem anderen Manne gegenüber verpflichtet hatte. Die Dame machte dem Ritter Hoffnung und versprach, ihn bei einer Untreue des anderen zu erhören. Aber plötzlich heiratete sie diesen anderen. Da meldete sich der Ritter und forderte die in Aussicht gestellte Belohnung. Die Frau wies ihn ab, indem sie sagte, ihr Mann sei gleichzeitig ihr Geliebter, er sei ihr vollkommen treu und habe keinerlei Untreue begangen.

Königin Eleonore:

»Wir können nicht anders entscheiden als im Sinne der Gräfin de Champagne, nach deren Urteil wahre Liebe unter Eheleuten nicht möglich ist. Die Dame muß den Ritter erhören.«

18

Ein Ritter plauderte das Geheimnis seiner Liebe aus. Darüber brach am Hofe von Gascogne große Empörung aus, die Hofdamen traten zu einer Beratung zusammen und urteilten einstimmig:

»Der Schuldige darf von keiner Dame der Liebe gewürdigt werden und muß aus jeder ritterlichen Gesellschaft ausgeschlossen werden. Sollte sich doch eine Frau finden, die den Frevler mit ihrer Liebe beschenkt, soll diese ebenso bestraft und von allen anständigen Frauen verachtet werden.«

19

Eine Frau wollte das Liebeswerben eines Ritters durchaus nicht erhören. Seine hübschen kleinen Geschenke wies sie aber nicht ab. Der Ritter beklagte sich bei der Königin.

Königin Eleonore:

»Die Frau hätte die Geschenke zurückweisen oder durch ihre Liebe erwidern müssen. So muß man sie als Straßendirne betrachten.«

20

Dieselbe Königin wurde gefragt, ob ein junger Bursche oder ein reifer Mann für die Liebe geeigneter sei.

Die Antwort der Königin:

»Die Liebe richtet sich nicht nach dem Alter, sondern nach der Tapferkeit, dem Mut und der Bildung des Mannes. Junge Männer fühlen sich durch ihre sinnlichen Neigungen mehr zu reiferen Damen hingezogen, während reife Männer Küsse und Umarmungen von jungen Damen höher schätzen.«

21

Die Gräfin de Champagne zählte bei einer Gelegenheit die Geschenke auf, die eine anständige Dame von ihrem Ritter annehmen darf. Dazu gehört im allgemeinen alles, was dem weiblichen Putz dient, keinen größeren Umfang und Wert hat und geeignet ist, die Dame immer an den Geber zu erinnern. Geschenkte Ringe sind mit dem Stein nach innen am kleinen Finger der linken Hand zu tragen, weil die linke Hand nie unschickliche Dinge verrichtet, und weil Liebende ihre Liebe geheimhalten müssen.

Gefälschte Urteile

Aber warum reden wir immer nur von den einundzwanzig Urteilen, die im Buche des Kaplans Andreas aufgezählt werden? So fragen diejenigen, die an das Minnegericht glauben.

Wir haben ja noch einundfünfzig andere Urteile!

Schlimm genug, daß die Zweifler ihre Federn wetzten, ohne die Sammlung des *Martial d'Auvergne* zu kennen.

Wer war Martial d'Auvergne? Er war Prokurator des französischen Parlaments, ein hervorragender Jurist, und nebenbei Dichter und Schriftsteller, der eine Menge Gedichte, darunter eine versifizierte Historie der Taten Karls VII. (1403—1461) verfaßte. Der Nachwelt blieb sein Name durch die berühmte Sammlung »Arrêts d'Amour« erhalten. Sie enthält einundfünfzig Urteile des Pariser Minnegerichtes, und zwar in einer Bearbeitung, die eines Juristen würdig ist. Der Verfasser führt nicht nur die Entscheidungen selbst an, er gibt auch Auskünfte über die Amtspersonen, die eine Rolle bei diesen Urteilen spielten, über die Prozeßregeln und die Arten der Strafe.

Triumphierend wiesen Aretin und Spangenberg auf diese Sammlung hin, die alle Lücken ausfüllt und das Bild der Minnegerichte klar vor unseren Augen erstehen läßt.

Das Verfahren wurde laut »Arrêts d'Amour« entweder auf Antrag des Injuriaten oder durch den Oberstaatsanwalt (Procureur général) von Amts wegen eröffnet. Die Parteien hatten Klage und Verteidigung selbst vorzutragen, aber der Staatsanwalt oder sein Stellvertreter durften sich jederzeit einmischen. Die stellvertretenden Staatsanwälte hießen nach dem Muster ihrer ordentlichen Amtsbezeichnung (Gens du Roi, Männer des Königs) in den Minne-Prozessen »Männer der Liebe« (Gens d'Amour). Sie waren befugt, vorläufige Festnahmen und die Vollstreckung der Urteile anzuordnen. Der Richter war keine Dame, sondern ein Mann, der in hermelinbesetztem Purpurmantel auf seinem Thron saß.

Im Fall Nr. 1. erhob ein verliebter Mann Klage. Er verlangte Rechtshilfe, weil ihm seine Geliebte den Zutritt verboten und ihm befohlen hatte, nie mehr in ihre Nähe zu kommen. Die Dame verteidigte sich damit, daß sie einen rechtmäßigen Grund für dieses Verbot habe. Der Kläger habe sie nämlich so ungeschickt und roh geküßt, daß sie hinstürzte, wobei der untere Saum ihres Kleides umschlug und ein Zipfel ihres Hemdes sichtbar wurde. Mit einem so ungeschlachten Kerl wolle sie nichts mehr zu tun haben.

Das Urteil: Die Dame hat recht. Die Klage wird abgewiesen und der Kläger verpflichtet, die Unkosten der Dame zu tragen und außerdem noch eine Geldbuße zu zahlen.

Hier sieht schon der poetische Pferdefuß des Herrn Martial unter der Gelehrtenrobe hervor. Ganz und gar entlarvt er sich aber im dritten Urteil:

Auf Anordnung des Oberprokurators wurde eine alte Dame festgenommen und vor Gericht gestellt, weil sie Schmähworte gegen die Minne und deren Rechte gesprochen hatte. Sie hatte die Hochzeitsfeierlichkeiten und andere gastliche Gelage beschimpft. Laut hatte sie ausposaunt, daß sie — wäre sie ein Mann — Ehefrauen und Töchter nicht zu derartigen Einladungen gehen ließe.

Die alte Dame gab zu, solche Aussprüche getan zu haben, aber nur aus Erbitterung, weil man sie weder zu Abendgelagen noch zu Hochzeiten einlud. Sie bereute ihre Tat, sie sei sehr erregt gewesen, und Altweibergeschwätz dürfe man sowieso nicht ernst nehmen.

Antrag der Gens d'Amour: Die Angeklagte soll körperlich gezüchtigt werden, dann soll ihr zum Exempel die Zunge herausgeschnitten, ein Schandmal auf die Schulter gebrannt und ihr ganzes Vermögen konfisziert werden.

Das Urteil: In Anbetracht der mildernden Umstände soll der Angeklagten nur eine Schandtafel umgehängt werden, auf der sie als Verleumderin bezeichnet wird. Der Richter hat auch gleich die Aufschrift verfaßt, und zwar in Versen. Die beiden letzten Zeilen lauten:

»J'ai eu la bouche trop legiere,
Gardez vos langues de parler.«*

Die beiden deutschen Gelehrten in allen Ehren, aber wo hatten sie ihre Augen, daß sie auf den Spaß hereinfielen? Schon auf den

* Ich habe mich verplappert,
haltet ihr eure Zungen im Zaum.

ersten Seiten ist klar zu erkennen, daß hier ein Dichter sein Spiel treibt, indem er die Überlieferungen der Minnegerichte zur Unterhaltung der Leser benutzt.

Zunge ausschneiden, brandmarken, Vermögen einziehen!

Noch deutlicher ist das Urteil Nr. 6.

Der Procureur général hatte zwei Männer verhaften lassen, weil sie mehreren Damen Übles nachgeredet und überhaupt die Liebe mit häßlichen, nicht wiederzugebenden Worten geschmäht hatten.

Das Urteil: Die Täter sollen drei Samstage hintereinander an einer Straßenkreuzung ausgepeitscht werden, ihr Vermögen wird konfisziert und sie werden für alle Ewigkeit aus dem Königreich der Liebe verbannt.

(La cour les condamne tous deux à être battus par trois samedis par les carrefours et les bannist du royaume d'Amour à toujours. En déclarant tous leurs biens confisqués.)

Der Spaßmacher, Dichter und Staatsanwalt Martial hätte sich nicht träumen lassen, daß Jahrhunderte später seinen lustigen Produkten würdige Vollbärte angeklebt würden und Professoren sie in ihren Diskussionen als Beweismittel benutzten!

Aber das war noch nicht die seltsamste Begebenheit um die Arrêts d'Amour.

Im Jahre 1533 erschien in Lyon ein Buch mit folgendem prachtvollem Titel:

»Arresta Amorum cum Commentariis Benedicti Curtii Symphoriani. C'est à-dire, Les Arrêts d'Amour avec les Commentaires de Benoît le Court de St. Saphorin.«

Der Name des Autors, *Benoît le Court,* wäre längst endgültig in Vergessenheit geraten, hätten nicht Büchernarren das Werk von Zeit zu Zeit ausgegraben. Der Verfasser, ein gelehrter Jurist aus Lyon, vollbrachte eine äußerst mühselige und dabei äußerst nutzlose Arbeit, indem er zu jedem dieser Urteile juristische Kommentare konstruierte. Diese Kommentare sollten die Stichhaltigkeit der Urteile vom Standpunkt des damals geltenden Rechts aus beweisen, wobei er mit keinem größeren Apparat an die Beweisführung hätte herangehen können, wenn es sich um den Besitz einer umstrittenen Provinz gehandelt hätte.

Es ist und bleibt unverständlich, warum sich der Verfasser diese völlig unnütze Arbeit aufbürdete und einundfünfzig Berge aus lauter Spreu zusammentrug. Zur Unterhaltung taugt das Buch nicht, weil

es furchtbar schwerfällig ist, und wissenschaftliche Ziele kann der Autor auch nicht verfolgt haben, dafür ist es wieder nicht ernst genug.

Als Beispiel wollen wir ein Urteil mit Erklärung anführen.

Der Kläger trug vor, daß ihn seine Geliebte zurückrief, nachdem sie sich schon verabschiedet hatten und er gehen wollte. Dann warf sie sich ihm überraschend in die Arme, wobei eine Nadel aus dem Kopfschmuck der Dame den Ritter so sehr im Gesicht verletzte, daß er sich monatelang nicht in Gesellschaft zeigen konnte. Da keine böse Absicht vorlag, bat der Kläger nur, die Beklagte solle verpflichtet werden, ihn bis zu seiner vollkommenen Wiederherstellung zu pflegen.

Hier mischt sich der Kommentator ein und ergänzt die laienhafte Erklärung des Klägers durch eine juristische Begründung. Dem geltenden Recht zufolge — schreibt er — ist Fahrlässigkeit weniger streng zu strafen als die Vorsätzlichkeit. Das sagt er aber nicht etwa so einfach, das bekräftigt er mit den verschiedensten Zitaten aus Gesetzen und Experten. Die Unmasse von Abkürzungen und Hinweisen im lateinischen Original ergibt dank des damaligen wissenschaftlichen Gebrauchs folgendes verwirrendes Bild:

»Delinquens casu vel lascivia mitius punitur. 1. lege. ff. ad le. corr. 1. eum. eo. 1. absentem. 1. respiciendrum, §, delinquunt, 1. capitalium. §. incendiarii. ff. de poem. Accur. in. 1. I. C, ad leg. corn. Delinquens vero casu an sit puniendus? Ancha. in. c. I. colum. V. de homic. in

VI. Ad haec jungas quae per Gregorium Nyssae episcopium lib. de Voluntario c. II. dicuntur.«

Die Angeklagte gab nicht einmal die Fahrlässigkeit zu. Der Kläger habe ihr einen Kuß rauben wollen. Sie habe sich nur gewehrt, ihre Schuld sei es nicht, daß die Nadel sich in das Gesicht des Klägers gebohrt habe.

Das ließ sich Meister Benoît nicht zweimal sagen. Er ergänzte diese Ausführungen durch Kommentare, die sieben- bis achtmal so lang wie die vorherigen ausfielen. Er beginnt mit der klassischen Rechtsregel: *Vim vi repellere potest.* Das heißt: Gewalt darf mit Gewalt abgewehrt werden. Dabei tut er Ulpianus und Cicero Gewalt an, indem er sie heranschleppt, um ihnen Gutachten abzuzwingen und verirrt sich auch auf das Gebiet des Kirchenrechts. Tötet jemand eine kirchliche Person aus Notwehr, darf die Strafe der Exkommunikation nicht angewandt werden. In bezug auf den liebestollen Zustand des Klägers beruft er sich auf ein Sprichwort: Der Hengst ist selbst schuld, wenn ihn die Stute umstößt.

Das Gericht ordnete die Befragung von medizinischen Sachverständigen an, die den schweren oder leichten Charakter der Verwundung feststellen mußten.

Ein gefundenes Fressen für Herrn Benoît scheint nun die Rolle dieser Experten im Prozeß gewesen zu sein. Wieviel Sachverständige müssen laut Gerichtsordnung vernommen werden? Müssen sie vereidigt werden? Im gegebenen Fall wurde dem Kläger die Wunde im Gesicht zugefügt, also ist sie geeignet, seine Schönheit zu zerstören. Das Strafrecht erkennt in solchen Fällen auf »injuria atrox«, das heißt auf schwere Körperverletzung.

Das Gericht verkündete das Urteil. Die Wunde, hieß es, könne leicht eitrig werden. Um das abzuwehren, sei die Angeklagte verpflichtet, an der Wunde des Klägers zu lecken, bis sie vernarbt sei.

Es ist unbegreiflich, aber wahr, der Rechtsdrechsler von Lyon ließ es damit noch nicht bewenden. Er wies mit Hilfe von Plinius und Aristoteles nach, daß der menschliche Speichel tatsächlich desinfizierende Wirkung besitzt. Galenus schreibe dem Speichel eines Menschen mit nüchternem Magen eine gewaltige Kraft zu, die sogar den Skorpion tötet. Mit nüchternem Magen brauche man sich auch vor Schlangen nicht zu fürchten. Man spuckt ihnen in die Augen, und sie verenden.

Aber lassen wir uns von Herrn Benoît nicht in das Labyrinth der übrigen fünfzig Minneurteile hineinlocken, von dessen bedrohlichen Irrgängen die kleinen Kostproben den Leser wohl überzeugt haben.

Die Diskussion über die Minnegerichte ist mittlerweile schon abgeflaut. Jeder kann darüber denken, wie er will. Ich meinerseits glaube nicht, daß alles — Gesetzbuch, Gericht, Urteile — erfunden ist, ich will auch nicht die hin- und hergeworfenen Argumente auflesen und auf die Goldwaage legen. Wer den Geist der Ritterzeit begreift, wird kaum leugnen, daß diese verspielte Gerichtsbarkeit durchaus zu einer Zeit paßt, in der mehr von der Liebe gesprochen als für sie getan wurde.

Quellen

Jean de Nostradamus: »Vies des plus célèbres et anciens poètes provençaux etc.« (Lyon, 1575)

»Recherches sur les prérogatives des Dames chez les Gaulois, sur les Cours d'Amour etc.« Par le Président Rolland, de l'Académie d'Amiens. (Paris, 1787)

Chr. Aretin: »Aussprüche der Minnegerichte.« (München, 1803)

F. J. M. Raynouard: »Des troubadours et des cours d'amour.« (Paris, 1817)

E. P. J. Spangenberg: »Die Minnehöfe des Mittelalters etc.« (Leipzig, 1821)

Friedr. Diez: »Beiträge zur Kenntnis der romantischen Poesie.« (Berlin, 1825) Französische Übersetzung von Roisin unter dem Titel: »Essai sur les cours d'amour.« (Paris, 1841)

Andreas Capellanus' Buch in lateinischer Sprache, nach Vergleich verschiedener Manuskripte, herausgegeben von F. Trojel: »Andreae Capellani Regii Francorum De Amore libri tres.« (Hauniae, 1892.) Moderne deutsche Übersetzung von *Hanns Martin Elster:* »Des königlich fränkischen Kaplans Andreas 3 Bücher über die Liebe.« (Dresden, 1924). Er zählt die 12 bekannten Manuskripte sowie die vorherigen deutschen Übersetzungen auf.

Antony Méray: »La vie au temps des cours d'amour etc.« (Paris, 1876)

Das Archiv der Herzen

Liebesbriefe! Im Laufe der Jahrhunderte sammelten sie sich an, und nun liegen sie vor uns wie Prozeßakten voll Liebesglück und Liebeskummer.

Noch immer sind die unzähligen Dokumente der Liebe nicht geordnet. Diejenigen, die sich an dieser Aufgabe versuchten, pflegten die Sache auf die leichte Schulter zu nehmen. Der eine wollte alle Briefe, die in der gleichen Sprache geschrieben waren, zusammenfassen, der andere teilte sie nach den einzelnen Epochen ein, und der dritte kümmerte sich um keinerlei Gesichtspunkte und klaubte nur die interessantesten Fälle heraus.

Die vorhandenen Sammlungen von Anfang bis Ende durchzulesen, ist ein ermüdendes Vergnügen. Manche der Schreiber brauchen viele Seiten, um ihre Gefühle ausführlich zu schildern. Andere spickten ihre Briefe mit der Erzählung von tausend kleinen Ereignissen des Alltags und mit Anspielungen, die sich auf längst vergessene Personen bezogen und heute ohne Erklärung nicht mehr verständlich sind. Das mögen alles wertvolle Daten für die Biographen und Autoren zeitgeschichtlicher Werke sein, aber den Leser, der Liebesbriefe lesen will, dürfte kaum interessieren, was man Dickens in Schottland zum Frühstück vorsetzte, wie lange er Reißen in den Rippen spürte und welchen Ärger Balzac mit seinem Verleger hatte.

Ein nur aus Liebesbriefen bestehendes Buch zu lesen, ist wohl ein ähnliches Unternehmen wie die Lektüre einer Anekdotensammlung. Über die ersten Seiten lacht man noch, dann läßt die Wirkung nach, und schließlich ertrinkt das Interesse kläglich im Meer des allzu großen Humors.

Ich will nicht mit den Sammlern wetteifern; mein Ziel ist viel bescheidener. Wenn ich die menschliche Seele mit einem vielflächigen Prisma vergleichen darf, dann will ich nichts weiter tun, als einige Flächen dieses Prismas im Lichtstrahl der Liebe aufblitzen zu lassen.

Nicht jede Liebe beginnt mit der Gewalt eines ausbrechenden Orkans. Manche kommt auch auf den Flügeln des milden Zephirs. *Clemens Brentano* scherzt mit der geliebten Frau:

»Liebes Wesen, Du Schwalbenlied, Du kleine rosenrote Spinne am Turmfenster...« und an anderer Stelle: »Die Weltgeschichte ist ganz aus für mich. Kurios ist es, aber ich muß in diesem Augenblicke denken und fühlen, und es ist mir, als wär's wahrhaftig so: nämlich: als wäre meine Brust ein Badezuber und deine Füße stünden badend und plätschernd in meinem Herzen, und du sagst: endlich krieg ich warme Füße.«

John Keats, der kranke junge Dichter, schlägt ernstere Töne an. Der Schatten des Todes ist düster, er duldet keinen Scherz.

»Früher wunderte ich mich immer, daß es Menschen gab, die den Märtyrertod für ihren Glauben sterben konnten. Mit Schaudern las ich von ihnen. Jetzt ist das Schaudern verflogen, gern stürbe ich den Märtyrertod, da doch die Liebe mein Glaube ist, Du meine Liebe bist und also Du zu meinem einzigen Glaubensbekenntnis wurdest. Ich kann den Kräften, die mich zu Dir drängen, nicht widerstehen;

ich habe es versucht, aber der Schmerz war zu groß. Meine Liebe ist eigennützig. Ich kann ohne Dich nicht atmen.«

Ein anderer Verliebter schreibt:

»Mein Engel, mein alles, mein Ich — schon im Bette drängen sich die Ideen zu dir, meine unsterbliche Geliebte, hier und da freudig, dann wieder traurig, vom Schicksale abwartend, ob es uns erhört — leben kann ich entweder nur ganz mit dir oder gar nicht, ja ich habe beschlossen, in der Ferne so lange herumzuirren, bis ich in deine Arme fliegen kann und mich ganz heimatlich bei dir nennen kann, meine Seele von dir umgeben in's Reich der Geister schicken kann — ja leider muß es sein —, du wirst dich fassen, um so mehr, da du meine Treue gegen dich kennst, nie eine Andre kann mein Herz besitzen, nie — nie — o Gott, warum sich entfernen müssen, was man so liebt, und doch ist mein Leben in W. so wie jetzt ein kümmerliches Leben — Deine Liebe machte mich zum glücklichsten und zum unglücklichsten zugleich — in meinen Jahren jetzt bedürfte ich einiger Einförmigkeit, Gleichheit des Lebens — kann diese bei unserm Verhältnisse bestehen? ... Sei ruhig, nur durch ruhiges Beschauen unsers Daseins können wir unsern Zweck, zusammen zu leben, erreichen — sei ruhig — liebe mich — heute — gestern — welche Sehnsucht mit Tränen nach dir — dir — dir — mein Leben — mein alles — leb wohl — o liebe mich fort — verkenne nie das treueste Herz deines Geliebten, ewig dein, ewig mein, ewig uns. *L.*«

Wer war die unsterbliche Geliebte, an die *Beethoven* diese abgerissenen Zeilen schrieb? Die Gräfin Therese Brunswick? Oder eine andere Frau? Die Leidenschaft ist wichtig und nicht der Gegenstand, der sie erweckt.

Und nun der Ausbruch eines Vulkans:

Wir erinnern uns noch der früher erwähnten portugiesischen Nonne *Marianna Alcoforado*. Im 17. Jahrhundert war in Beja die Strenge der Klosterregeln ein wenig durch das weltliche Leben aufgelockert. Die vornehmen Nonnen pflegten dem Orden bedeutende Stiftungen zukommen zu lassen. Dafür genossen sie eine durchaus weltlich anmutende Freiheit, die sie gelegentlich gebrauchten, aber oft auch mißbrauchten.

Der Bruder der Marianna diente in einem französischen Regiment. Der dreißigjährige Rittmeister *Chamilly*, der spätere Briefpartner der Marianna, war sein Kamerad. Gegen Ende des Jahres 1665 wurde das Regiment nach Portugal kommandiert, wo ein Angriff Frankreichs gegen Spanien vorbereitet wurde. Marianna erblickte den Rittmeister vom Fenster ihres Klosters aus, wie er an der Spitze seiner Truppe das Roß tänzeln ließ und verliebte sich auf den ersten Blick in ihn. Später wurde sie durch den Bruder mit ihm bekannt, und die Gefühle, die in der Seele des nunmehr sechsundzwanzigjährigen Mädchens schon scheintot darniedergelegen hatten, lebten auf, glühten und brannten lichterloh. Was wurde mit den beiden? Darauf kann man nur aus den Briefen schließen. Es ist anzunehmen, daß der Reiteroffizier, der ein Land nach dem anderen durchstreifte und täglich sein Leben aufs Spiel setzte, sein Gewissen nicht sehr zu Rate zog und sich kaum fragte, was wohl mit ihr, dem Opfer der verbotenen Liebe, geschehen würde. Außerdem war er Franzose und Soldat des Königs Ludwig XIV., dessen lockere Sitten weltbekannt waren. Die Liebe dauerte mit Unterbrechungen zwei Jahre, in denen Chamilly in verschiedenen Teilen Spaniens kämpfte. Dann kehrte das Regiment nach Frankreich zurück. Das allein gebliebene Mädchen erstickte seine Leidenschaft in den Briefen, die der Herr Rittmeister so lange in den Pariser Salons herumzeigte, bis sie berühmt wurden. Hier und da wurden sie übersetzt, kopiert und verbreitet, bis endlich ein geschäftstüchtiger Verleger alle Briefe ins Französische übersetzen ließ und im Jahre 1669 auf den Markt warf. Der Erfolg war erstaunlich. Das Buch erreichte noch im selben Jahrhundert vierzig Auflagen.

Der erste Verleger war der Pariser Buchhändler Claude Barbin. Der Erfolg reizte auch andere Händler, es mit dem Buch zu versuchen. Zwecks Umsatzsteigerung vermehrte man die Briefe in den neuen Ausgaben durch Fälschungen. Die Leser kümmerten sich nicht darum und verschlangen die falschen Briefe wie die echten. Später, als die Originale verlorengegangen waren, wurde auch die Echtheit der ersten Ausgabe bezweifelt; man hielt das Ganze für ein Produkt des Übersetzers. Auch Rousseau war dieser Meinung. Aber die neueren Forschungen bestätigten im großen ganzen die Echtheit der Briefe, nicht nur, weil die Namen und Daten der vorkommenden Personen nachgeprüft und für richtig gefunden wurden, sondern auch, weil der Stil der Briefe eine in jeder Beziehung echt weibliche Seele verrät.

Einige Proben:

»Ich widmete Dir mein Leben von dem Augenblick an, in dem ich Dich erblickte. Eine heimliche Freude überwältigt mich, daß ich Dir dieses Opfer darbieten kann. Als ich Deinen letzten Brief las, klopfte mein Herz so sehr, daß ich dachte, es sprenge meinen Busen und flöge dir entgegen. Drei Stunden lang war ich außer mir. Als ich aus meiner Ohnmacht erwachte, packte mich die Freude: Siehe da, beinahe wäre ich vor Liebe gestorben! Nachher war ich sehr geschwächt, und ich leide noch immer körperlich, aber ich beklage mich nicht, bist Du doch der Ursprung meiner Schmerzen! Ich bin entschlossen, Dir mein ganzes Leben zu opfern und nie einen anderen zu lieben. Ach, tue Du dasselbe, ohnehin könnte Dich eine Liebe nicht befriedigen, die weniger heiß ist als meine. Schönere Frauen als mich kannst Du wohl finden — auch wenn Du mich schön genannt hast —, aber niemals wirst Du auf eine stoßen, die Dich mehr liebt als ich. Lebe wohl! Ich kann mich kaum von diesem Blatt Papier trennen, weil ich weiß, daß es Deine Hand berühren wird. Ach, wäre ich nur an seiner Stelle! Lebe wohl! Ich kann nicht weiter! Gott sei mit Dir! Liebe mich weiter, immer! Und verursache mir noch größere Leiden!«

»Ich weiß, daß meine Liebe zu Dir Wahnsinn ist. Dennoch beklage ich mich nicht wegen der Schmerzen, die mir die Liebe verursacht. Ich habe mich daran gewöhnt, ich könnte gar nicht mehr leben ohne das Bewußtsein, daß ich Dich unter tausend Qualen lieben kann. Ich hasse meine Umgebung und meine Pflichten; das Gewissen peinigt mich, weil ich Dir nicht jede Minute meines Lebens widmen kann. Aber was könnte ich armes Geschöpf anfangen ohne die Liebe und den Haß, die mein Herz erfüllen? Überlebte ich all dies, würde mein Leben vielleicht geruhsam und gleichmäßig. Aber nie könnte ich ein solches Leben ohne Inhalt vertragen.«

»Ich liebe Dich bis zum Wahnsinn, aber um nichts auf der Welt möchte ich wünschen, daß Dich die Liebe auch so quält. Der Kummer darüber, daß auch Du keine Ruhe findest, daß auch Dein Leben voll Verzweiflung ist, daß auch Dir alles verhaßt ist und auch Du untröstlich weinst, würde mich töten. Kaum reicht meine Kraft aus, die eigenen Leiden zu ertragen; wie könnte ich sie noch durch das Bewußtsein steigern, daß auch Du unglücklich bist? Das wäre hundertmal schmerzhafter.«

»Nie habe ich es bereut, daß ich Dich anbete. Es ist mir eine Wonne, daran zu denken, daß Du mich verführt hast. Du hast mich verlassen, das ist wahr, vielleicht für immer, aber das kann meine lodernde Liebe nicht ersticken. Mir wäre es nicht unlieb, wenn es jedermann wüßte, wenn alle unsere Geheimnisse aufgedeckt würden. Ach, wie mich das Bewußtsein beglückt, daß ich für Dich alles wegwerfen konnte, was als Anstand gilt.«

»Ich habe Dich betrogen. Du hast recht, wenn du mich beschuldigst. Ich sah Dich gehen, ich durfte nicht hoffen, Dich jemals wiederzusehen, und doch lebe ich fort. Ich habe Dich verraten. O, verzeih mir! Sei streng zu mir! Sage, daß meine Gefühle nicht tief genug sind. Sei anmaßend. Befiehl mir, aus Liebe zu sterben! Ich bitte Dich, ich flehe Dich an, hilf mir so, die Schwäche meines Geschlechts zu bekämpfen und meine Unentschlossenheit durch eine echte Verzweiflungstat zu besiegen.«

»Ich selbst war an allem schuld. Ich gewöhnte Dich an die wahre, aufrichtige Liebe, obwohl wir trügerisch sein müssen, um geliebt zu werden. Ein Mann muß durch allerhand Schliche betört werden. Liebe allein erweckt keine Gegenliebe.«

»Schreibe nicht mehr. Dann kann ich Dich vielleicht vergessen. Und doch würde ich — wenn Du nur irgendein Zeichen gäbest — glauben, daß Dir mein Brief Kummer bereitet. Und dann würde meine erlöschende Liebe wieder aufflammen...«

Aber die beispiellose Leidenschaft endete nicht tragisch. Es scheint keine Liebesvergiftung zu geben, die man nicht bekämpfen kann. Die heißblütige Tochter des Südens besiegte das Feuer des eigenen Blutes. Ihr weiteres Leben verbrachte sie in strenger Pflichterfüllung. Dabei war dieses Leben noch lang genug, sie starb am 28. Juli 1723 im Alter von 83 Jahren. Im Sterberegister lesen wir nach ihrem Namen folgende Aufzeichnung:

»Sie widmete ihr Leben dem Dienste des Herrn, verhielt sich allen Menschen gegenüber gütig, und niemand hatte über sie zu klagen. Dreißig Jahre hindurch quälte sie ihren irdischen Leib durch harte Bußen, aber sie vertrug die Leiden im Glauben an den Willen Gottes und mit Ergebung.«

Und Chamilly? Er heiratete und wurde Marschall von Frankreich.

Der Liebesroman in der Nußschale

In der englischen Literatur findet man kaum schönere Liebesbriefe als die des Liebespaares Browning-Barrett. Elizabeth Barrett lag gelähmt im Krankenzimmer ihrer Wohnung in der Wimpolestreet. Robert Browning reiste in der Welt umher, sie sahen einander nie

und fanden sich doch. Der Duft der Poesie — edler als alle Düfte des Morgenlands — führte sie zusammen. Beide dichteten und gewannen sich durch ihre Gedichte lieb. Das kranke Mädchen wurde durch die Liebe wieder aufgerichtet. Ihre Flucht aus dem Elternhaus und das wunderbar glückliche Eheleben in Florenz verlangten geradezu nach einer Darstellung in einem biographischen Roman. Vielleicht ist er auch schon geschrieben worden. Ich muß mir und meiner Feder Zwang antun, um nicht den größten Teil der Briefe anzuführen, aber ich werde mich mit einigen Zitaten, mit einem kurzen Auszug aus dem Liebesroman, begnügen.*

»Ich liebe Ihre Verse von ganzem Herzen, liebe Miss Barrett — und dies ist kein aus dem Stegreif hingeworfener Brief, um Ihnen Komplimente zu machen —, was es auch sonst sei: keine prompte und selbstverständliche Anerkennung Ihres Genies, womit alles am anmutigen und natürlichen Ende wäre... Wissen Sie, daß ich einmal nahe daran war, Sie zu sehen, Sie wirklich zu sehen?... Sie waren zu krank; und jetzt ist es Jahre her, und mir ist es wie ein widriges Ereignis auf meinen Reisen, als sei ich nahe, so nahe! bei irgendeinem Weltwunder, in einer Kapelle oder Krypta, gewesen — nur ein Vorhang beiseite zu ziehen, und ich hätte eintreten können —, aber es

* Aus »Die Briefe von Elizabeth Barrett und Robert Browning aus den Jahren 1845—56.«

war ein leichtes, so scheint es jetzt, ein leichtes Hindernis da, das den Zutritt hemmte, und die halbgeöffnete Tür schloß sich, und ich ging nach Hause, meine Tausende von Meilen, und das Gedicht sollte niemals wieder kommen.

Nun, diese Gedichte sollten kommen, und diese echte dankbare Freude, mit der ich mich fühle als immer

in Treue der Ihre

Robert Browning«

Die Antwort:

»Ich danke Ihnen vom Grunde meines Herzens, lieber Mr. Browning. Sie wollten mir mit Ihrem Briefe Freude machen — und selbst, wenn Sie Ihren Zweck nicht erreicht hätten, müßte ich Ihnen dennoch danken. Aber Sie haben ihn vollkommen erreicht. Ein solcher Brief von solcher Hand! Sympathie ist mir teuer — sehr teuer; aber die Sympathie eines Dichters ist die Quintessenz der Sympathie für mich! Wollen Sie dagegen meine Dankbarkeit annehmen? — und zugeben, daß von allem Handel in der Welt, von Thyrus bis Karthago, der Austausch von Sympathie gegen Dankbarkeit der fürstlichste ist?... Der Winter schließt mich ein wie einen Siebenschläfer; wir werden sehen; im Frühling; und mir ist so viel besser, daß es scheint, ich wende mich der Außenwelt wieder zu...

Und im übrigen bleibe ich mit Stolz

Ihre zu Dank verpflichtete und ergebene

Elizabeth B. Barrett«

Der Frühling war gekommen.

»Mittwoch Morgen — Frühling!

Wirklicher, warmer Frühling, liebe Miss Barrett, und die Vögel wissen es; und im Frühling werde ich Sie sehen, werde ich Sie sicher sehen — denn wann hätte ich einmal *nicht* bekommen, worauf ich mein Herz gesetzt hatte? So frage ich mich bisweilen mit einer seltsamen Angst.

Ich nahm dieses Papier auf, um eine Menge zu schreiben — jetzt glaube ich nicht mehr, daß ich viel schreiben werde — ›Ich werde Sie sehen‹, sage ich!...«

Nach einigen Tagen:

»... Liebe Miss Barrett, ich danke Ihnen für die Erlaubnis, die Sie mir geben, und für die unendlich freundliche Art, wie Sie mir sie geben. Ich will Sie am Dienstag um 2 besuchen — nicht eher, damit Sie Zeit haben, mir zu schreiben, wenn irgendein ungünstiger Umstand eintreten sollte... nicht als ob es Ihnen Ungelegenheiten machen brauchte, denn... was ich Ihnen für jetzt und künftig noch ganz besonders sagen möchte — machen Sie sich nicht das geringste daraus, daß ich komme, sondern — sollten Sie sich zum Beispiel nicht wohl befinden — schicken Sie mir oder lassen Sie mir nur ein Wort herunter sagen, und ich komme wieder und wieder und wieder —...

Immer der Ihre

Robert Browning«

Nach einigen Monaten:

»... was könnte ich sagen, das nicht ungerecht gegen Sie wäre? Ihr Leben! wenn Sie es mir gäben, und ich legte mein ganzes Herz hinein; was wäre es als Angst und größere Traurigkeit, als Sie zu tragen geboren sind? Was könnte ich Ihnen geben, das zu geben nicht unedel wäre? Deshalb müssen wir diesen Gegenstand verlassen... und Sie können mir ganz vertrauen, daß ich mich bis zu meinem Lebensende als einer dankbaren Erinnerung des vollen Wertes Ihrer Freundschaft erinnern und ihn empfinden werde...

Immer die Ihre

Elizabeth B. Barrett«

Am 2. Dezember 1845, also nach drei Monaten:

»Ich war glücklich, so glücklich vorher! Aber jetzt bin ich glücklicher und reicher. Meine Liebe — keine Worte könnten hier dienen, aber das Leben liegt vor uns, und bis zum Schluß wird die jetzt angeschlagene Schwingung dauern — ich will leben und sterben mit dem wundervollen Ring, dem geliebten Haar — das mich erquickt und segnet...

Gott behüte Dich, mein eigen, mein Schatz —

Ich bin ganz Dein.

Robert Browning«

Nach weiteren drei Monaten schreibt Elizabeth:

»Und so wundervolle Blumen hast Du mir diesmal gebracht! sie sehen aus wie der Sommer selbst, und duften!... ehe ich Dich kennenlernte, was war ich und wo? Was, meinst Du, war mir die Welt? und der Sinn des Lebens?...

Ich habe das sicher neulich gedacht, und schließlich habe ich Dich unbewußt mein ganzes Leben hindurch geliebt, das heißt, Deine Idee. Frauen fangen meistens (wenn sie nur ein ganz klein wenig zum Träumen neigen) damit an, daß sie sich im Geheimen vornehmen, das und das Ideal zu lieben, das sie bisweilen in einem Traum, bisweilen in einem Buch gesehen haben, und sie verschwören ihren alten Glauben, wie die Jahre dahinschleichen... Das Ideal muß selbstverständlich *über* einem stehen, weißt Du. Es steht so fern, wie man mit seinen Augen (— Seelenaugen —), nicht mit seinen Armen reichen kann. Und hier ist meins... soll ich es Dir sagen? ... selbst bis zu dem sichtbaren äußeren Zeichen des schwarzen Haares und des Teints (ei, Du könntest meine Schwestern fragen!), aber ich würde es Dir nicht sagen, wenn ich Dir nicht nachher sagen könnte, wenn es ganz rotes Haar gewesen wäre, so wäre es ganz ebenso gewesen... «

Wieder vergingen drei Monate:

»Meine Ba, ich kann nur eben vor Dir niederknien und mich küssen lassen — ich kann nicht mehr tun, noch reden, noch Dir danken — und es scheint, ich habe keine Aussicht, daß ich neue Liebe finde, sie dir zu geben — alles ist schon gegeben — so habe ich schon früher gesagt und muß es jetzt wiederholen — ich bin ganz Dein eigen...

Dein Dir ganz eigener *R.*«

Am 19. September 1846, abends. Elizabeth schreibt über die Flucht am nächsten Tag:

»Also von halb vier bis vier — vier, denke ich, wird nicht zu spät sein. Ich will nicht mehr schreiben — ich kann nicht. Morgen um diese Zeit werde ich nur Dich noch haben, mich zu lieben — mein Geliebter!

Nur Dich! Als sagte einer nur Gott! Und wir werden auch Ihn noch haben, darum bete ich...

O — wenn ich Dich weniger liebte... ein wenig, wenig weniger!

Ah — dann würde ich Dir sagen, unsere Heirat sei ungültig oder sollte es sein; und du solltest mich morgen keinesfalls holen. Es ist furchtbar... furchtbar... daß ich hier zum erstenmal freiwillig Schmerz bereiten muß — zum erstenmal in meinem Leben.

Betest du für mich heute abend, Robert? Bete für mich und liebe mich, damit ich Mut fasse, wenn ich beides fühle —

Deine Ba.«

Noch fünfzehn Jahre lang klang diese Saite und riß erst entzwei, als Elizabeth starb.

»Meine teure Freundin! Ich überreiche mein Herz und mich mit ihm. Ich bitte Dich, nicht zuzulassen, daß die Entfernung Deine Gefühle für mich erlöschen läßt. Das wäre furchtbar und würde den Schmerz steigern, für den Deine Abwesenheit ohnehin sorgt, und zwar in einem noch größeren Maße als ich dachte.«

»Heute abend bekam ich die Nachricht, die für mich nicht trauriger sein könnte. Erstens, weil die Herrin meines Herzens erkrankt ist, obwohl sie mir teurer ist als die ganze Welt, ihre Gesundheit mir ebenso wichtig ist wie die eigene, und ich die Hälfte der Krankheit gern auf mich nehmen würde, wenn ich ihr damit helfen könnte. Zweitens, weil ich fürchte, die grausame Trennung noch länger ertragen zu müssen, obwohl sie mir bis jetzt schon denkbar viel Kummer gemacht hat, und ich ahne, daß sie noch mehr verursachen wird. Ich bitte Gott, mich von dieser furchtbaren Qual zu befreien.«

»Mein liebes Herz! Dieser Brief soll der Zeuge meiner Schmerzen sein, die ich seit Deiner Abwesenheit zu erleiden habe. Ich glaube, die Ursache ist Deine Güte und meine flammende Leidenschaft, sonst könnte ich mir nicht vorstellen, wie mich eine so kurze Abwesenheit so ungeduldig machen konnte. Jetzt aber, da sich die Hoffnung

des Wiedersehens wieder meldet, fühle ich, als verminderten sich alle meine Sorgen auf die Hälfte. Diesmal bekommst du nur diesen kurzen Brief, heute abend wird mich ja schon mein Schätzchen in die Arme schließen, und ich werde ihren süßen Busen küssen. Diese Zeilen schrieb Dir derjenige, der aus freien Stücken der Deine geworden ist und es nunmehr ewig bleiben wird.«

Diese Zeilen stammen von *Heinrich VIII.*, König von England. Die Unterschrift ist ein wahrhaftes Bilderrätsel. Nach den verzierten Anfangsbuchstaben des Königs folgen französische Worte, mitten darin steht ein Herz mit dem Monogramm AB. Der ganze Rätselsatz sieht so aus:

H autre A B ne cherche Rex.

Die Auflösung des Rätsels: König Heinrich braucht keine andere, nur Anna Boleyn.

Die Antwort — nach einigen Jahren:

»Wenn Eure Majestät schon beschlossen haben, Dero neues Glück durch meinen Tod und meine Verleumdung zu erringen, bitte ich Gott, Euch für die entsetzliche Sünde, die Ihr an mir begeht, und für die eines Königs unwürdige Handlung nicht allzustreng zur Verantwortung zu ziehen an jenem Tag des Gerichts, an welchem wir beide erscheinen müssen und an welchem meine Unschuld sonnenklar erwiesen wird. Meine letzte und einzige Bitte ist, daß ich allein den Fluch der Ungnade erleiden darf, und den armen Herren, die, wie ich höre, meinetwegen ebenfalls eingekerkert wurden, nichts zustößt. Hatte der Name Anna Boleyn jemals einen lieblichen Klang für Eure Majestät, so bitte, erfüllt dieses mein Verlangen. Ich will Eurer Majestät nicht länger zur Last fallen und wende mich an die Heilige Dreifaltigkeit mit dem innigen Gebet, sie möge Eure Majestät beschützen und Euch in allen Euren Unternehmungen behilflich sein. Gegeben im Tower, in meinem elenden Kerker, am 6. Mai 1536, Euer Majestät gehorsamste und immer treue Gattin.«

Im Tower ist der Platz, auf dem Anna Boleyn am 19. Mai 1536 enthauptet wurde, durch eine niedrige Kette abgegrenzt. Als ich das letzte Mal dort war, hockte gerade ein großer schwarzer Rabe darauf.

Eine energische Liebeserklärung

Eines Tages erhielt Lord Byron folgenden Brief:

»Eine wildfremde Frau wendet sich an Sie. Ich verlange kein Mitleid, da ich dieses nicht benötige; ich bitte Sie nur, meinen Brief freundlich zu empfangen. Manchmal muß sich die Tugend in das Gewand der Torheit hüllen. Es ist Aufgabe des Genies, die Dinge zu durchschauen. Glauben Sie mir, ich bin besser, als ich nach meinem Briefe scheine, darum muß man zärtlich mit mir umgehen. Sollte die Empörung Sie überwältigen und wollten Sie diesen unter so viel Bangigkeit geschriebenen Brief ins Feuer werfen, so bitte ich Sie, es doch nicht zu tun. Meine Torheit mag groß sein, aber der Schöpfer soll sein eigenes Geschöpf nicht zerstören. Wollten Sie die folgende Frage einer Antwort würdigen, erhielten Sie zumindest meine Dankbarkeit zur Belohnung.

Wenn eine Frau, deren Ruf bis jetzt makellos ist und die weder einem Ehemann noch einem Vormund, überhaupt niemandem Rechenschaft schuldig ist, sich Ihnen auf Gnade oder Ungnade ergibt, wenn sie mit klopfendem Herzen ihre seit Jahren gefühlte Liebe für Sie eingesteht — wenn sie Verschwiegenheit gelobt —, wenn sie Ihre Güte mit grenzenloser Hingabe erwidern will: Wäre Ihrerseits das tiefste Schweigen die würdige Antwort?

Ich bin nicht für Wortemachen. Entweder wollen Sie mich, oder Sie wollen mich nicht. Entschließen Sie sich schnell, ich erwarte Ihre Antwort ohne Verzug, nicht nur, weil es unerträglich ist, so auf die Folter gespannt zu sein, sondern auch, weil ich für einige Zeit verreisen muß und Ihre Antwort vor der Abreise bekommen möchte. Ihren Brief erbitte ich an folgende Adresse: usw.«

Das energische Mädchen war *Clara Clairmont,* die Stiefschwester der Frau von Shelley. Allem Anschein nach beantwortete Byron den Brief und ging auch später zärtlich mit ihr um, da sie ihm ein Töchterchen namens Allegra gebar.

Ein schöner Abschiedsgruß

Strindberg an seine zweite Frau, die Schriftstellerin Frieda Uhl:

»Du mußt wissen, daß ich mich rächen werde, wenn Du fortfährst, mich lächerlich zu machen, ich werde das Gleichgewicht herstellen!

So stehen die Dinge. Genug! Laß Dir das durch den Kopf gehen und vergiß es nicht! Glaube ja nicht, daß Du meine Liebe durch das Spiel, welches Du mit den Instinkten fremder Männer treibst, und das Koketterie genannt wird, von neuem erwecken kannst. In mir erregt das nur Ekel.«

»Handelst Du absichtlich, bewußt? In London hast Du Deinen Ruf schon ruiniert, da Du als frischgebackene Frau mit einem jungen Mann in einem öffentlichen Lokal zu Mittag gegessen hast. In Berlin kennt man Dich zur Genüge, in Wien auch, und in Paris fängst Du auch gut an! Wohin ich Dich auch mitnehme, überall verdirbst Du mir das Konzept, da Du meine Verbindungen für Dich ausnützt. Wozu diese Liebeskomödie, wenn wir beide uns hassen? Du mich, weil ich über Dir stehe, ich Dich, weil Du meine Feindin bist. Wollte ich den Kampf fortsetzen, so müßte ich auch zu den Waffen Deiner verdorbenen Sitten Zuflucht nehmen. Also gehe ich lieber, es ist gleich, wohin. Wenn ich nicht mehr bei Dir bin und Du Dir den Kopf nicht mehr darüber zerbrechen mußt, wie Du mich aufs neue erniedrigen kannst, wirst Du Ruhe geben. Deine Kraft steckt in Deiner Grausamkeit, Du brauchst ein Opfer, das den Zahmen spielt. Ich bin nicht mehr geneigt, diese Rolle zu spielen. Suche Dir einen anderen!«

Es ist nicht schwer zu erraten, daß der Schriftsteller mit dem schwierigen Charakter sich von dieser Frau genauso wie von der ersten und später von der dritten scheiden ließ.

Beschwerden eines Bräutigams

In den Wohlklang der Liebe *Mozarts* mischte sich ein falscher Ton. Er beschwerte sich bei seiner Braut Konstanze Weber:

»Wien, 29. April 1782

Liebste, beste Freundin!

Diesen Namen werden Sie mir ja doch noch wohl erlauben, daß ich Ihnen geben darf? So sehr werden Sie mich ja doch nicht hassen, daß ich nicht mehr Ihr Freund sein darf und Sie nicht mehr meine Freundin sein werden?... Sie haben mir (ohngeacht allen meinen Bitten) dreimal den Korb gegeben und mir gerade ins Gesicht gesagt, daß Sie mit mir nichts mehr zu tun haben wollten. Ich, dem es nicht so gleichgültig ist wie Ihnen, den geliebten Gegenstand zu verlieren,

bin nicht so hitzig, unüberlegt und unvernünftig, den Korb anzunehmen. Zu diesem Schritte liebe ich Sie zu sehr. Ich bitte Sie also noch einmal, die Ursache dieses ganzen Verdrusses wohl zu überlegen und zu bedenken, welche war, daß ich mich darüber aufgehalten, daß Sie so unverschämt, unüberlegt waren, Ihren Schwestern, NB. in meiner Gegenwart, zu sagen, daß Sie sich von einem Chapeau haben die Waden messen lassen. Das tut kein Frauenzimmer, welches auf Ehre hält... Wenn es sich wirklich die Baronin selbst hat tun lassen, so ist es ganz was anders, weil sie schon eine übertragene Frau, die ohnmöglich mehr reizen kann, ist und überhaupt eine Liebhaberin vom Etcaetera ist... Wenn Sie schon dem Triebe mitzumachen (obwohl das Mitmachen einer Mannsperson nicht allzeit gut steht, desto weniger einem Frauenzimmer) — konnten Sie aber ohnmöglich widerstehen, so hätten Sie in Gottes Namen das Band genommen und sich selbst die Waden gemessen (so wie es noch alle Frauenzimmer von Ehre in meiner Gegenwart in dergleichen Fällen getan haben) und nicht von einem Chapeau (ich, ich würde es niemals im Beisein anderer Ihnen getan haben, ich würde Ihnen selbst das Band gereicht haben), desto weniger also von einem Fremden, der mich gar nichts angeht. Doch das ist vorbei, und ein kleines Geständnis Ihrer dortmaligen, etwas unüberlegten Aufführung würde alles wieder gutgemacht haben und (wenn Sie es nicht übelnehmen, liebste Freundin) noch gutmachen. Daraus sehen Sie, wie sehr ich Sie liebe. Ich brause nicht auf wie Sie, ich denke, ich überlege und ich fühle. Fühlen Sie, haben Sie Gefühl, so weiß ich gewiß, daß ich heute noch ruhig werde sagen können: die Konstanze ist die tugendhafte, ehrliebende, vernünftige und getreue Geliebte des rechtschaffenen und für sie wohldenkenden *Mozart*«

Es ist übrigens die Auffassung eines jeden Bräutigams, daß die Verlobung eine Art Anzahlung ist. Das Eigentumsrecht für den zukünftigen Gatten ist schon gesichert. Was ist Eigentumsrecht? Die Definition der juristischen Lehrbücher lautet so:

»Das Eigentumsrecht *(proprietas)* ist eine Rechtsmacht, welche ihren Gegenstand voll und ganz in den Dienst der Interessen einer bestimmten Person stellt und dieser, mit Ausschluß jeder anderen Person, alleinige Verfügungsgewalt sichert.«

»Das Recht erstreckt sich auf den ganzen Gegenstand, also auf dessen sämtliche Bestandteile.«

»Unter den im Eigentumsrecht inbegriffenen Befugnissen sind die wichtigsten:

a) Das Besitzrecht *(jus possidendi)*.

b) Das Gebrauchsrecht und Nutznießungsrecht *(jus utendi fruendi)*.

c) Das Verfügungsrecht *(jus disponendi)*.

d) Das Recht, anderen jeden Einfluß auf den Gegenstand und jede Benützung oder Nutznießung desselben zu verbieten.«

»Gegenstand des Eigentumsrechts können Mobilien, Immobilien oder beliebige Liegenschaften sein.«

So heißt es in den ernsten Lehrbüchern.

Das steife Festhalten an den Rechtsnormen charakterisiert auch einen Brief von *Victor Hugo*, geschrieben am 4. März 1822.

»Meine teure Adele, ich muß Dir etwas sagen, was mich beunruhigt. Sei nachsichtig, denke an meine guten Absichten, und Du wirst mir noch dankbar sein. Es wäre mir lieb, wenn Dir die Sauberkeit des unteren Saumes Deiner Röcke weniger Sorgen verursachte. Ich sah gestern, zu welchen Maßregeln Du Zuflucht nahmst, und das berührte mich sehr unangenehm. Ich glaube, die Sittlichkeit ist wertvoller als die Kleider, wenn auch viele Frauen entgegengesetzter Meinung sind. Du glaubst nicht, wie peinlich es mir war, zu sehen, wie sich alle Passanten der Rue des Saintes-Pères nach Dir umdrehten.

Das Wesen, welches ich wie Gott selbst verehre, war unkeuschen Blicken ausgesetzt, und noch dazu in meiner Anwesenheit. Darum flehe ich Dich an, meine geliebte Adele, beherzige meine Worte, sonst werde ich gezwungen sein, den ersten besten, der Dich unverschämt anstarrt, zu ohrfeigen. Das war die Ursache meiner üblen Laune, wegen welcher Du mir Vorwürfe gemacht hast.«

Adele beherzigte die Mahnung, sie wurde eine musterhafte Gattin, und das Eheleben der beiden konnte nicht einmal durch die etwas eigentümliche Beziehung gestört werden, von der ich nun berichten will.

Kann man zwei Frauen gleichzeitig lieben?

Juliette Drouot war Schauspielerin; mittelmäßig begabt, aber herzensgut und schön. Pradier benutzte sie als Modell für den Kopf seines Straßburg-Denkmals am Pariser Place de la Concorde. Die schonungslose Nachwelt weiß von mehreren Geliebten der Juliette, zu denen unter anderen Pradier, Alphonse Karr und ein polnischer Millionär gehört haben sollen. Als sie Hugo kennenlernte, ließ sie den Polen mit seinen Millionen wegen des armen Dichters im Stich. Juliette sagte sich von ihrer Vergangenheit los und blieb dem Dichter volle fünfzig Jahre treu. Denn so lange dauerte das Verhältnis, fünfunddreißig Jahre zu Lebzeiten der Gattin und weitere fünfzehn Jahre nach deren Tod. Die Frau wußte von der Beziehung und fand sich damit ab. Sie ging dabei soweit, daß sie auf dem Bankett zum sechzigsten Geburtstag des Dichters einen Trinkspruch auf Juliette ausbrachte, in der sie nicht die Rivalin, sondern die Gefährtin des Dichters sah.

Wir wollen die Briefe sprechen lassen.

Hugo an seine Gattin im achtzehnten Jahr ihrer Ehe:

»Meine teuere Adele, im Augenblick meiner Abreise schreibe ich Dir diesen Brief. Ich bin traurig. Ich liebe Dich sehr, meine Liebe; ich wünschte, du wüßtest, mit wieviel Zärtlichkeit ich an Dich denke und wie ich Euch alle liebe. Aus der nächsten Stadt werde ich wieder schreiben. Ich umarme Euch alle. Liebe mich, Adele, und denke manchmal an mich. Ich denke nur an Euch.«

Juliette, die mit ihm reiste, wird schon dafür gesorgt haben, daß Hugos Gedanken nicht nur bei der Gattin verweilten. Ein späterer Brief von ihr:

»Mein armer Geliebter, kümmere Dich nicht um mich; ich liebe Dich um so mehr, je mehr ich mich davon überzeuge, daß Du alles Mögliche für das Wohlergehen Deiner Frau und Deiner Kinder tust. Widme Dich voll und ganz Deiner braven, Deiner würdigen Gattin. Sorge für ihre Unterhaltung, sie hat die Erholung nach der ausgestandenen grausamen Heimsuchung verdient. Bereite ihr eine weiche Lagerstätte aus meiner Hingabe und Bescheidenheit, damit sie sich von dem an Deiner Seite zurückgelegten mühsamen Weg ausruhen kann. Biete ihr soviel Trost und Freude, wie Du kannst; überschütte sie mit all der Achtung und Liebe, die sie verdient und fürchte nicht, daß das mein Vertrauen jemals beeinflussen könnte.«

Ungefähr zur selben Zeit schrieb Hugo an seine Frau:

»Ich beginne damit: Du edle, bewundernswerte Frau! Wenn ich Deine Briefe lese, gehen mir die Augen über. In ihnen ist alles: Würde, Festigkeit, Einfachheit, Mut, Verstand, Heiterkeit, Zärtlichkeit. Du schreibst über Politik: Dein Blick ist klar und Du schreibst die Wahrheit. Behandelst Du geschäftliche oder Familienfragen: ein großes Herz spricht aus Dir. Wie kannst Du denken, daß ich Dir irgend etwas verheimliche? Weder mein Leben noch meine Seele scheuen das Tageslicht. Du schreibst, daß Du ungern materielle Fragen berührst. Ich kann Dich verstehen. Wir sind arm und müssen unsere Armut mit Würde tragen. Ich wetze meine vertretenen Schuhe, meine alten Kleider ab, das ist eine einfache Sache. Du entbehrst, lebst oft unter sehr engen Verhältnissen, das ist keine so einfache Sache, und Du erträgst das Elend doch glücklich, erhobenen Hauptes... Sobald ich meine Manuskripte in London oder Brüssel, gleichgültig wo, nur in einem freien Land, verkaufen kann, werde ich sofort für eure größere Bequemlichkeit sorgen. Vorläufig müssen wir dulden. Was mich anbelangt, ich leide unter Deinen Sorgen, nicht unter den meinen...«

Ich will als Schlußakkord dieser Liebe einige Zeilen aus einem Brief des alten und bereits verwitweten Dichters anführen:

»Jeden Abend vor dem Einschlafen bete ich zu Gott, daß Du an jedem noch bevorstehenden Tag meines Lebens bei mir sein kannst und es uns vergönnt ist, nach unserem Tod in ewiger Seligkeit vereint zu sein.«

Inhalt

Printed in Hungary 1986
Druckerei Kner, Gyomaendrőd